PRÁXIS NO ENSINO EM BIOCIÊNCIAS E SAÚDE
OFICINAS, EXPERIMENTOS E JOGOS

Editora Appris Ltda.
1.ª Edição - Copyright© 2024 dos autores
Direitos de Edição Reservados à Editora Appris Ltda.

Nenhuma parte desta obra poderá ser utilizada indevidamente, sem estar de acordo com a Lei nº 9.610/98. Se incorreções forem encontradas, serão de exclusiva responsabilidade de seus organizadores. Foi realizado o Depósito Legal na Fundação Biblioteca Nacional, de acordo com as Leis nos 10.994, de 14/12/2004, e 12.192, de 14/01/2010.

Catalogação na Fonte
Elaborado por: Dayanne Leal Souza
Bibliotecária CRB 9/2162

P919p 2024	Práxis no ensino em biociências e saúde: oficinas, experimentos e jogos / Carolina Nascimento Spiegel, Marcos A. Vannier-Santos e Renata Monteiro Maia (orgs.). – 1. ed. – Curitiba: Appris, 2024. 291 p. : il. ; 23 cm. Inclui referências Vários autores ISBN 978-65-250-6106-1 1. Ciências da vida. 2. Biociências. 3. Saúde. 4. Experimentos. I. Spiegel, Carolina Nascimento. II. Vannier-Santos, Marcos A. III. Monteiro Maia, Renata. IV. Título. V. Série. CDD – 507

Livro de acordo com a normalização técnica da ABNT

Appris
editora

Editora e Livraria Appris Ltda.
Av. Manoel Ribas, 2265 – Mercês
Curitiba/PR – CEP: 80810-002
Tel. (41) 3156 - 4731
www.editoraappris.com.br

Printed in Brazil
Impresso no Brasil

Carolina Nascimento Spiegel
Marcos A. Vannier-Santos
Renata Monteiro Maia
(orgs.)

PRÁXIS NO ENSINO EM BIOCIÊNCIAS E SAÚDE
OFICINAS, EXPERIMENTOS E JOGOS

FICHA TÉCNICA

EDITORIAL	Augusto Coelho
	Sara C. de Andrade Coelho
COMITÊ EDITORIAL	Ana El Achkar (UNIVERSO/RJ)
	Andréa Barbosa Gouveia (UFPR)
	Conrado Moreira Mendes (PUC-MG)
	Eliete Correia dos Santos (UEPB)
	Fabiano Santos (UERJ/IESP)
	Francinete Fernandes de Sousa (UEPB)
	Francisco Carlos Duarte (PUCPR)
	Francisco de Assis (Fiam-Faam, SP, Brasil)
	Jacques de Lima Ferreira (UP)
	Juliana Reichert Assunção Tonelli (UEL)
	Maria Aparecida Barbosa (USP)
	Maria Helena Zamora (PUC-Rio)
	Maria Margarida de Andrade (Umack)
	Marilda Aparecida Behrens (PUCPR)
	Marli Caetano
	Roque Ismael da Costa Güllich (UFFS)
	Toni Reis (UFPR)
	Valdomiro de Oliveira (UFPR)
	Valério Brusamolin (IFPR)
SUPERVISOR DA PRODUÇÃO	Renata Cristina Lopes Miccelli
ASSESSORIA EDITORIAL	Jibril Keddeh
REVISÃO	Bruna Fernanda Martins
PRODUÇÃO EDITORIAL	Sabrina Costa da Silva
DIAGRAMAÇÃO	Andrezza Libel
CAPA	Daniela Baumguertner
REVISÃO DE PROVA	Jibril Keddeh

COMITÊ CIENTÍFICO

Ana Márcia Suarez-Fontes (IOC/FIOCRUZ)

Carolina Nascimento Spiegel (IFRJ; IOC/FIOCRUZ)

Claudio Manuel Rodrigues (CDTS/FIOCRUZ)

Clélia Christina Mello Silva Almeida da Costa (IOC/FIOCRUZ)

Flávia Garcia de Carvalho (EPSJV/FIOCRUZ)

Luciana Ribeiro Garzoni (IOC/FIOCRUZ)

Marcelo Simão de Vasconcellos (CDTS/FIOCRUZ)

Marcos André Vannier-Santos (IOC/FIOCRUZ)

Michele Waltz Comarú (IFRJ; IOC/FIOCRUZ)

Renata Monteiro-Maia (IOC/FIOCRUZ)

Renato Matos Lopes (IOC/FIOCRUZ)

Robson Coutinho-Silva (UFRJ)

Rosane Moreira Silva de Meirelles (UERJ; IOC/FIOCRUZ)

Tania Zaverucha do Valle (IOC/FIOCRUZ)

Esta obra é dedicada à memória e ao legado da Dr.ª Ana Márcia Suarez-Fontes. Mulher, esposa, mãe, irmã, avó, pesquisadora, pós-doutoranda do Programa de Pós-Graduação em Ensino em Biociências e Saúde (PPG EBS), professora, orientadora e principalmente promotora de saúde. Atuou como vice-coordenadora do Programa "Ciência na Estrada: educação e cidadania", sediado, hoje, no Instituto Oswaldo Cruz, que visa à promoção à saúde pela popularização de ciências enfocando, principalmente, as doenças infecto-parasitárias de forma inclusiva, integrando a saúde humana, animal e ambiental. Integrou a Rede Nacional Leopoldo de Meis de Educação e Ciência, contribuindo para a formação de professores e de estudantes de diferentes níveis de ensino. Dr.ª Ana Márcia foi acometida por uma doença grave e nos deixou antes da publicação desta obra.

Neste livro três capítulos foram produzidos com seus parceiros e alunos, apresentando experimentos de baixo custo sobre mudanças climáticas e função ocular. Chamo a atenção para a frase expressa no título em dois capítulos: "Teste (p. 149) ou Veja (p. 169) dentro da caixa e Pense fora dela". Ela nos faz o convite a pensar fora da caixa, a ver sob outras perspectivas e fazer a diferença como ela fez. Que o sorriso de Ana Márcia, sua vontade de viver e fazer a diferença nesse mundo possam inspirar os leitores desta obra!

Dra. Clélia Christina Corrêa de Mello Silva

PREFÁCIO

Quem não percebeu que as crianças testam tudo, muitas vezes com as mãos e, até, com a boca? A experimentação é o fundamento inato do aprendizado. Crianças são protocientistas, testando e perguntando até quando não sabem perguntar...

Quem não gosta de brincar? Quem não gosta de um momento coletivo em torno de um bom jogo de tabuleiro? Horas enfrentando um desafio, seja em sistema de competição ou de colaboração, respeitando regras e montando estratégias para vencer obstáculos, fazer acordos e parcerias para avançar no jogo, mudar de fase...

Desde que o Instituto Oswaldo Cruz (IOC) ousou abrir seus laboratórios para que professores experimentassem as alegrias das descobertas experimentais e os prazeres e desafios da pesquisa (ARAUJO-JORGE; GRYNSZPAN, 2000), o desenvolvimento de jogos e de oficinas lúdicas e dialógicas para atividades educacionais vem sendo muito trabalhado na Fundação Oswaldo Cruz (Fiocruz), tanto no IOC como em outras Unidades da instituição. E desse modo, muitos jogos e oficinas foram sendo concebidos e testados na linha de pesquisa em Ensino-Aprendizagem nos Programas lato e stricto sensu em Ensino em Biociências e Saúde (EBS) do IOC. No trabalho aprovado em 2009, o alumni Thiago Brum Teixeira levantou o surpreendente número de 63 jogos educativos produzidos no IOC no período entre 1991 e 2007, na quinta dissertação do Programa até aquele ano.

Desde então, 11 dissertações de mestrado e 4 teses de doutorado em EBS apresentaram jogos (Quadro 1), sendo desenvolvidos no macroprojeto que hoje se chama "Estratégias facilitadoras no processo de ensino-aprendizagem em biociências e saúde", em substituição à denominação anterior, "Desenvolvimento e teste de jogos e outros materiais educacionais", projeto aplicado às duas áreas de concentração do programa *stricto sensu*: ensino formal e ensino não formal em biociências e saúde. O Quadro 1 mostra uma listagem de 21 teses e dissertações que explicitam "jogos", em seus títulos ou resumos. O Quadro 2 mostra listagem similar com 6 teses e dissertações com a abordagem sobre "experimentos", em seus títulos ou resumos. E o Quadro 3 mostra as 42 teses e dissertações que trazem "oficinas" em seus títulos ou resumos.

A busca simples com essas três palavras-chave também mostra os principais orientadores que desenvolvem essas abordagens desde a primeira turma de mestrado do PPG-EBS, formada em 2006, quando foi estudado o programa "Mão na massa", organizado pelas Academias Brasileira e Francesa de Ciências como propostas para o novo milênio. Ao todo, as 69 teses e dissertações apresentadas nos Quadros 1, 2 e 3 foram orientadas por 29 docentes, de diversas formações de graduação e, também, de pós-graduação, mas alguns acumulam maior experiência nas orientações desses campos de práticas (não sei se os autores já haviam feito esses cálculos quando me pediram para escrever este prefácio, mas para mim foi surpreendente constatar que Rosane Meirelles e eu mesma orientamos 20 desses trabalhos).

Seria impossível em um livro sistematizar toda essa produção, disponível nos bancos de teses da Capes ou no repositório Arca da Fiocruz com a busca pelos autores ou pelos títulos desses trabalhos de conclusão de curso. Mas essa foi a primeira motivação para a organização do livro que está em suas mãos.

O livro *Práxis em ensino em Biociências e Saúde: oficinas, experimentos e jogos* é uma pausa doce no processo criativo do PPG-EBS, e nos traz uma atualização das principais vertentes que vêm sendo concebidas. Nos seus 17 capítulos o leitor vai ter contato com pílulas dessa produção e com atividades institucionais recentemente incorporadas ao PPG-EBS, como o programa IOC+Escolas, que inspirou o projeto de extensão "EBS nas Escolas". Todas as disciplinas são contempladas, assim como abordagens inter e transdisciplinares.

Quadro 1 – Teses e Dissertações em Ensino em Biociências e Saúde abordando a criação e a avaliação de jogos como estratégias educacionais

Ano	Discente	Orientação	Título
2006	Lucia Maria Ballester Gil[a]	Tania C. de Araujo Jorge	Desenvolvimento de materiais para educação popular em Dengue: Estudo das concepções de estudantes do ensino de jovens e adultos em Nova Iguaçu
2006	Tatiana Figueiredo de Oliveira[a]	Simone Souza Monteiro	Prevenção de esquistossomose no contexto escola: Avaliação de um jogo educativo (Sumidouro, RJ)
2007	Cristiane P. Ferreira[a]	Rosane M. S. Meirelles	Metodologia participativa para a construção de recursos lúdicos e ensino sobre água e saúde
2008	Thaís Dutra Nascimento Silva[a]	Helena C. C. C. de Almeida	Combate à Dengue pela população: Desenvolvimento e avaliação de recursos lúdicos computacionais para aprendizagem
2009	Alexandre de Sá Freire[c]	Milton O. Moraes	O Jogo do Genoma: um estudo sobre o ensino de Genética no Ensino Médio
2009	Thiago Brum Teixeira[a]	Rosane M. S. Meirelles	Jogos educativos no Instituto Oswaldo Cruz: levantamento e análise descritiva (1991-2007)
2009	Ana Paula Legey de Siqueira[c]	Claudia M. L. M. Coutinho	Saberes da área de biologia celular na mídia impressa e na educação formal e avaliação de estratégia de desenvolvimento de jogos durante a formação docente

Ano	Discente	Orientação	Título
2009	Leandra M. Chaves Melim[a]	Mauricio R. M. Pinto da Luz	Cooperação ou Competição? Análise de uma Estratégia Lúdica de Ensino de Biologia para o Ensino Médio
2010	Juliana Meira Diniz[b]	Rosane M. S. Meirelles	O tema "animais peçonhentos": proposta de atividade lúdica no ensino de ciências
2010	Leandro Layter Xavier[b]	Rosane M. S. Meirelles	Elaboração de uma ferramenta lúdica sobre o tema dengue utilizando linguagem computacional
2011	Viviane Abreu de Andrade[b]	Robson Coutinho Silva	Imunostase – Uma atividade lúdica para o ensino de Imunologia
2012	Leandro de Oliveira Costa[b]	Ricardo F. Waizbort	A classificação biológica nas salas de aula – modelo para um jogo didático
2012	Mariana A. P. da Silva[a]	Simone S. Monteiro	A visão de estudantes sobre drogas: subsídios para ações orientadas pela redução de danos
2013	Elaine C. P. Costa[a]	Rosane M. S. Meirelles	Jogando água: explorando as potencialidades do jogo como material paradidático
2014	Georgianna S. dos Santos[a]	Mauricio R. M. P. da Luz	Construindo conhecimentos sobre os nutrientes no Ensino Fundamental: elaboração e avaliação de uma atividade didática lúdica
2014	Felipe do Espírito Santo Silva Pires[a]	Tania C. de Araujo Jorge	Inovações Educacionais para o Desenvolvimento do Tema de Doenças Negligenciadas no Ensino Médio com Jogos e Oficinas Dialógicas
2015	Monica J. dos Santos[c]	Claudia Jurberg	Biossegurança Online: proposta de sensibilização à luz de teoria da Aprendizagem Significativa
2016	Cássio Gomes Rosse[a]	Ricardo F. Waizbort	Avaliação de estratégias cooperativas de ensino a partir de um jogo de tabuleiro que aborda as causas da obesidade
2019	Fernanda Santana Pereira Silva[a]	Tania C. de Araujo Jorge	Vivendo com Chagas: registro de histórias de vida e atividades de educação não formal com portadores de doença de Chagas
2019	Felipe do Espírito Santo Silva Pires[c]	Tania C. de Araujo Jorge	Jogo "Infectando": uma abordagem lúdica e contextualizada para o ensino de doenças negligenciadas
2021	Roberto Todor[c]	Luciana L. A. R. Garzoni	Inclusão Social e Digital no Ensino Médio: a experiência do Prodígias para promover saúde e cidadania digital através de Cienciarte
2022	Emilia Cristina Benevides de Freitas[c]	Carolina Nascimento Spiegel	Integração entre tecnologias digitais e anatomia: a construção de práticas pedagógicas alicerçadas nas metodologias ativas
2022	Dafny Coutinho do Espirito Santo Silva[a]	Maria de Fatima Alves de Oliveira	Recurso didático sobre mamíferos: elaboração de um jogo a partir das concepções de alunos do 7º ano de uma escola pública

Ano	Discente	Orientação	Título
2023	Ana Caroline Chagas de Almeida[a]	Deise Miranda Vianna	Jogos de Tabuleiro Modernos de Ciências: uma investigação sobre as possibilidades de aplicação na Educação Básica
2023	Debora Regina da Silva[a]	Carolina Nascimento Spiegel	Desafios e contribuições do jogo Célula Adentro em plataformas digitais para o aprendizado de biologia celular em cursos de graduação no contexto da pandemia
2023	Aline Rinco Dutra Salgado[c]	Cristina Maria Carvalho Delou	Protagonismo Juvenil e Enriquecimento Psicopedagógico Remoto no Ensino de Ciências para Altas Habilidades com Vocação Científica
2023	Gabryella Cristhine Ferreira da Silva[a]	Paulo Roberto Soares Stephens	O processo de ensino/aprendizagem no escotismo: A utilização de um jogo educativo, sobre doenças transmitidas por vetores biológicos
2023	Suellen de Oliveira[c]	Robson Coutinho Silva	Educação Sexual no Contexto Museal: Situações, desafios e potencialidades

[a]Mestrado acadêmico; [b]Mestrado profissional; [c]Doutorado
Fonte: a autora

Quadro 2 – Teses e Dissertações em Ensino em Biociências e Saúde abordando "experimentos" como estratégias educacionais

Ano	Discente	Orientação	Título
2006	Sandra M. Gomes de Azevedo[a]	Danielle Grynszpan	O ABC na educação científica mão na massa: construindo uma proposta de avaliação educacional com base em pesquisa sobre a implementação do projeto
2006	Cilmar Santos de Castro[a]	Lucia de La Rocque Rodriguez	Biociências, computação e educação: o cinema de ficção científica como instrumento de produção de conexões e questionamentos
2008	Maura V. Chinelli[c]	Luiz Edmundo Vargas de Aguiar	Identificação de oportunidades de adequação epistemológica e didática de professores de Ciências em experiências educativas não formais: o caso dos museus e centros de Ciências
2014	Érica Ana Pinto[a]	Helena Castro	Ensino de Ciências no Interior da Bahia: Propostas e Ações Envolvendo Aulas Práticas e a Metodologia da Problematização com o Arco de Maguerez
2016	Glaucia A. dos Santos Buarque de Gusmão[a]	Mauricio Roberto Motta Pinto da Luz	Atividades Experimentais de Ciências para os anos iniciais do Ensino Fundamental: análise em livros didáticos e reflexões de um grupo focal
2019	Mariana De Souza Elysio[a]	Luisa Medeiros Massarani	Jovens e museus de ciências: atuar como mediador no Museu da Vida pode influenciar sua formação pessoal e profissional

Ano	Discente	Orientação	Título
2021	Luis Henrique de Amorim[c]	Luisa Medeiros Massarani	Jovens e Informações sobre Ciência: entre o desafio da credibilidade da fonte e a oportunidade do alcance da divulgação científica
2022	Roberto Carlos da Silva[a]	Marcio Luiz Braga Correa de Mello	A participação da mulher no movimento operário de Volta Redonda: Uma perspectiva da educação popular em diálogo com a CienciArte e a pesquisa baseada em artes.
2023	Larissa Tebaldi dos Reis[c]	Robson Coutinho Silva	Ensino De Ciências Por Investigação: Práticas Pedagógicas Inovadoras Para O Ensino De Biologia No Contexto Pandêmico E Suas Contribuições Para A Práxis Docente
2023	Felipe Rodrigues Martins[c]	Rosane Moreira Silva De Meirelles	Cienciarte como ferramenta no atendimento aos estudantes superdotados
2023	Joao Batista Lopes Coelho Junior[c]	Claudia Jurberg	O que aconteceria se...? Reflexões sobre a criação e uso de animação por rotoscopia em realidade virtual para o ensino de ciências.
2023	Ana Paula Rodrigues Cavalcante de Paiva[c]	Eliane Portes Vargas	Trilha Interpretativa Fiocruz Mata Atlântica: Passeio ou atividade pedagógica? Reflexões a partir de experiências com o público escolar.

[a]Mestrado acadêmico; [b]Mestrado profissional; [c]Doutorado.
Fonte: a autora

Quadro 3 – Teses e Dissertações em Ensino em Biociências e Saúde abordando a criação e a avaliação de oficinas como estratégias educacionais

Ano	Discente	Orientação	Título
2005	Simone Pinheiro Pinto[a]	Deise Miranda Vianna	Formação continuada de professores: analisando uma prática pedagógica a partir de uma oficina de Astronomia
2006	Erica da Silva Miranda[a]	Virgínia Torres Schall	Investigação de conceitos e ações de educação ambiental em grupos de terceira idade: Perspectivas para desenvolvimento de programas educativos
2006	Denise Figueira de Oliveira[a]	Claudia M. Lara M. Coutinho	Oficinas teatrais: Estratégias educativas para o diagnóstico de concepção e problemas sobre a prevenção da Dengue
2006	Solange de Souza Vergnano[a]	Luiz Edmundo V. Aguiar	O meio ambiente a partir da Arte de Krajcberg: Perspectivas educacionais em Ciência e Arte
2006	Andrea Ribeiro dos Santos[a]	Anthony E. G; Guimarães	Antenas ligadas para preservar a biodiversidade: Concepções alternativas no ensino de Ciências

Ano	Discente	Orientação	Título
2008	Elio Grossman[c]	Tania C. de Araujo Jorge	Os objetos e os ambientes físicos para a Saúde: Um olhar com Ciência e Arte sobre os Laboratórios do Instituto Oswaldo Cruz – Fiocruz
2009	Marcus Vinicius Campos[c]	Tania C. de Araujo Jorge	A Arte da Palhaçaria como Proposta de Tecnologia Social Para o Sistema Único de Saúde
2010	Oneida Enne[a]	Deise M. Vianna	Praça de Ciência Itinerante: avaliando 12 anos de experiência
2010	Mauro Benetti Mallet[b]	Claudia M. L. Melo Coutinho	Educação ambiental numa abordagem interdisciplinar a partir da reutilização de embalagens cartonadas longa vida
2010	Rosângela de Fátima Campos Rosa[b]	Simone Souza Monteiro	Jovens Multiplicadores de um Programa de Prevenção de DST/Aids no estado do Rio de Janeiro: uma análise da experiência da educação entre pares
2011	Michele Marques Longo[c]	Mauricio R. M. P. da Luz	Alfabetização Científica para alunos de ensino médio em encontros científicos da área de Biociências: reflexões à luz da Teoria da Aprendizagem Significativa Subversiva
2014	Marcelo Diniz Monteiro de Barros[c]	Tania C. de Araujo Jorge	O uso da música popular brasileira como estratégia para o ensino de ciências
2014	Érica Ana Pinto[a]	Deise Miranda Vianna	Ensino de Ciências no interior da Bahia: Propostas e Ações envolvendo Aulas Práticas e a Metodologia da Problematização com o Arco de Maguerez
2014	Helder Silva Carvalho[a]	Mauricio R. M. Pinto da Luz	Espécies Botânicas Aromáticas: o uso do sentido olfativo para construção de conceitos científicos em Libras
2015	Ludmila Nogueira da Silva[a]	Evelyse dos Santos Lemos	A Presença da Química em Museus e Centros de Ciência do Rio de Janeiro
2015	Elienae Genesia Corrêa Pereira[c]	Lucia de La Rocque Rodriguez	Ações Pedagógicas para a Educação Ambiental: ampliando o espaço da ação docente
2017	Sheila Soares de Assis[c]	Tania C. de Araujo Jorge	Programa Saúde na Escola (PSE): contribuições para a integração de estratégias envolvendo as doenças negligenciadas e o Plano Brasil Sem Miséria
2017	Erika Winagraski[c]	Helena C. C. C. Almeida	O Ensino de Ciências para Surdos: Criação e Divulgação de Sinais em Libras
2017	Juliana Macedo Lacerda Nascimento[c]	Rosane M. Silva de Meirelles	O Ensino do Genoma Mediano por Filmes de Ficção Científica em Escolas Públicas do Estado do Rio de Janeiro

Ano	Discente	Orientação	Título
2017	Danielle Barros Silva Fortuna[c]	Tania C. de Araujo Jorge	Prospecção de Materiais Educativos Impressos sobre Saúde no Instituto Oswaldo Cruz e Desenvolvimento de Metodologia para Avaliação de Materiais Através de Oficinas Criativas de Fanzines e Quadrinhos
2017	Ana Paula Sodré da Silva Estevão[c]	Marco A. Ferreira da Costa	História em Quadrinhos no Ensino de Química como Estratégia Didática para abordagem do Tema "Lixo Eletrônico"
2017	Clarice Silva de Santana[a]	Claudia T. V. de Souza	Poderosas Reflexões sobre o Câncer de Mama: oficinas educativas problematizadoras como estratégia para a construção de conhecimento
2018	Bianca Della Líbera da Silva[c]	Claudia Jurberg	Um mundo sem barreiras: estudantes com deficiência visual discutindo saúde nas mídias sociais
2018	Cleilton Sampaio de Farias[c]	Rosane M. S. de Meirelles	Os Territórios das Hepatites Virais no Brasil como subsídios para o Ensino de Geografia da Saúde por meio da Aprendizagem Baseada em Problemas
2018	Giovanna Salazar Mousinho Bergo[a]	Tania C. de Araujo Jorge	Ciência, Música e Ambiente: Experiências e estratégias transdisciplinares no ensino básico integral modelo GEO
2018	Eduardo Oliveira Ribeiro de Souza[c]	Deise Miranda Vianna	Física em quadrinhos: uma metodologia de utilização de quadrinhos para o ensino de física
2019	Rayanne Maria Jesus da Costa[a]	Isabela Cabral Felix De Sousa	Oficina Interativa Baseada na Educação Ambiental Crítica no Museu Espaço Ciência Viva do Rio de Janeiro
2019	Larissa Mattos Feijo[a]	Robson Coutinho Silva	Uma Viagem pelo Sistema Digestório: Análise do uso de oficina como recurso didático-pedagógico para alunos do ensino superior
2019	Silvia Maria Magalhaes Costa[a]	Nilton Bahlis Dos Santos	Mais além da vida orgânica: a convivência como fator de prevenção do isolamento social dos idosos e de promoção da saúde
2019	Maria da Penha Martins Vido[a]	Valeria Da Silva Trajano	O cinema como modalidade didática de educação alimentar e nutricional no Programa de educação de jovens e adultos
2020	Marcelo de Oliveira Mendes[a]	Tania C. de Araujo Jorge	Registro acadêmico e visual do curso "Falamos de Chagas com Cienciarte": fortalecimento da mobilização social e da cidadania
2020	Victor Ramos Strattner[a]	Marcio L. B. C. de Mello	A Música na Promoção da Saúde: um diálogo entre performances musicais, a metodologia da pesquisa baseada em arte e a proposta de Oficinas Dialógicas de Linguagem Musical

Ano	Discente	Orientação	Título
2020	Aimi Tanikawa De Oliveira[c]	Rosane M. S. de Meirelles	O Ensino de Ciências e a Deficiência Físico-Motora: discutindo a formação docente com enfoque na tecnologia assistiva
2020	Sheila Da Mota Dos Santos[a]	Julio Vianna Barbosa	Formação de professores: os impactos negativos na aprendizagem escolar, ocasionados pelas parasitoses Pediculose e Enterobiose aos escolares do Ensino Fundamental
2021	Mariana Alberti Goncalves[a]	Luciana L. A. Ribeiro Garzoni	Capoeira e Fluorescência como Ferramentas Educativas em oficinas de Cienciarte para a Promoção da Saúde
2021	Erik Jonilton Costa[a]	Tania C. de Araujo Jorge	Brincando com Portinari e Saúde: oficina dialógica de cienciarte para promover saúde com alegria
2021	Cassia De Castro Batista[a]	Claudia T. V. de Souza	Práticas Integrativas e Complementares na formação dos acadêmicos de enfermagem em uma universidade privada no Município do Rio de Janeiro
2021	Fernanda Campello Nogueira Ramos[a]	Clelia Christina M. S. A. da Costa	Mergulho na Nuvem: formação continuada em ferramentas digitais para profissionais de educação no âmbito do ensino remoto devido ao COVID-19
2021	Angelica Ferreira Beta Monteiro[c]	Maria da Conceição A. B. Lima	O processo de ensino e aprendizagem de ciências para alunos com deficiência visual: uma análise a partir da teoria da atividade
2021	Ricardo Malheiros[c]	Eliane Portes Vargas	Os Usos de Vídeos Comunitários e seu Potencial Educacional no Contexto do Ensino em Biociências e Saúde
2021	Rute Hilario Albuquerque De Sousa[a]	Luciana L. A. Ribeiro Garzoni	BiodiversidArte: uma oficina dialógica sobre a participação de mamíferos silvestres em ciclos zoonóticos como estratégia educativa e promotora da saúde
2022	Adrielle M. F. da Silva[a]	Marcio L. B. C. de Mello	Oficinas Dialógicas de Narrativas Literárias
2022	Gabriela Louzada[a]	Paulo Stephens Renata Maia	Escola promotora de saúde: ações de prevenção das hepatites virais e de divulgação científica
2022	Claudio Viola da Silva[a]	Anna Cristina Calcada Carvalho	Uso do Design Thinking e da Teoria Cognitiva da Aprendizagem Multimídia para a criação de recurso educacional aberto sobre tuberculose na infância
2022	Ana Carolina de Souza Barbosa[a]	Tania Cremonini De Araujo Jorge	Expresso Chagas XXI: a consolidação do espaço da Associação Rio Chagas nas atividades de divulgação científica, ensino não-formal, promoção e educação em saúde

Ano	Discente	Orientação	Título
2022	Luciana de Souza Afonso[a]	Helena Carla Castro Cardoso De Almeida	O uso da realidade aumentada como estratégia de Popularização em saúde, em um centro de ciências itinerante
2022	Roberta Rodrigues Da Matta[c]	Marcelo Diniz Monteiro De Barros	Retratos do Ensino de Ciências: (des)construções entre a Educação Ambiental Crítica e a Metodologia Artística de Pesquisa em Educação baseada em Fotografia
2022	Cynthia Torres Daher[c]	Carolina Nascimento Spiegel	Autonomia para ensinar e criar: a produção de materiais didáticos na formação de professores de química no Instituto Federal do Espírito Santo
2023	Rafael Riani de Mendonça[a]	Valeria Da Silva Trajano	Contribuições de uma Oficina de Cienciarte em um Ambiente Não Formal de Ensino: Concepções de Estagiários em Educação Física sobre a Imagem do corpo e o Cuidado de si
2023	Monica Marxsen de Aguiar Rocha[a]	Carolina Nascimento Spiegel	Negacionismo científico em foco: desenvolvimento de ações em educação popular em saúde na formação inicial de profissionais de saúde
2023	Ana Isabelle Santana Baptista[a]	Francisco Romao Ferreira	Estudo das Percepções de Professores do Ensino Básico na proposta de utilização de Animês do Studio Ghibli para o Ensino de Biociências e Saúde: Perspectivas e Enfrentamentos
2023	Keylor Bronzato Nascimento[c]	Rosane Moreira Silva de Meirelles	SaudeAmbiente, FicçãoRealidade, CienciArte: o ensino de ciências em interfaces com o vilão cientista no cinema.
2023	Rosane Barreto Ramos dos Santos[c]	Paulo Pires de Queiroz	Saúde Mentalcriativa: bem-estar psicológico docente por meio de oficinas educativas laborais
2023	Beatriz Barreto Coelho[a]	Maria Da Conceição de Almeida Barbosa Lima	A inclusão de pessoas com deficiência visual em um museu itinerante de ciências: vozes dos públicos com deficiência visual e de mediadores normovisuais

[a]Mestrado acadêmico; [b]Mestrado profissional; [c]Doutorado.
Fonte: a autora

Tania Cremonini de Araújo-Jorge

Formada em Medicina pela Universidade Federal do Rio de Janeiro (1980), com mestrado e doutorado em Ciências (Biofísica) também pela UFRJ. Pós-doutorado na Bélgica (ULB) e na França (Inserm). Pesquisadora titular em Saúde Pública da Fiocruz desde 1983. Atua nas áreas de inovações em doenças negligenciadas, farmacologia aplicada e ensino de ciências, com foco em criatividade e no conceito interdisciplinar de CienciArte. Atualmente conduz seu terceiro mandato (2021-2025) como diretora do Instituto Oswaldo Cruz, sendo

Experimentos de Baixo Custo em Mudanças Climáticas: Teste Dentro da Caixa e Pense Fora Dela. 149
Ana Márcia Suarez-Fontes, Juliana Almeida Silva, Guilherme Santos Cunha,
Sheila Suarez Fontes, Sarah Cristina Santos Silva, Marcos André Vannier-Santos

Alterações Climáticas: Faça Você Mesmo e Comprove 159
Mariana Torres Vannier, Sheila Suarez Fontes, Guilherme Santos Cunha,
Juliana Almeida-Silva, Ana Márcia Suarez-Fontes, Marcos André Vannier-Santos

Atividade Educacional Prática de Baixo Custo Sobre a Função Ocular: *Veja Dentro da Caixa e Pense Fora Dela.* 169
Ana Márcia Suarez-Fontes, Deyvison Rhuan Vasco-dos-Santos, Juan Matheus Pereira Fernandes,
Juliana Almeida-Silva, Júlia Barbosa de Mendonça, Luiz Felippe Santólia-Oliveira, Marcos André
Vannier-Santos

Jogos e Divulgação Científica 191
Marcelo Simão de Vasconcellos, Flávia Garcia de Carvalho

Jogos de Tabuleiro Modernos no Ensino de Ciências e Biologia 209
Clever Gustavo de Carvalho Pinto, Ralph Ferraz Gomes,
Thaís Sanches Santos, Carolina Nascimento Spiegel

Desafios e Potencialidades do RPG em Sala de Aula. 225
Andreia Guerra Pimentel, Marcos Felipe Vital da Silva,
Pedro Nogueira de Marins, Carolina Nascimento Spiegel

Pedagogia da Re-Existência: O Lugar do Lúdico na Cultura dos Povos Indígenas como Prática Orgânica para a Formação Profissional em Educação Física. 237
Elaine de Brito Carneiro, Márcia Regina da Silva Ramos Carneiro

Jogos "Imprima e Jogue" (*Print And Play*) para Divulgação Científica em Arboviroses 249
Ralph Ferraz Gomes, Rafaela Vieira Bruno, Arnaldo Vianna,
Vilhena de Carvalho, Renata Monteiro Maia

Intervenção Escolar para a Promoção da Saúde por Meio da Prevenção às Hepatites Virais Utilizando Ferramentas Digitais 263
Gabriela Louzada Ramos, Paulo Roberto Soares Stephens,
Renata Monteiro Maia, Clélia Christina Mello-Silva

Sobre os autores 275

Ano	Discente	Orientação	Título
2022	Luciana de Souza Afonso[a]	Helena Carla Castro Cardoso De Almeida	O uso da realidade aumentada como estratégia de Popularização em saúde, em um centro de ciências itinerante
2022	Roberta Rodrigues Da Matta[c]	Marcelo Diniz Monteiro De Barros	Retratos do Ensino de Ciências: (des)construções entre a Educação Ambiental Crítica e a Metodologia Artística de Pesquisa em Educação baseada em Fotografia
2022	Cynthia Torres Daher[c]	Carolina Nascimento Spiegel	Autonomia para ensinar e criar: a produção de materiais didáticos na formação de professores de química no Instituto Federal do Espírito Santo
2023	Rafael Riani de Mendonça[a]	Valeria Da Silva Trajano	Contribuições de uma Oficina de Cienciarte em um Ambiente Não Formal de Ensino: Concepções de Estagiários em Educação Física sobre a Imagem do corpo e o Cuidado de si
2023	Monica Marxsen de Aguiar Rocha[a]	Carolina Nascimento Spiegel	Negacionismo científico em foco: desenvolvimento de ações em educação popular em saúde na formação inicial de profissionais de saúde
2023	Ana Isabelle Santana Baptista[a]	Francisco Romao Ferreira	Estudo das Percepções de Professores do Ensino Básico na proposta de utilização de Animês do Studio Ghibli para o Ensino de Biociências e Saúde: Perspectivas e Enfrentamentos
2023	Keylor Bronzato Nascimento[c]	Rosane Moreira Silva de Meirelles	SaudeAmbiente, FicçãoRealidade, CienciArte: o ensino de ciências em interfaces com o vilão cientista no cinema.
2023	Rosane Barreto Ramos dos Santos[c]	Paulo Pires de Queiroz	Saúde Mentalcriativa: bem-estar psicológico docente por meio de oficinas educativas laborais
2023	Beatriz Barreto Coelho[a]	Maria Da Conceição de Almeida Barbosa Lima	A inclusão de pessoas com deficiência visual em um museu itinerante de ciências: vozes dos públicos com deficiência visual e de mediadores normovisuais

[a]Mestrado acadêmico; [b]Mestrado profissional; [c]Doutorado.
Fonte: a autora

Tania Cremonini de Araújo-Jorge

Formada em Medicina pela Universidade Federal do Rio de Janeiro (1980), com mestrado e doutorado em Ciências (Biofísica) também pela UFRJ. Pós-doutorado na Bélgica (ULB) e na França (Inserm). Pesquisadora titular em Saúde Pública da Fiocruz desde 1983. Atua nas áreas de inovações em doenças negligenciadas, farmacologia aplicada e ensino de ciências, com foco em criatividade e no conceito interdisciplinar de CienciArte. Atualmente conduz seu terceiro mandato (2021-2025) como diretora do Instituto Oswaldo Cruz, sendo a primeira mulher eleita e reeleita para o cargo (gestões anteriores em 2005-2009 e 2009-2013). Coordenadora da Área de Pós-Graduação em Ensino na CAPES e membro do seu Conselho Técnico Científico do Ensino Superior (2013-2018). Foi chefe do Laboratório de Inovações em Terapias, Ensino e Bioprodutos do IOC e coordenou o Programa de Pós-Graduação em Ensino em Biociências e Saúde. Organizou livros e diversos cursos, oficinas e programas de ensino. Possui produtos tecnológicos registrados para proteção de direitos autorais, processos e técnicas sistematizadas. Ministra desde 2000 a disciplina 'Ciência e Arte' no IOC, além de outras em suas demais áreas de competência. Atua como consultora e parecerista da OMS/TDR, do Ministério da Saúde/Decit, de agências estrangeiras, do CNPq, da CAPES e de Fundações de Apoio à Pesquisa em diversos estados. É membro do corpo editorial e parecerista de periódicos científicos no Brasil e no exterior.

SUMÁRIO

Introdução 19
Carolina Nascimento Spiegel, Marcos A Vannier-Santos, Renata Monteiro Maia

Oficinas da Plataforma CHA para Educadores: Cuidado e Formação de Educadores para o Enfrentamento das Mudanças Sociais e Educacionais no Período Pandêmico e Pós-Pandêmico do SARS-CoV-2 25
Teca Calcagno Galvão, Brenno Barros, Fernanda Campello Nogueira Ramos, Greisieli Duarte Pereira, Iza Patricio, Giselle Teixeira, Marcelo Camacho, Clélia Christina Mello Silva Almeida da Costa

IOC+Escolas – Uma Construção Coletiva Entre Academia, Escola e Sociedade ... 39
Renata Monteiro-Maia, Margarete Martins dos Santos Afonso, Wagner Alexandre Costa, Sylvia Lopes Maia Teixeira, Jacenir Reis dos Santos-Mallet

Dançando no Escuro: Uma Atividade Lúdica para Promoção da Percepção de Risco de Infecções Sexualmente Transmissíveis 53
Suellen de Oliveira, Sonia Simões Camanho, Diana da Silva Thomaz de Oliveira, Natanny Tancredo Cunha, Robson Coutinho-Silva

Ensino de Biociências e Saúde na Capoeira: Uma Atividade Transdisciplinar Unindo Ciência, Arte e Cultura 69
Mariana A. Gonçalves, Roberto R. Ferreira, Tania C. Araújo-Jorge, Luís C. N. Santos, Mariana S. da S. P. Belo, Luciana R. Garzoni

Formação de Agentes Comunitários em Tempos de Pandemia (COVID-19): Experimentos Sobre a Educação Permanente e Seus Impactos nos Índices Humanos em Saúde 89
Celcino Neves Moura, Michele Waltz Comarú, Júlio Vianna Barbosa, Renato Matos Lopes

Oficina de Produção de Materiais Didáticos Como Incentivo à Práxis na Formação de Professores de Química no Instituto Federal do Espírito Santo 101
Cynthia Torres Daher, Michele Waltz Comarú, Carolina Nascimento Spiegel

Como Transformar Histórias em Quadrinhos em Atividades Investigativas 119
Eduardo Oliveira Ribeiro de Souza, Deise Miranda Vianna

Proenfis: Atividades de Pesquisa e Ensino de Física: Levando o Enfoque CTS para a Sala de Aula 133
Sandro Soares Fernandes, Ana Caroline Chagas de Almeida, Aline Guilherme Pimentel, Roberto Barreto de Moraes, Deise Miranda Vianna

Experimentos de Baixo Custo em Mudanças Climáticas: Teste Dentro da Caixa e Pense Fora Dela...................149
Ana Márcia Suarez-Fontes, Juliana Almeida Silva, Guilherme Santos Cunha,
Sheila Suarez Fontes, Sarah Cristina Santos Silva, Marcos André Vannier-Santos

Alterações Climáticas: Faça Você Mesmo e Comprove..................159
Mariana Torres Vannier, Sheila Suarez Fontes, Guilherme Santos Cunha,
Juliana Almeida-Silva, Ana Márcia Suarez-Fontes, Marcos André Vannier-Santos

Atividade Educacional Prática de Baixo Custo Sobre a Função Ocular: *Veja Dentro da Caixa e Pense Fora Dela.*..................169
Ana Márcia Suarez-Fontes, Deyvison Rhuan Vasco-dos-Santos, Juan Matheus Pereira Fernandes, Juliana Almeida-Silva, Júlia Barbosa de Mendonça, Luiz Felippe Santólia-Oliveira, Marcos André Vannier-Santos

Jogos e Divulgação Científica..................191
Marcelo Simão de Vasconcellos, Flávia Garcia de Carvalho

Jogos de Tabuleiro Modernos no Ensino de Ciências e Biologia..................209
Clever Gustavo de Carvalho Pinto, Ralph Ferraz Gomes,
Thaís Sanches Santos, Carolina Nascimento Spiegel

Desafios e Potencialidades do RPG em Sala de Aula...................225
Andreia Guerra Pimentel, Marcos Felipe Vital da Silva,
Pedro Nogueira de Marins, Carolina Nascimento Spiegel

Pedagogia da Re-Existência: O Lugar do Lúdico na Cultura dos Povos Indígenas como Prática Orgânica para a Formação Profissional em Educação Física...................237
Elaine de Brito Carneiro, Márcia Regina da Silva Ramos Carneiro

Jogos "Imprima e Jogue" (*Print And Play*) para Divulgação Científica em Arboviroses..................249
Ralph Ferraz Gomes, Rafaela Vieira Bruno, Arnaldo Vianna,
Vilhena de Carvalho, Renata Monteiro Maia

Intervenção Escolar para a Promoção da Saúde por Meio da Prevenção às Hepatites Virais Utilizando Ferramentas Digitais..................263
Gabriela Louzada Ramos, Paulo Roberto Soares Stephens,
Renata Monteiro Maia, Clélia Christina Mello-Silva

Sobre os autores..................275

Introdução

A Fundação Oswaldo Cruz, além do secular protagonismo na área de pesquisa em saúde pública, vem contribuindo com iniciativas valiosas em educação e popularização do conhecimento científico. O Instituto Oswaldo Cruz conta com um Programa de Pós-Graduação *strictu sensu* em Ensino de Biociências e Saúde (PPG-EBS), que recentemente atingiu o conceito máximo na avaliação da Capes. Por ocasião do aniversário de 18 anos da PG-EBS, foram elaboradas publicações, visando compartilhar nossas vivências, a fim de cooperar na construção coletiva do conhecimento na área de ensino.

O livro que está em suas mãos, ou em sua tela, constitui parte dessa empreitada, destinada particularmente à realização de oficinas pedagógicas, experimentos científicos e jogos educativos. Deve funcionar, preferencialmente, como o Museu, no sentido real, "primo sentido", que deriva da palavra *musa* ou "musa inspiradora", motivando os docentes a se aventurarem em novas atividades desafiadoras, que poderão enriquecer suas experiências didáticas e dinamizar o ensino.

De forma análoga, a valiosa iniciativa de divulgação científica "Espaço Ciência Viva" (http://cienciaviva.org.br/) costuma ter avisos como: "É favor mexer em tudo", assim deve ser a inquieta mente do professor-pesquisador capaz de mexer em tudo, adequar, adaptar, modificar e, assim, também, criar. Será interessante se a leitura fomentar discussões que levem à adaptação e/ou à elaboração de novas atividades, contextualizadas com a realidade, estimulando a criatividade e entusiasmo pela ciência por parte de educandos e educadores.

Na obra trataremos de oficinas, experimentos e jogos educacionais, seguindo o princípio norteador de que educadores e estudantes possam navegar livres por estas páginas e sintam-se convidados a participar da construção do conhecimento, gerar pertencimento, adicionar vivências, visões, questionamentos e apreensões de cada comunidade escolar.

Paulo Freire menciona a problematização em várias de suas obras (FREIRE, 1977, 1996), enfatizando o sujeito práxico ao afirmar que o problematizar surge a partir da realidade que cerca o sujeito, com a busca de respostas e soluções que visam transformar aquela realidade por meio da ação do próprio sujeito. Ausubel *et al.* (2003) expõem, mediante a teoria da aprendizagem significativa, a importância de valorização dos conhecimentos prévios dos estudantes de modo a permitir o (re)descobrir do conhecimento, tornando o aprendizado prazeroso e eficaz. Além disso, a neurociência nos mostra que o processo de aprendizagem é particular e que se aprende melhor a partir da geração de vínculos mentais e emocionais (MORAN, 2018).

Vale ressaltar que as emoções são estimuladas por meio de atividades científicas (HOLSTERMANN et al., 2010; BRIGIDO et al., 2010; SINGLETON, 2015), oficinas pedagógicas (TALVIO et al., 2016) e jogos educativos (FREEMAN, 2003; HOROZ et al., 2022). Importante lembrar que estão entre as muitas opções de atividades elencadas nas chamadas metodologias ativas estratégias que enfatizam e dão protagonismo ao aluno, estimulando sua participação direta e reflexiva sob a orientação do professor (MORAN, 2018).

As oficinas são práticas coletivas que ajudam a promover processos de ensino-aprendizagem, desenvolvimento de habilidades e competências como a autonomia, respeito, comunicabilidade (incluindo argumentação), cooperação e trabalho em equipe, conhecimento elaborado e compartilhado de maneira informal e dinâmica (BUZAGLO et al., 2014). Nessas atividades podem ser estimuladas, ainda, a sensibilidade e a autoestima. Nesse sentido, a realização de oficinas pedagógicas também pode ter um enfoque emocional e social, interessante para o aprendizado (EFKLIDES et al., 2017; MARTÍNEZ et al., 2015). Na publicação básica de Vieira e Volquind (1997), uma figura esquemática representa "SENTIR", "AGIR" e "PENSAR" como os vértices do triângulo identificado como "OFICINA". Atualmente, existe uma compreensão da relevante participação das emoções na capacidade cognitiva (DAMÁSIO, 2022).

Além disso, a participação das atividades manuais, com estímulos táteis, tem papel na formação de nossa consciência (DAMÁSIO, 2000), motivação (JUSTO et al., 2022) e aprendizado (NATIONAL RESEARCH COUNCIL, 2011; DURAN et al., 2016; ZACHARIAS et al., 2012). Os experimentos ajudam a compreender o fazer ciência de uma forma mais tangível e realista (ABRAHAMS, 2011; WILLIAMS, 2011; KOLB, 2014). O propósito deste livro é que professores e estudantes possam desenvolver seus experimentos como preconizado pelo grande mestre visionário Prof. Dr. Leopoldo de Meis, criador da Rede Nacional de Educação e Ciência (http://educacaoeciencia.org/), de uma forma lúdica. Como descrito por Michael Shermer, os experimentos podem ser desenvolvidos não apenas por professores e estudantes, mas por pais e filhos (SHERMER, 2011; VORDERMAN, 2013), apresentando a ciência como uma atividade prazerosa e enriquecedora para todos. A realização de experimentos simples, empregando materiais de uso cotidiano e de baixo custo, permite a atividade educacional em ciências no ambiente doméstico (BULL, 2018) e peri-doméstico incluindo jardins e quintais (MAYNARD, 2001; LATHAM, 2020; MILLER, 2021; VAN, 2021). Essa ideia era também defendida por Anísio Teixeira, que dizia que a escola deve mimetizar a sociedade a partir de atividades que vão além dos muros (MAGOGA; MURARO, 2020).

Vale ainda salientar a participação da ludicidade no efetivo aprendizado (SINGER et al., 2009). Os jogos são capazes de estimular o interesse e motivar o jogador com desafios, curiosidades e interações. Segundo Huizinga (1971), o jogo proporciona o que ele chamou de círculo mágico, que é quando uma pessoa participa de uma atividade lúdica e deixa do lado de fora os problemas, preocupações e aflições do dia a dia, permitindo-se entrar em um mundo de fantasia. Piaget (1978) defende o jogo e o brincar como atividades indispensáveis na busca do conhecimento pelo indivíduo e ainda que a *"atividade lúdica é o berço obrigatório das atividades intelectuais da criança"*. No entanto, o uso do jogo deve ser espontâneo e os jogos educativos precisam manter o equilíbrio entre as funções lúdica e educativa, de modo a manter a diversão sem comprometer o aprendizado (KISHIMOTO, 1994). Os jogos educativos têm se destacado como importante recurso pelo potencial de despertar o interesse para novas descobertas e conhecimentos, estimular habilidades como autonomia, criatividade, originalidade e simulação de situações reais do cotidiano, além de desenvolver aspectos sociais e afetivos.

É interessante lembrar que a etimologia do vocábulo "emoção" carrega a acepção de movimento (*emotione*, Latin: *ex*, "fora/para fora" + *motio*, "movimento, ação"). Assim sendo, desejamos a você uma boa e profícua leitura, nutrida pelas emoções, irrigada pela imaginação e que novas ideias e criações sejam germinadas!

Carolina Nascimento Spiegel
Marcos A Vannier-Santos
Renata Monteiro Maia

Referências

ABRAHAMS, I. Practical Work in Secondary Science: A Minds-On Approach. *Teacher Development*, v. 15, p. 549-551, 2011.

AUSUBEL, D. P. *Aquisição e retenção de conhecimentos*: uma perspectiva cognitiva. Lisboa: Plátano Edições Técnicas, 2003.

BRIGIDO, M.; BERMEJO, M. L.; CONDE, M. C.; MELLADO, V. The emotions in teaching and learning Nature Sciences and Physics/Chemistry in pre-service primary teachers. *US-China Education Review*, v. 7, n. 12, p. 25-36, 2010.

BULL, J. *Crafty Science*: More than 20 Sensational STEAM Projects to Create at Home. Editora: DK Children, 2018.

BUZAGLO, A.; WASSERMAN, E.; WIEDER, N.. Do Apprentice Workshops Benefit the Novice Teacher? *Procedia – Social and Behavioral Sciences*, v. 143, p. 199-203, 2014.

DAMÁSIO, A. *The Feeling of What Happens*: Body and Emotion in the Making of Consciousness. Editora: Harvest Books, 2000.

DAMÁSIO, A. *Sentir e saber*. São Paulo: Companhia das Letras, 2022.

DURAN, M.; HÖFT, M.; MEDJAHED, B.; LAWSON, D. B.; ORADY, E. A. *STEM Learning:* IT Integration and Collaborative Strategies. Nova Iorque: Springer International Publishing, 2016

EFKLIDES, A.; SCHWARTZ, B. L.; BROWN, V. Motivation and Affect in Self-Regulated Learning. Does Metacognition Play a Role? *In:* SCHUNK, D. H.; GREENE, J. A. (ed.). *Handbook of Self-Regulation of Learning and Performance*. 2. ed. Abingdon: Routledge, 2017.

FREEMAN, D. E. *Creating Emotion in Games*: The Craft and Art of Emotioneering. Editora: New Riders Games, 2003.

FREIRE, P. *Extensão ou comunicação?* Rio de Janeiro: Paz e Terra, 1977.

FREIRE P. *Pedagogia da autonomia:* saberes necessários à prática educativa. Rio de Janeiro: Paz e Terra, 1996. (Coleção Leitura).

HOLSTERMANN, N.; GRUBE, D.; BÖGEHOLZ, S. Hands-On Activities and Their Influence on Students' Interest. *Research in Science Education*, v. 40, p. 743-757, 2010.

HOROZ, N. *et al.* Moderators of an intervention on emotional and behavioural problems: household - and school-level parental education. *European Journal of Public Health*, 2022.

HUIZINGA J. *Homo ludens*. São Paulo: Perspectiva, 1971.

JUSTO, E.; DELGADO, A.; LLORENTE-CEJUDO, C.; AGUILAR, R.; CABERO-ALMENARA, J. The effectiveness of physical and virtual manipulatives on learning and motivation in structural engineering. *Journal of Engineering Education*, v. 111, p. 813-851, 2022.

KISHIMOTO, T. M. Jogo, brinquedo e brincadeira. *In:* KISHIMOTO, T. M. *O jogo e a educação infantil*. 2. ed. São Paulo: Pioneira, 1994.

KOLB, D. A. *Experiential Learning:* Experience as the Source of Learning and Development. 2. ed. Nova Jersey: Pearson FT Press, 2014.

LATHAM, D. *Backyard Biology:* Discover the Life Cycles and Adaptations Outside Your Door with Hands-On Science Activities. Norwich: Nomad Press, 2020.

MAGOGA, P. M.; MURARO, D. N. A escola pública e a sociedade democrática: a contribuição de Anísio Teixeira. *Educ. Soc.*, v. 41, 2020.

MARTÍNEZ, V.; ESPINOSA, D.; ZITKO, P.; MARÍN, R.; SCHILLING, S.; SCHWERTER, C.; ROJAS, G. Effectiveness of the Workshop "Adolescent Depression: What Can Schools Do?" *Front Psychiatry*, v. 6, p. 67, 2015.

MAYNARD, C. *Backyard Science*. Londres: Dorling Kindersley, 2001.

MILLER, G. O. *Backyard Science & Discovery Workbook*: Southwest: Fun Activities & Experiments That Get Kids Outdoors. Workbook. Minnesota: Adventure Publications, 2021.

MORAN, J. Metodologias ativas para uma aprendizagem mais profunda. *In:* BACICH, L.; MORAN, J. *Metodologias ativas para uma educação inovadora*: uma abordagem teórico-prática. Porto Alegre: Penso, 2018.

NATIONAL RESEARCH COUNCIL USA (National Academy of Sciences, National Academy of Engineering, Institute of Medicine). *Successful K-12 STEM Education*: Identifying Effective Approaches in Science, Technology, Engineering, and Mathematics. The National Academies Press, 2011.

PIAGET, J. *A formação do símbolo na criança*. Rio de Janeiro: Zahar, 1978.

SHERMER, M. *Ensine Ciência a Seu Filho e Torne a Ciência Divertida Para Vocês Dois*. Editora: JSN, 2011.

SINGER, D. G.; GOLINKOFF, R. M.; HIRSH-PASEK, K. *Play = Learning:* How Play Motivates and Enhances Children's Cognitive and Social-Emotional Growth. Oxônia: Oxford University Press, 2009.

SINGLETON, J. Head, Heart and Hands Model for Transformative Learning: Place as Context for Changing Sustainability Values. *Journal of Sustainability Education*, v. 9, 2015.

TALVIO, M.; BERG, M.; LITMANEN, T.; LONKA, K. The Benefits of Teachers' Workshops on Their Social and Emotional Intelligence in Four Countries. *Creative Education*, v. 7, p. 2803-2819, 2016.

VAN, R. L. *The Science of Backyard Fun*. Editora: Core Library, 2021.

VIEIRA, E.; VOLQUIND, L. *Oficinas de ensino: o quê? Por quê? Como?* Coleção: Cadernos EDIPUCRS. Porto Alegre: Editora PUC RS, 1997.

VORDERMAN, C. *Ciências para pais e filhos*. São Paulo: Publifolha, 2013.

WILLIAMS, J. D. *How Science Works:* Teaching and Learning in the Science Class-room. Continuum International Publishing Group, 2011.

ZACHARIAS, Z. C.; LOIZOU, E.; PAPAEVRIPIDOU, M. Is physicality an important aspect of learning through science experimentation among kindergarten students? *Early Childhood Research Quarterly*, v. 27, n. 3, p. 447-457, 2012.

Oficinas da Plataforma CHA para Educadores: Cuidado e Formação de Educadores para o Enfrentamento das Mudanças Sociais e Educacionais no Período Pandêmico e Pós-Pandêmico do SARS-CoV-2

Teca Calcagno Galvão, Brenno Barros, Fernanda Campello Nogueira Ramos, Greisieli Duarte Pereira, Iza Patricio, Giselle Teixeira, Marcelo Camacho, Clélia Christina Mello Silva Almeida da Costa

Durante os anos de 2020 e 2021 vivenciamos os momentos mais críticos da pandemia do Sars-CoV-2, com mudanças sociais e educacionais decorrentes do distanciamento social, principal medida de mitigação de risco de transmissão do vírus. Não havia ainda a perspectiva de vacina contra o Sars-CoV-2 ou de como e quando seria o fim da pandemia. Devido a esse fato, as atividades profissionais e educacionais foram realizadas de forma remota emergencial, levando a escola e trabalho para dentro da vida das famílias. Dentro de casa, a escola não era mais a mesma escola, e a casa com a escola dentro não era mais a mesma. As atividades pedagógicas foram adaptadas, mas os educadores não estavam preparados para o ensino remoto emergencial (RONDINI et al., 2020; MOREIRA et al., 2020). Para essa nova sala de aula foram necessárias novas ferramentas, novas formas de interagir com os alunos/educandos, ainda tendo em consideração limitações de acesso digital advindos tanto da falta de equipamentos como pela baixa qualidade da internet em território brasileiro (IPEA, 2020). Os educadores, em sua maior parte, não tinham formação no uso de ferramentas digitais para preparação e apresentação de aulas, e a busca por soluções emergenciais acarretou um aumento na carga horária de trabalho, que ao longo do período pandêmico aumentou o nível de estresse e transtornos psicológicos. Em paralelo, a nova escola era em sua casa, e seu espaço pessoal, um espaço para cuidar de si e sua família, misturou-se com o trabalho. Ficou mais difícil separar as atividades profissionais e pessoais, e o impacto disso foi elevação nos níveis de estresse percebidos, assim como de ansiedade, depressão e medo (SAGADILHA; DE SOUSA SANTOS, 2022; CAETANO et al., 2022; CRUZ et al., 2020).

Essa situação nos fez questionar: como ensinar em um cenário de morbidade, mortes, ansiedade, medo e solidão? Os educadores precisaram em um curto espaço de tempo se reinventar e esse processo de adaptação provocou sofrimento, impotência e doença. Apesar disso, os educadores continuaram firmes no propósito de ensinar, informar e/ou divulgar conhecimentos e ações. Nesse contexto, o projeto Plataforma CHA para Educadores foi criado em 2020 para promover saúde para educadores e assim mitigar os impactos da pandemia no processo de ensino-aprendizagem, por meio da ampliação de Conhecimentos e desenvolvimento de Habilidades e Atitudes. A plataforma CHA está embasada no conceito de promoção da saúde como qualidade de vida, promovendo autonomia dos sujeitos e desse grupo social, os educadores (CZERESNIA; FREITAS, 2009, p. 43). Além disso, a Plataforma CHA proporciona a intersetorialidade da saúde, conforme orientações do Plano Nacional de Promoção da Saúde (BRASIL, 2010, p. 13-14) envolvendo a troca de saberes entre diversos profissionais da área da saúde, ciências humanas e sociais com os educadores formais e não formais. O projeto busca estimular o sujeito a um raciocínio crítico que traga um sentimento de pertencimento ao coletivo, abrindo possibilidades de empatia em tempos de crise, inclusive na pandemia do Sars-CoV-2. Em última análise, o projeto segue a hipótese de que a educação é essencial para promover um movimento coletivo para o bem da humanidade, mediante o despertar à percepção crítica do ser humano como catalisador de mudanças do tecido social integrado à saúde planetária (GUIMARÃES, 2004). Acreditamos que o investimento em promoção da saúde (qualidade de vida) de profissionais formadores de opinião e influenciadores de comportamento poderá transformar, melhorar as condições de vida e de trabalho desses profissionais (CZERESNIA; FREITAS, 2009, p. 49). Como consequência da integração dos saberes entre os diferentes sujeitos, espera-se contribuir para reflexão, discussão e resolução de problemas de saúde, incluindo como campo da promoção da saúde, a proteção da saúde e a prevenção de doenças. A plataforma se diferencia como um espaço de formação permanente e de melhorias dos estilos de vida desse grupo na sociedade e consequentemente de toda uma sociedade, que é influenciada pela figura do educador. Dessa forma, coletivamente, acreditamos que podemos contribuir para a geração de uma sociedade mais saudável e mais resiliente às emergências sanitárias atuais e do futuro. Para esse fim, o projeto cuida dos educadores, a partir de diagnóstico e apoio pedagógico, psicológico e fonoaudiológico, disponibilizando um canal de escuta e de apoio, em que os profissionais podem adquirir conhecimentos, desenvolver habilidades e afinar atitudes que reduzirão os impactos causados pela pandemia.

O grupo de pesquisa possui equipe interdisciplinar formada por profissionais das áreas da pedagogia, psicologia, fonoaudiologia, biologia, educação, promoção da saúde e gestão escolar, além da experiência no trabalho com professores e profissionais da saúde. Na entrada do educador à Plataforma, mediante assinatura de TCLE, é realizado um diagnóstico por meio de entrevista semiestruturada com o educador, e são realizados acolhimentos on-line e/ou telefônico, permitindo construir novos conhecimentos sistêmicos e desenvolvimento de habilidades e atitudes. Avaliações são realizadas ao longo do processo, a fim de verificar se as atividades estão minimizando o impacto na saúde dos educadores e apoiando o processo de ensino-aprendizagem. Entre as atividades ofertadas aos educadores também estão minicursos, oficinas e rodas de conversa.

Oficinas da Plataforma CHA para Educadores

Oficinas são intervenções curtas de formação e educação para construção de novos

> [...] conhecimentos, fazendo a ligação entre as informações e experiências apresentadas e [a] base de conhecimentos [dos participantes], ou seja, trabalhar com o "construtivismo", onde os aprendizes são... ativos na criação de significados, aprofundando-os, por meio da manipulação e experimentação de novas experiências e informações (HONSBERGER; HONSBERGER, 2020, p.12).

Para os educadores no período pandêmico, duas habilidades claramente se apresentaram como fundamentais: cuidar da saúde física e mental e usar ferramentas digitais para o ensino remoto emergencial. Por isso, criamos e aplicamos oficinas para cuidar, formar e apoiar os educadores. É importante destacar que as oficinas têm como objetivo sensibilizar os educadores sobre seus potenciais, permitindo cuidar de si próprios como forma também de cuidar do coletivo e do ambiente (MELLO-SILVA; GUIMARÃES, 2018). Ressalta-se que o projeto está pautado no conceito ampliado de saúde, associado a qualidade de vida, focado na promoção da saúde, principalmente ocupacional, visando à melhoria das condições de trabalho e de vida da pessoa.

A seguir serão descritas resumidamente seis oficinas que desenvolvemos, classificadas em dois grupos: quatro oficinas de saúde, cuidado e autopercepção e duas oficinas de formação em ferramentas digitais. Uma oficina de cada grupo será descrita detalhadamente, permitindo sua replicação por outros. Mesmo com a melhora nos indicadores pandêmicos, os cuidados com a saúde e a formação para o uso de ferramentas on-line continuam sendo mais que necessários.

Oficinas de Saúde, Cuidado e Autopercepção

CHA para educadores: desvendando a poluição ambiental

Objetivo: trabalhar a percepção dos educadores sobre a poluição ambiental, no desenvolvimento de um diálogo crítico que possibilite caminhos para mudanças no cenário de degradação. O ser humano exibe hoje um modelo de vida que tem potencializado a poluição ambiental. É difícil perceber como nossos comportamentos têm impacto de forma direta ou indireta no ambiente, e colocam em risco a própria vida humana e de inúmeras espécies de outros seres vivos no planeta.

Breve descrição: a oficina trabalha sobre dois aspectos: percepção e diálogo, buscando ressignificar a realidade do cenário de poluição e criar possíveis caminhos para mudanças socioambientais, por meio de novas perspectivas. Para tanto, os educadores serão expostos a sete imagens e terão que definir, para cada uma delas, três palavras sobre o que estão vendo ou palavras relacionadas a sentimentos que as imagens possam estar transmitindo a eles. No segundo momento da dinâmica, as palavras mais citadas serão alvo do diálogo que colocará em evidência a percepção dos educadores sobre a poluição e permitirá a construção coletiva de um texto crítico, produto final da oficina (PATRÍCIO, 2022).

Número de participantes por oficina: máximo de 30 participantes.

Total de participantes: 9 participantes em uma realização até o momento.

Realização: on-line.

Ação-Reflexão-Ação

Objetivo: levar o educador a refletir sobre sua prática comunicativa nas relações que permeiam o processo de ensino-aprendizagem, sensibilizando-o para adoção de uma ação consciente e saudável.

Breve descrição: a oficina conta com quatro experimentos que perpassam pelos campos e saberes da fonoaudiologia. A primeira atividade consiste na realização de exercícios respiratórios e vocais com objetivo de acalmar, relaxar, aquecer o corpo e as pregas vocais para o início de uma atividade comunicativa saudável. No segundo experimento trabalhamos com a emissão da voz salmodiada buscando a leveza e suavidade na comunicação. A forma como nos comunicamos com o outro nos dá a oportunidade de mostrar nossas intenções. Nesse sentido, o terceiro experimento busca levar o educador a refletir e perceber o impacto gerado pela expressividade na comunicação sobre os ouvintes. Por fim, no experimento quatro o educador é levado a refletir e expressar de forma artística a sua prática no processo de ensino-aprendizagem considerando a sua performance comunicativa. A oficina destina-se a promover a saúde, levando os docentes à reflexão a partir da sua prática para agir sobre o ambiente cuidando de si e do outro (PEREIRA, 2020).

Número máximo de participantes: 20.

Total de participantes: 15 em duas apresentações.

Realização: on-line.

Árvore da Vida: conectando-me com a minha história

Objetivo: proporcionar a reconexão com seus valores, habilidades, e potencialidade individual e coletiva.

Breve descrição: a oficina é inspirada na metodologia desenvolvida por Denborough e Ncube (2011). A partir de uma apresentação sobre o símbolo da árvore da vida e seus significados em diferentes culturas, os participantes são convidados a desenhar uma árvore, seguindo as etapas propostas pelo mediador. Essas etapas incluem reconhecer as habilidades e qualidades do participante em seu cotidiano e história de vida, mediante sua representação em cada elemento da árvore (raiz, solo, caule, galhos, flores, frutos, sementes). Ao final, são compartilhadas as reações, observações, sentimentos e *insights* que surgiram com a atividade proposta.

Número de participantes por oficina: 5 a 10.

Total de participantes: 8 em uma versão.

Realização: on-line.

Oficina "Eu, meu tempo, meus cuidados"

Inspiração

Desde o início da pandemia a fala sobre a importância de cuidar uns dos outros e do planeta se consolidou. Ao mesmo tempo, todos vivíamos situações difíceis na convivência com o Sars-CoV-2. A mídia evidenciou amplamente o que todos vivíamos no nosso íntimo: enfrentar o novo cotidiano trazia desafios emocionais e psicológicos para além do pré-pandêmico. Muitas pessoas antes reticentes de falar sobre o desgaste da Terra e da nossa sociedade partilharam em conversas sobre esse tema, assim como reconheceram os sentimentos brotando ao perder pessoas próximas, ou o trabalho, e tantos outros desafios vividos. Para resistir, o autocuidado passou a ser um ato ainda mais necessário, não só de autopreservação, mas também para poder cuidar do outro. Um dos atos mais simples de autocuidado pode ser aceitar nossas emoções. Percebemos que oferecer uma oficina sobre o autocuidado, relacionando-o aos sentimentos que brotam nos momentos de desgaste, poderia plantar nos próprios educadores habilidades para cuidar de si mesmos. Os pensamentos negativos podem ser esmagadores, e partimos do princípio de que não precisamos ficar parados nesse sinal vermelho. Ao contrário, observar os sentimentos negativos pode ser o início de uma transformação, de um movimento para novas sensações e pensamentos (MOURA, 2019).

Nesse sentido, a oficina "Eu, meu tempo, meus cuidados" foi construída sobre o semáforo das emoções (conceito elaborado pela pesquisadora, a[r]tivista, educadora emocional e empreendedora social Livia Moura), buscando desenvolver nas educadoras a habilidade e possibilidade de criar momentos de autocuidado, a partir da visualização de sentimentos negativos relacionados ao trabalho e demandas. O semáforo das emoções nos permite reconhecer que os sentimentos ruins estão em fluxo, não são permanentes. Assim, podemos transformá-los em um movimento de restauração e ação positiva. "Todos os sentimentos são aceitáveis, mas nem todas as condutas são aceitáveis" (MOURA, 2019, p. 116). Ao sentirmos emoções negativas (luz vermelha), podemos reprimir um impulso negativo, mas não o eliminar. Acionar o semáforo permite reconhecer, ver esse impulso. A partir disso, temos a possibilidade de pausar (sinal amarelo) e reinterpretar, reiniciar (sinal verde). A reciclagem das nossas emoções é uma busca de uma regulação das relações intra e interpessoais, mediante o surgimento de habilidades para resolver conflitos (internos ou externos) de maneira restaurativa e não violenta.

> Emoção vem do latim *emovere* – *e* de energia e *movere* de movimento –, ou seja, emoção é "energia em movimento." Sendo assim, as emoções podem ser vistas como um modo de impulsionar o sujeito a agir... As emoções não são "boas" ou "ruins", "negativas" ou "positivas"; agradáveis ou não, elas devem ser vistas como um impulso para nos colocar no movimento necessário (MOURA, 2019, p. 122).

Uma outra forma de perceber os conflitos e os sentimentos negativos decorrentes destes é entender que

> [...] conflitos surgem de sentimentos/pensamentos mal direcionados, nos tornando reféns do nosso próprio veneno, conduzindo ao desequilíbrio e ao bloqueio da energia vital, e que, portanto, as primeiras batalhas contra um sistema opressor são travadas dentro de nós mesmos (MOURA, 2019, p. 3).

Essas "[...] batalhas íntimas e mudanças [mexem nos] modos de criação e percepção dos afetos" e criam novos terrenos para ser e sentir em relação a nós mesmos e aos outros. Os conflitos no mundo surgem de conflitos entre pessoas que estão agindo a partir das suas próprias emoções; a habilidade de responder diferente a emoções negativas, talvez pela prática do semáforo, é uma possibilidade de configurações mais afetuosas e seguras. O reconhecimento das emoções é um primeiro passo para nossa transformação, reorientação de atitudes, num processo intuitivo e construído internamente. Pode abrir uma fenda nos separando do opressor (seja ele interno ou externo), a partir da qual é possível ressignificar o mundo em uma nova configuração interna das emoções, desejos e necessidades.

Exalação

Para criar uma oficina on-line para educadores vivenciando pouca possibilidade de autocuidado, precisávamos de um roteiro que trouxesse à tona que o primeiro ato de autocuidado é a percepção da própria necessidade de cuidado, uma forma que denominamos de autoacolhimento, a partir do qual podem surgir novas atitudes e mudanças de hábito. Em uma rotina de muitas demandas pessoais e profissionais, a incapacidade de separar um tempo e cuidado para si mesmo é um peso a mais além do cansaço em si. Portanto, estruturamos a oficina como uma viagem que começa com frases que muitos de nós repetimos, em maior ou menor frequência, e que refletem sentimentos de tristeza, insatisfação com nossas possibilidades e realidades. A partir do lugar dessas limitações, a oficina cria um momento de transformação concreta dos sentimentos negativos que surgiram em algo novo que as educadoras podem visualizar: a transformação ocorre dentro de si e diante dos seus olhos ao mesmo tempo, em um exemplo palpável de reciclagem de emoções. Os sentimentos ruins servem de adubo e criam algo novo, bom, feito pela própria educadora. Simultaneamente, à medida que a oficina se desenrola, as participantes escutam umas às outras e pode ocorrer que compartilhem algumas vivências e percepções. Assim, o objetivo da oficina é sensibilizar as participantes à observação das emoções como forma de diminuir o desconforto com as emoções negativas relacionadas às dificuldades de dedicar tempo e cuidado a si mesmos.

Prática

A oficina foi aplicada com participação de educadores cadastrados ou não na Plataforma CHA, seguindo um Instrumento de Trabalho detalhando a atividade (objetivos, roteiro, materiais necessários, demais informações). Durante a oficina dados são coletados por uma relatora e uma observadora, que não participam da oficina.

Procedimento para oficina Eu, meu tempo meus cuidados

Materiais necessários: duas folhas ou pedaços de papel (quanto maior melhor), objeto para escrever (marcador, lápis, caneta etc.), uma tigela com um pouco de água, cola branca ou maisena.

Duração: 1 hora.

Número máximo de pessoas: 12.

Roteiro

Momento 1. Boas-vindas e apresentações. A oficina foi elaborada para ocorrer junto à reprodução de uma apresentação Power Point, e o slide de abertura é projetado para indicar os materiais necessários. É um bom momento para verificar se todas as participantes estão com os materiais. As músicas escolhidas para o momento de boas-vindas são Andar com Fé e Tempo Rei, de Gilberto Gil. A playlist pode ser encontrada no link https://www.youtube.com/playlist?list=PLAlwrHcXxC5rQhThIlpjLumAu64y-428v.

Momento 2. Propor um momento de relaxamento, orientando os participantes a fechar os olhos e sentir a respiração (ar entrando e saindo pelo nariz, tórax e abdômen se enchendo de ar), os pés no chão, mãos no colo, ombros e braços relaxados. Reproduzir o áudio de uma meditação de 5 minutos. Após a meditação, reconhecer o corpo e perceber a diferença do antes e o depois da meditação.

Momento 3. Convidar os participantes a fazer uma viagem para dentro de si, para visitar suas emoções e pensamentos sobre o dia a dia e como se sentem como educadores, trabalhadores. Nessa viagem serão apresentadas as perguntas sobre autocuidado e nossa vivência no tempo (YONATAN, 2020). As perguntas podem ser feitas com ou sem o acompanhamento de uma apresentação Power Point. A apresentação pode sensibilizar as participantes também com imagens destacando a dualidade entre mente e sentimentos, que podem ser obtidas na internet e compartilhadas com registro da fonte (ex., GIF batimento cardíaco-cérebro em conexão; OJALA, 2019).

> Você se sente culpado por descansar? Como é descansar para você?
> Você sente que está descuidando da sua saúde e bem-estar? Como você considera a sua saúde?
> Você sente que seu valor e felicidade estão ligados ao tanto que você produz? O que faz você ficar feliz? Como você percebe que está feliz?
> Você se sente em falta com suas necessidades básicas? Quais as suas necessidades básicas? Elas fazem parte da sua vida?
> Você sente ansiedade para estar sempre fazendo algo? Como é o seu tempo no dia a dia? Qual a importância que você dá para os momentos de pausa?
> Você se sente merecedor/a de uma vida tranquila? Como você considera a sua vida? Você se sente merecedora de uma vida tranquila?

Momento 4. Mantendo as perguntas projetadas, pedir para as participantes usarem uma das folhas para registrar as sensações e emoções boas, e na outra as negativas que surgem ao viajar nessas perguntas. Pode ser com palavras, desenhos, rabiscos. Aqueles que quiserem conversar sobre as emoções que vêm, podem. Deixar que caso haja mais necessidade de falar ou de calar, isso ocorra.

Momento 5. Percebendo que essas emoções não são permanentes, pedir às participantes para começar a reciclar as emoções negativas: picar o papel das negativas em muitos pedaços, se quiser fechar a câmera e gritar, pisar, jogar, pode, ou de câmera aberta também. Rasgar esse papel pode "quebrar algo dentro de si" ou "quebrar alguma estrutura social" (MOURA, 2019). Pedir às participantes para pegar os pedaços e molhar, misturar com um pouco de maizena, ou cola branca. Dar aos participantes o tempo necessário; pode-se reproduzir uma música nesse momento. Fazer uma forma com os pedacinhos, com liberdade para criar. É interessante evitar sugestões sobre as formas a serem esculpidas, pois mesmo as formas/objetos mais simples, como uma bolinha, já são uma reflexão.

Momento 6. Quando todas acabarem, convidar as participantes a comentar sobre o objeto que geraram, como se relaciona com os sentimentos que anotaram no papel. Introduzir aqui de forma sutil o semáforo das emoções como forma de visualizar o movimento das emoções. O vermelho se acendeu ao lermos as frases que descrevem sentimentos que podemos ter. Agora que já se vê e reconhece os sentimentos que sugiram, e que foram listados nos papéis, acende a luz laranja: atenção! À medida que esta lista é rasgada e é transformada em um objeto, acende-se a luz verde: nesse momento é possível literalmente ver a mudança de emoções negativas em algo novo.

Momento 7. Reproduzir a música Tempo Rei ou Palco (Gilberto Gil). Agradecimentos e mencionar que o link para o formulário de avaliação (preenchimento opcional e anônimo) está no chat ou será enviado logo após a oficina.

Informações adicionais

Em paralelo, ocorre o registro do número e nome dos participantes (seja pelo chat, seja por preenchimento de lista de presença em um formulário online). No final da oficina, pode ser feita a divulgação dos eventos da Plataforma e do link de entrada no CHA. Caso a oficina seja gravada, é necessário pedir a autorização das participantes. Adicionalmente, para divulgação futura de imagens da oficina, é necessário que as participantes assinem um Termo de Autorização de Uso de Imagem da Plataforma CHA.

Oficinas de Formação em Ferramentas Digitais

Mergulho na nuvem: oficinas digitais

Objetivo: construir competências, habilidades e atitudes para inserção das tecnologias digitais de informação e comunicação (TDIC) na práxis pedagógica dos educadores.

Breve descrição: três oficinas compõem o Mergulho na nuvem, e ocorrem mediante compartilhamento de vivências e saberes coletivos, em modelo de imersão, considerando as realidades dos participantes como ponto de partida, para formação em TDIC. A primeira oficina apresenta conceitos básicos sobre nuvem, o Google Drive e os Documentos Google. A segunda oficina explora aplicativos e ferramentas on-line para uso educacional, como Canva, Windows Movie Maker e Powtoon. A terceira oficina apresenta o Formulários Google como ferramenta educacional.

Número de participantes por oficina: 10-20.

Total de participantes: 40.

Realização: on-line.

Oficina TikTok para Educadores

O TikTok é uma rede social de compartilhamento de vídeos curtos, com 15, 30, 60 segundos ou até 3 minutos. A plataforma conta com recursos nativos para edição de vídeo, filtros, legendas e criação de capas. Assim como em outras redes sociais, os vídeos são publicados num feed que possibilita ações de engajamento como: curtir, comentar, compartilhar. A plataforma é compatível com os sistemas operacionais *mobile* como Android e IOS.

A Oficina TikTok para educadores surgiu como uma versão adaptada de uma oficina previamente criada para um público mais abrangente de discentes do programa de pós-graduação em Ensino em Biociências e Saúde do Instituto Oswaldo Cruz que tinham interesse na plataforma. Quando direcionado ao público da Plataforma CHA, ela foi aplicada para suprir a demanda de educadores que tinham interesse em conhecer uma plataforma que alguns já conheciam por meio de comentários de seus alunos em aulas remotas. A adaptação consistiu em redirecionar os vídeos consumidos durante a oficina para a temática do Ensino de Biociências, elucidando as possibilidades de aplicação da plataforma como uma ferramenta complementar ao ensino durante o período de emergência da pandemia do Sars-CoV-2.

Número de participantes por oficina: aproximadamente 15.

Realização (on-line, presencial, híbrido, ambos): on-line. Essa oficina se encontra disponível em vídeo no canal do YouTube da Plataforma CHA (https://www.youtube.com/watch?v=T_QRsBSYkBk&t=58s).

Roteiro

1.º Passo – Ambientação: o primeiro contato. Os primeiros momentos da oficina apresentam a relevância da plataforma entre as redes sociais mais utilizadas na atualidade (CHAN, 2021), sua influência no cotidiano e o seu impacto na produção e consumo de conteúdo. Em seguida, apresentamos algumas instruções para instalação do app e criação de conta.

Nessa etapa é esperado que os participantes façam um contato inicial com o TikTok. Eles são instruídos a explorarem livremente a rede social e descobrirem a diversidade de conteúdos produzidos ali. Essa etapa é importante, pois criará o "repertório referencial" necessário para que o participante escolha qual tipo de vídeo gostaria de produzir. Ao final dessa etapa espera-se que o participante compartilhe suas impressões com o grupo por meio do WhatsApp e assim proporcione uma troca de experiências coletiva.

2.º Passo – Exploração. Tendo consumido uma certa quantidade de vídeos, os participantes são apresentados as ferramentas e recursos que auxiliam a produção de conteúdo que o TikTok oferece. Como, por exemplo, efeitos, temporizadores e músicas.

Nessa etapa os participantes mudam de uma postura passiva para uma ativa, na qual põem as mãos na massa para descobrir como utilizar os recursos do app de forma criativa. Os participantes recebem tutoriais e são acompanhados de perto para esclarecimento de dúvidas.

3.º Passo – Definindo o tema. Os participantes são orientados a definir o tema que gostariam de apresentar no vídeo final. Recebendo uma consultoria individual sobre a escolha do tema, sobre a forma de abordá-lo no vídeo e, por fim, são instruídos a produzir um pequeno roteiro para auxiliá-los durante as gravações. Chamamos essa etapa de pré-produção.

4.º Passo – A primeira gravação. Nessa etapa ocorre uma primeira tentativa de pôr em prática os conhecimentos aprendidos até aqui. Essa é a etapa em que se pode corrigir erros ou sugerir ajustes no vídeo – referente a iluminação, oratória, captação de áudio e vídeo ou quaisquer outras dúvidas que possam surgir. Ao final, os participantes são instruídos a salvar seus vídeos no rascunho para posteriormente prosseguir para a edição.

5.º Passo – Edição. O participante aprende como editar seus vídeos, fazendo cortes, inserindo músicas, filtros e legendas. Nessa etapa pode ser necessária uma videochamada, além dos tutoriais. Caso queira, o participante pode solicitar essa assistência.

6.º Passo – A gravação final. É provável que o primeiro vídeo receba o *feedback* solicitando correções técnicas que precisam de uma segunda gravação do mesmo vídeo. Agora, com experiência em todas as etapas de produção, o participante cria sua última versão do seu vídeo, que é o produto final dessa oficina.

Referências

BASCH, C. H.; HILLYER, G. C.; JAIME, C. COVID-19 on TikTok: harnessing an emerging social media platform to convey important public health messages. *Int J Adolesc Med Health*, v. 0, n. 0, 2020.

BRASIL. Ministério da Saúde. Secretaria de Vigilância em Saúde. Secretaria de Atenção à Saúde. *Política Nacional de Promoção da Saúde*. 3. ed. Brasília: Ministério da Saúde, 2010.

CHAN, J. *Top grossing apps worldwide for february*, 2021. Disponível em: https://sensortower.com/blog/top-grossing-apps-worldwide-february-2021. Acesso em: 28 jun. 2022.

CAETANO, L. M.; SOUZA, J. M.; COSTA, R. Q.; SILVA D. D.; DELL'AGLI, B. A. A saúde mental dos professores: a espiritualidade como estratégia protetiva em tempos de pandemia. *Saúde e Pesquisa*, v. 15, p. 1-6, 2022.

CZERESNIA, D.; FREITAS, C. M. *Promoção da Saúde:* Conceitos, reflexões e tendências. Rio de Janeiro: Fiocruz, 2009.

CRUZ, R. M.; DA ROCHA, R. E.; ANDREONI, S.; PESCA, A. D. Retorno ao trabalho? Indicadores de saúde mental em professores durante a pandemia da COVID-19. *Revista Polyphonía*, v. 31, p. 325-344, 2020.

DENBOROUGH, D.; NCUBE, N. Atendendo crianças que vivenciaram trauma: A árvore da vida. *Nova Perspectiva Sistêmica*, Rio de Janeiro, v. 20, n. 39, p. 92-101, abr. 2011. Disponível em https://revistanps.com.br/nps/issue/view/17. Acesso em: 20 jun. 2022.

HONSBERGER, J.; GEORGE, L. *Facilitando Oficinas*: da teoria à prática. Treinamento de Capacitadores do Projeto Gets – United Way do Canadá. Apoio da Agência Canadense para o Desenvolvimento Internacional. Grupo de Estudos do Terceiro Setor. São Paulo. Disponível em: http://www.iteco.be/IMG/pdf/Facilitando_oficinas.pdf. 2002. Acesso em: 20 jun. 2022.

IPEA, 2020. *Acesso domiciliar à internet e ensino remoto durante a pandemia*. Disponível em: http://repositorio.ipea.gov.br/bitstream/11058/10228/1/NT_88_Disoc_AcesDomInternEnsinoRemoPandemia.pdf. Acesso em: 18 jul. 2022.

GUIMARÃES, M. *A formação de Educadores Ambientais*. Campinas, SP: Papirus, 2004.

MELLO SILVA, C. C.; GUIMARÃES, M. Mudanças climáticas, saúde e educação ambiental como política pública em tempos de crise socioambiental. *Revista de Políticas Públicas*, v. 22, p. 1151-1170, 2018.

MOREIRA, J. A.; HENRIQUES, S., BARROS, D. M. Transitando de um ensino remoto emergencial para uma educação digital em rede, em tempos de pandemia. *Dialogia*, n. 34, p. 351-64, 2020.

MOURA, L. Como desarmar o opressor? Reciclagem das emoções para ações estratégicas. *Revista Poiésis* v. 20, n. 34, p. 109-132, 2019.

OJALA, E. Editorial illustrations. *PloomTV*. Disponível em: https://ploom.tv/editorial-illustrations-6. Acesso em: 10 jul. 2022.

PATRÍCIO, I. P. *Poluição ambiental desfocada*: percepções de educadores de ciências e biologia e uma nova perspectiva para ensinar. Dissertação em andamento (Mestrado Acadêmico) – Instituto Oswaldo Cruz, Pós-graduação em Ensino em Biociências e Saúde, 2022.

PEREIRA, G. D. *Promoção da saúde:* fatores ambientais que intervêm no processo de ensino-aprendizagem em uma escola pública do distrito de Xerém, município de Duque de Caxias, RJ. Dissertação (Mestrado Acadêmico) – Instituto Oswaldo Cruz, Pós-Graduação em Ensino em Biociências e Saúde, 2021.

RAMOS, F. C. N. *Mergulho na nuvem:* formação continuada em ferramentas digitais para profissionais de educação no âmbito do ensino remoto devido ao COVID-19. Dissertação (Mestrado Acadêmico) – Instituto Oswaldo Cruz, Pós-graduação em Ensino em Biociências e Saúde, 2021.

RONDINI C. A.; PEDRO K. M.; DOS SANTOS DUARTE C. Pandemia do COVID-19 e o ensino remoto emergencial: mudanças na práxis docente. *Educação*, v. 10, p. 41-57, set. 2020.

SEGADILHA, D. M.; DE SOUSA SANTOS, I. Educação e Saúde: reflexões sobre comprometimentos da saúde docente pelo trabalho remoto em tempos de pandemia. *Conjecturas*, v. 22, p. 198-211, abr. 2022.

YONATAN, K. *Sobre um dos efeitos do dispositivo colonial-escravocrata que age em nós*, 24 ago. 2020. Facebook: Kwame Yonatan. Disponível em: https://www.facebook.com/photo/?fbid=10220121529681493&set=a.10203293024459380. Acesso em: 9 jul. 2022.

IOC+Escolas – Uma Construção Coletiva Entre Academia, Escola e Sociedade

Renata Monteiro-Maia, Margarete Martins dos Santos Afonso, Wagner Alexandre Costa, Sylvia Lopes Maia Teixeira, Jacenir Reis dos Santos-Mallet

O Programa

O IOC+Escolas é um programa institucional criado em 2015 no Instituto Oswaldo Cruz (IOC-FIOCRUZ), que conta com a participação de pesquisadores, discentes e colaboradores no campo da educação em saúde e divulgação científica na transversalidade de temas de saúde pública. Tem como objetivo levar o conhecimento científico produzido pelos laboratórios do IOC e pelas diferentes áreas das ciências biológicas para além dos muros da Instituição, contribuindo para promoção da saúde, ampliação do acesso ao conhecimento e, consequente, melhoria da qualidade de vida.

O IOC+Escolas está alicerçado sobre três pilares fundamentais, que são: Educação em Ciências, Promoção da Saúde e Divulgação Científica, os quais, em conjunto, pretendem (1) estimular a cultura científica no âmbito da pesquisa, tecnologia e inovação; (2) fortalecer o ensino de Ciências; (3) promover a qualificação de professores e alunos em temas relacionados à saúde pública, com foco nos agravos que mais afetam a população; e (4) ampliar o acesso da sociedade aos conhecimentos e aos conteúdos científicos, oportunizando e atualizando a aprendizagem em linguagem mais acessível.

Para alcançar os objetivos traçados, pesquisadores e colaboradores são convidados a ofertar oficinas, atividades didáticas, experimentações, rodas de conversa e palestras em escolas, localizadas no estado do Rio de Janeiro, especialmente da rede pública de ensino.

A importância do Programa reside na necessidade de pôr em prática uma das atribuições dos cientistas, que é a responsabilidade social de dialogar com o público em geral sobre suas descobertas. No caso dos pesquisadores do IOC, soma-se a relevância em divulgar os potenciais impactos que seus estudos provocam no âmbito da saúde pública. Espera-se como resultado deste processo o empoderamento social sobre o conhecimento relacionado à saúde e maior engajamento da população em ações cotidianas que promovam a qualidade de vida.

1. Histórico do Programa

O programa iniciou suas atividades em 2015, com o objetivo de auxiliar os pesquisadores do IOC, contemplados com bolsa dos editais Cientista do Nosso Estado e Jovem Cientista do Nosso Estado, que deveriam atender ao requisito da Fundação de Amparo à Pesquisa do Estado do Rio de Janeiro (Faperj) de divulgar os conhecimentos científicos produzidos pelos seus projetos para a sociedade, por meio de atividades que incluíam ministrar aulas e/ou palestras em escolas da rede pública de ensino do estado.

Ao longo dos últimos anos, o programa tem sido reformulado, ampliando os objetivos iniciais a fim de organizar suas atividades de modo a atender às demandas das escolas no que se refere aos temas relacionados à saúde pública – especialmente escolas da rede pública de ensino localizadas no estado do Rio de Janeiro. Pretende-se incentivar e despertar a curiosidade científica dos estudantes por meio de ações de sensibilização entre os docentes e contribuir para a divulgação da ciência. Busca-se também aproximar o pesquisador do ambiente escolar, contribuindo para o aprimoramento de sua comunicação científica para além de seus pares, aqui focando na sociedade como público-alvo. Paralelamente, o contato dos professores e estudantes com os pesquisadores contribui para disseminar - ou até mesmo desmistificar - a profissão do cientista.

2. Os pilares do Programa

2.1 Educação em Ciências

A Base Nacional Curricular Comum (BNCC), conforme as Leis de Diretrizes e Bases (LDB – Lei n.º 9.394/1996), é um documento norteador dos currículos de ensino das Unidades Federativas, bem como das instituições de ensino públicas e privadas, da educação infantil ao ensino médio de todo o Brasil.

A alfabetização científica, segundo Germano (2011), é o "nível mínimo de compreensão em Ciência e Tecnologia que as pessoas devem ter para operar, em nível básico, como cidadãos e consumidores na nova sociedade científico--tecnológica". No entanto, educação em ciências deve estar além da simples memorização de conceitos e termos científicos.

Dessa reflexão surge o conceito de letramento científico que reflete as ações decorrentes do aprendizado desse conhecimento científico (CARVALHO, 2015). O letramento científico, como citado na BNCC (p. 323), é "a capacidade de compreender e interpretar o mundo (natural, social e tecnológico), mas também de transformá-lo com base nos aportes teóricos e processuais das ciências." Diante disso é esperado que o aluno possua ferramentas que lhe proporcionem novos olhares sobre o que o cerca, e que tenha elementos que orientem suas escolhas de forma consciente, considerando os princípios da sustentabilidade e do bem comum (BRASIL, 2018).

Com o objetivo de estimular estudantes para seguir as carreiras científicas, qualificar professores para o ensino e estreitar as relações entre as instituições de educação superior com as escolas de ensino fundamental e médio, foi criado o Programa Ciência na Escola (PCE). A partir dessas premissas, o PCE tem como metas: modificar a forma como são transmitidos, assimilados e aplicados os conhecimentos científicos, em consonância com a BNCC, bem como incentivar a abordagem científica nas escolas de educação básica brasileira. O objetivo do programa é buscar inovações e soluções para os problemas concretos das diversas realidades regionais do país (MINISTÉRIO DA EDUCAÇÃO, 2019), além de valorizar o aspecto pedagógico que prioriza o protagonismo do aluno na construção e apropriação do conhecimento (http://portal.mec.gov.br/component/tags/tag/ciencia-na-escola).

Para Roberts (1991), os currículos de ciências com ênfase em Ciência-Tecnologia-Sociedade (CTS) se ocupam das inter-relações que vão desde a explicação científica até a tomada de decisões sobre temas relevantes para a sociedade (apud SANTOS, 2007). Nesse sentido, cabe ressaltar a importância de inserir aspectos socioculturais no currículo de ciências, de modo a contextualizar os conhecimentos frente à realidade. Como nos lembra Shapin (2019), "a ciência é uma prática humana que perpassa por aspectos religiosos, econômicos, sociais e políticos".

Para que o aprendizado faça sentido para o aluno, é necessário que tenha alguma relação com o cotidiano e que se relacione com conceitos familiares (AUSUBEL, 1963). Dessa forma, as práticas para educação em saúde devem considerar os diversos contextos sociais, de modo a compartilhar saberes produzidos pelas trajetórias individuais e coletivas, transformando o conhecimento em aprendizagem significativa (BRASIL, 2011).

Dentro desse contexto, o Programa IOC+Escolas se alinha às políticas públicas concernentes ao Ministério da Educação e ao Ministério da Ciência, Tecnologia, Inovações e Comunicações, ofertando ações que visam estimular habilidades e competências, que vão desde a observação até a compreensão de fenômenos ligados à saúde; despertando a busca de conhecimentos e atividades investigativas. Estão incluídas ações que estimulam os cuidados com o corpo, com a saúde (individual e coletiva), com o meio ambiente, e que contribuam criticamente com a construção de uma sociedade saudável, sustentável, democrática e justa.

2.2 Promoção da Saúde

O direito à saúde é uma garantia estabelecida pela Constituição Federal de 1988, ao prever – no seu artigo 196 – a saúde como "direito de todos e dever do Estado". A partir daí, as diferentes esferas governamentais passaram a criar políticas sociais e econômicas para viabilizar esse direito aos cidadãos (https://www.gov.br/pt-br/constituicao-30-anos/textos/constituicao-federal-reconhece-saude-como-direito-fundamental).

De acordo com Brasil (2014), a promoção da saúde é entendida como "conjunto de estratégias e formas de produzir saúde, no âmbito individual e coletivo, caracterizando-se pela articulação e cooperação intra e intersetorial". Compreendendo a escola como um local privilegiado para transmissão e troca de conhecimentos sobre saúde e favorável à integração de políticas públicas em saúde às práticas de promoção de saúde nas escolas, foi criado o Programa Saúde na Escola (PSE) pelo Decreto Presidencial n.º 6.286, de 5 de dezembro de 2007.

O PSE tem como objetivo contribuir para a formação integral de crianças, adolescentes, jovens e adultos da rede pública de ensino por meio de ações que incluem a promoção, a prevenção e a atenção à saúde, de modo a prepará-los para enfrentar vulnerabilidades que possam comprometer o seu desenvolvimento (Programa Saúde nas Escolas – Ministério da Educação, 2007). O PSE também prevê a formação continuada dos professores como estratégia fundamental para ações de promoção da saúde em sala de aula, bem como a formação pedagógica dos profissionais de saúde que venham a atuar diretamente com os alunos (SCHNEIDER; MAGALHÃES; ALMEIDA, 2022).

A importância da escolaridade reflete a importância da escola como norteadora de cuidados individuais e coletivos. Como exemplo, de acordo com o Núcleo de Operações e Inteligência em Saúde (NOIS), a taxa de óbito por COVID-19 foi três vezes maior (71,3%) em indivíduos sem escolaridade em relação aos indivíduos com nível superior (22,5%) (NOIS, 2020).

Assim, o Programa IOC+Escolas visa contribuir para o fortalecimento do ensino de ciências e, ainda, para a qualificação de docentes e discentes, por meio da discussão de temas relevantes para a saúde pública, de modo a tornar a informação científica mais acessível e contribuir para a promoção da saúde. A partir de um diálogo horizontal e simétrico entre escola e academia, é possível incentivar o engajamento da comunidade escolar em ações que impulsionem mudanças comportamentais para alcançar melhores condições de saúde e de vida.

2.3 Divulgação Científica

A divulgação científica é comumente entendida como a forma que o conhecimento científico é apresentado fora do ambiente da academia. Para Costa Bueno (2010), a divulgação científica é responsável pela democratização do acesso ao conhecimento científico, que se concretiza nas relações entre ciência e sociedade. No entanto, a divulgação científica vai além da mera transmissão de conhecimentos e reside, também, no dever social da ciência no que tange aos seus impactos na sociedade.

Para Wynne (2005) a compreensão do público sobre ciência tem mais a ver com a interação entre o público leigo com um especialista do que com a transmissão da informação. Cada vez mais os conhecimentos produzidos pelos cientistas têm interessado à sociedade, trazendo à tona discussões sobre a forma como esse conhecimento tem sido levado ao conhecimento público.

Em 2019, um estudo realizado pelo Centro de Gestão e Estudos Estratégicos (CGEE) mostrou que os cientistas, sejam eles provenientes das Universidades ou das Instituições de pesquisa, apresentam maior índice de confiança do público (CGEE, 2019, p. 13). De acordo com Andrade (2020), durante a pandemia de COVID-19, em um estudo feito com 10 mil participantes de vários países, inclusive Brasil, revelou-se que os cientistas apareceram como a fonte mais confiável de informações para 91% dos brasileiros entrevistados, seguidos dos médicos pessoais (86%). Além disso, 85% dos entrevistados afirmaram ser mais importante ouvir os cientistas do que os políticos.

No entanto, como nos lembra Wynne (2005) "a ciência está, em si, longe de ser livre de problemas" e a credibilidade absoluta na ciência vem sendo colocada em xeque a todo momento. É notável o número crescente de movimentos negacionistas e a disseminação de notícias falsas. Para Chagas e Massarani (2020, p. 52), a veiculação das chamadas *fake news* é especialmente perigosa quando se trata da área da saúde. Tal fato reforça a importância de se aperfeiçoar o diálogo com o público, tornando-o agradável, aberto à escuta e atento às vulnerabilidades deste e, ainda, que as informações estejam contextualizadas com a realidade local.

O Programa IOC+Escolas visa divulgar o conhecimento sobre ciências, por meio dos seus pilares norteadores, de modo que o seu público-alvo – estudantes e professores da rede pública de ensino – seja capaz de compreender, dialogar e se posicionar de forma consciente, ativa e crítica frente a debates sobre saúde, tornando-se multiplicadores do conhecimento em suas localidades.

3. Atividades Desenvolvidas pelo Programa

O Programa IOC+Escolas tem atuado em escolas do estado do Rio de Janeiro e em eventos institucionais através da realização de palestras, oficinas, práticas educativas e lúdicas, a convite das escolas ou das instituições, ou por conta de colaborações previstas em projetos de pesquisa.

Em sua última atividade presencial antes da pandemia, em dezembro de 2019, o programa IOC+Escolas realizou a atividade de divulgação científica e promoção da saúde em uma escola da rede pública de ensino, localizada no entorno da Fundação Oswaldo Cruz, Rio de Janeiro. Essa região constitui-se numa área de transmissão de Leishmaniose Visceral Canina e foco do primeiro caso urbano de Leishmaniose Visceral Humana no município do Rio de Janeiro (BRASIL, 2012; BRASIL, 2013; PIMENTEL, 2013). No presente capítulo, apresentamos as imagens e relatamos a experiência dessa visita como um exemplo de atividade proposta e realizada pelo programa. Após uma etapa de reformulação interna, foi construído e disponibilizado um catálogo com atividades oferecidas pelo Programa, composto por 15 oficinas promovidas por 13 laboratórios do Instituto Oswaldo Cruz, que se encontra disponível em www.ioc.fiocruz.br/escolas. Esse material está sujeito a alterações na sua composição – inclusão ou exclusão de atividades – de acordo com as demandas da comunidade escolar e científica, caracterizando seu cunho dinâmico.

A ação contou com a participação de 90 discentes, do primeiro ao quinto ano do ensino fundamental, e de seus respectivos responsáveis. Durante a ação interdisciplinar, os seguintes grupos participaram da atividade: (1) Equipe (docentes, coordenadora pedagógica e diretora) da Escola Municipal onde foi realizada a ação; e (2) Equipe do Programa IOC+Escolas em conjunto com colaboradores do Museu da Vida (Casa de Oswaldo Cruz – COC).

A equipe do Laboratório Interdisciplinar de Vigilância Entomológica em Diptera e Hemiptera, do Instituto Oswaldo Cruz, realizou uma atividade de Vigilância em Saúde, com foco sobre os vetores de Leishmanioses (BRASIL, 2014, 2017; AFONSO *et al.*, 2016) e da doença de Chagas (PANAFTOSA-VP, 2009).

3.1 Leishmanioses

Para a realização da atividade, foram montadas mesas de observação de insetos em geral, de flebotomíneos (transmissores de leishmanioses) (FORATTINI, 1973) e réplicas de *Leishmania*, que poderiam ser observados em microscópio estereoscópico e lupa de mão (Figura 1). Durante a observação, discentes e responsáveis recebiam informações sobre o agravo, ciclo de transmissão da doença, além de orientações sobre prevenção e controle que eram fornecidas pela equipe. Essa demonstração visou contribuir para a sensibilização da comunidade em geral para a importância da manutenção da vigilância entomológica.

Figura 1 – Imagem das réplicas de flebotomíneos e formas de *Leishmania*, utilizando massa de modelar e porcelana fria, do acervo de material didático do Laboratório Interdisciplinar de Vigilância Entomológica em Diptera e Hemiptera/IOC

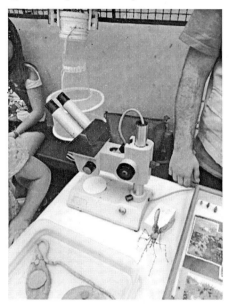

Fonte: os autores

Discentes e responsáveis foram convidados a participar de três jogos educativos, criados com o objetivo de difundir os conceitos epidemiológicos e o ciclo da doença:

1. Quebra-cabeça – "Vamos construir o flebótomo" (Figura 2), com a imagem de um flebotomíneo fêmea ingurgitada (com presença de sangue). A ação colaborativa permitiu que os participantes visualizassem a fêmea de um exemplar de flebotomíneo, em tamanho aumentado, podendo ser observadas suas estruturas taxonômicas. Durante essa atividade, a equipe forneceu informações sobre a biologia dos flebotomíneos.

2. Jogo da memória – "Leish-memória" (Figura 2): o jogo apresentava as formas clínicas do agravo (caso humano de leishmaniose tegumentar e visceral), o ciclo das leishmanioses, o cachorro (representando o

reservatório doméstico da leishmaniose visceral), os parasitos (nas formas amastigota e promastigota), a fêmea com resíduo de sangue, exemplar de flebotomíneo macho e fêmea (indicando as diferenças morfológicas). Durante a atividade realizada, foram abordados os temas como: o ciclo epidemiológico das leishmanioses, as formas clínicas da doença, as diferenças morfológicas entre machos e fêmeas e os aspectos biológicos e ecológicos dos flebotomíneos.

Figura 2 – Imagem dos jogos quebra-cabeça "Vamos construir o flebótomo" e do jogo da memória "Leish-memória", utilizando acetato de vinila (EVA) e lona, do acervo de material didático do Laboratório Interdisciplinar de Vigilância Entomológica em Diptera e Hemiptera/IOC

Fonte: os autores

3. Jogo da velha – "Fleb x cão" (Figura 3), jogo em que as peças X e O foram substituídas por imagens de um cachorro e de um flebotomíneo. Durante o jogo, os participantes foram convidados a discutir as medidas preventivas, vigilância e de controle sobre a leishmaniose visceral canina.

Ao final da atividade, o público recebeu folhetos contendo informações sobre as leishmanioses, com o objetivo de divulgarem as informações recebidas dentro do seu núcleo familiar e comunitário, tornando-os atores sociais multiplicadores (Figura 3).

Figura 3 – Imagem do jogo "Fleb x cão" e dos folhetos distribuídos, utilizando acetato de vinila (EVA), do acervo de material didático do Laboratório Interdisciplinar de Vigilância Entomológica em Diptera e Hemiptera/IOC

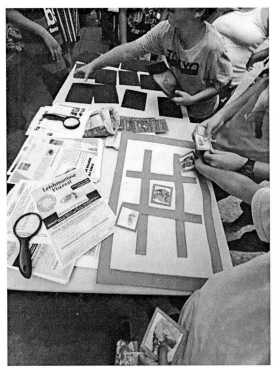

Fonte: os autores

3.2 Doença de Chagas

Em relação à doença de Chagas, os visitantes tiveram oportunidade de conhecer o inseto (barbeiro) montado em placas demonstrativas que continham os estádios de desenvolvimento do inseto (ovo – ninfas – adulto), levadas pela equipe com o propósito de fornecer informações sobre o ciclo de vida dos triatomíneos (Figura 4).

Como forma lúdica para promover o aprendizado, foram disponibilizadas cartilhas contendo quebra-cabeça e jogo da memória com imagens relacionadas aos vetores da doença de Chagas (CHAGAS, 1909), reservatórios e ecótopos de ocorrência (Figura 4).

Vale ressaltar que em função da pandemia de COVID-19 não foi possível a realização de outras ações, bem como avaliações sobre o impacto das ações realizadas pelo programa da comunidade local.

Figura 4 – Imagem dos estádios de desenvolvimento do inseto (barbeiro) e cartilhas distribuídas, do acervo de material didático do Laboratório Interdisciplinar de Vigilância Entomológica em Diptera e Hemiptera/IOC

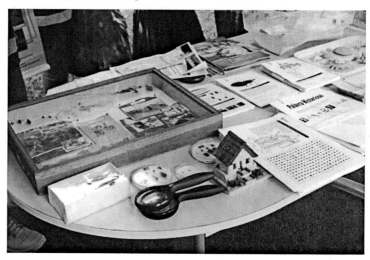

Fonte: os autores

Conclusões

O IOC+Escolas é um programa de divulgação, compartilhamento do conhecimento científico e de ampliação dos debates sobre ciência com o cidadão no ambiente escolar, com a finalidade de contribuir para a apropriação desses conhecimentos por meio de linguagem acessível e de práticas dinâmicas e lúdicas que ultrapassam a simples memorização de conceitos. Contextualizar esses conhecimentos, despertar o interesse de jovens para as carreiras relacionadas a Ciência e Tecnologia, estimular o desenvolvimento do senso crítico, motivar o cidadão para que este se torne apto a compreender a presença e os impactos da ciência no cotidiano, além de habilitar pessoas para discussões no âmbito da ciência, do meio ambiente e da saúde pública são processos motivadores e pilares do programa. Investir em ações e programas como o IOC+Escolas certamente contribui para a redução das desigualdades intelectuais, para a promoção da educação no sentido mais amplo e para a efetivação das medidas necessárias para garantir o direito dos cidadãos à saúde pública de qualidade.

Agradecimentos

Equipe da Escola Municipal pela parceria e disponibilidade para que a atividade fosse realizada.

Equipe do Dr. Paulo Henrique Colonese do Museu da Vida. A equipe da Dr.ª Elizabeth Ferreira Rangel do Laboratório Interdisciplinar de Vigilância Epidemiológica em Diptera e Hemiptera (IOC/Fiocruz), especialmente a Dra. Thamiris D'Almeida Balthazar e ao Prof. Thiago Peixoto Machado, bem como pela disponibilidade do material educativo.

Os membros da Comissão do Programa IOC+Escolas, especialmente Dr. Ademir de Jesus Martins Junior, Dr.ª Catarina Macedo Lopes e Dr.ª Letícia Lery, e ao professor Vinicius da Motta de Mello pela revisão do manuscrito.

Referências

AFONSO, M. M. S.; COSTA, W. A.; DIAS, C. M. G.; RANGEL, E. F. Ações de educação em saúde, como instrumento de vigilância e promoção da saúde, no primeiro foco urbano de leishmaniose visceral americana, no município do Rio de Janeiro, RJ, Brasil. *In: Anais [...]* 52º Congresso da Sociedade Brasileira de Medicina Tropical. Alagoas. 52º Congresso da Sociedade Brasileira de Medicina Tropical. Alagoas, 2016.

ANDRADE, R. O. Laços em recuperação: Estudo registra altos índices de confiança da sociedade na ciência em meio à pandemia. *Revista FAPESP*, v. 292, p. 48-51, 2020.

AUSUBEL, D. P. *The psychology of meaningful verbal learning*. Grune & Stratton. Oxford, England: Grune & Stratton. The psychology of meaningful verbal learning, 1963.

BRASIL. Constituição. *Constituição da República Federativa do Brasil*. Brasília, DF: Senado Federal: Centro Gráfico, 1988.

BRASIL. Ministério da Saúde. Secretaria de Atenção à Saúde. Departamento de Atenção Básica. *Passo a passo PSE*: Programa Saúde na Escola: tecendo caminhos da intersetorialidade / Ministério da Saúde. Secretaria de Atenção à Saúde. Departamento de Atenção Básica, Ministério da Educação. Brasília: Ministério da Saúde, 2011.

BRASIL. *Nota técnica n.º 5/2012* – GDTVZ/DTI/CVE/SVEA/SVS/SESRJ. Intensificação da Vigilância para Leishmaniose Visceral no Estado do Rio de Janeiro. 2012.

BRASIL. Ministério da Saúde. *Política Nacional de Promoção da Saúde*: PNPS: Revisão da Portaria MS/GM n.º 687, de 30 de março de 2006. Brasília, DF: Ministério da Saúde, 2014.

BRASIL. Ministério da Saúde. *Manual de Vigilância e Controle da Leishmaniose Visceral*. Brasília, DF: Secretaria de Vigilância em Saúde. Departamento de Vigilância Epidemiológica, 2014.

BRASIL. Ministério da Saúde. *Guia de Vigilância em Saúde*. Brasília, DF: Ministério da Saúde, Secretaria de Vigilância em Saúde, Departamento de Vigilância Epidemiológica, 2017.

BRASIL. Ministério da Educação. *Base Nacional Comum Curricular*. Brasília, 2018.

BRAZIL RP. The dispersion of *Lutzomyia longipalpis* in urban areas. *Revista da Sociedade Brasileira de Medicina Tropical*, v. 46, n. 3, p. 263-264, 2013.

CARVALHO, M. *Alfabetizar e letrar*: um diálogo entre a teoria e a prática. 12. ed. Petrópolis, RJ: Vozes, 2015.

CENTRO DE GESTÃO E ESTUDOS ESTRATÉGICOS (CGEE). *Percepção pública da C&T no Brasil – 2019. Resumo executivo*. Brasília: Centro de Gestão e Estudos Estratégicos, 2019.

CHAGAS, C. Nova tripanosomíase humana. Estudo sobre a morfologia e ciclo evolutivo do *Schizothipanum cruzi*, N. Gen, N. Sp., o agente etiológico de nova entidade mórbida do homem. *Memórias do Instituto Oswaldo Cruz*, v. 1, p. 159-218, 1909.

CHAGAS, C.; MASSARANI, L. *Manual de sobrevivência para divulgar ciência e saúde*. Rio de Janeiro: Editora Fiocruz, 2020.

GERMANO, M. G. *Uma nova ciência para um novo senso comum*. Campina Grande: EDUEPB, 2011.

MINISTÉRIO DA EDUCAÇÃO (MEC). *MEC e MCTIC lançam Programa Ciência da Escola com o objetivo de modernizar o ensino de Ciências*. 2019. Disponível em: http://portal.mec.gov.br/ultimas-noticias/211-218175739/75201-mec-e-mctic-lancam-programa-ciencia-na-escola-com-o-objetivo-de-modernizar-o-ensino-de-ciencias. Acesso em: 1 jun. 2023.

NOIS. *Centro Técnico-Científico*. PUC-RJ. Disponível em: https://www.ctc.puc-rio.br/diferencas-sociais-confirmam-que-pretos-e-pardos-morrem-mais-de-covid-19-do-que-brancos-segundo-nt11-do-nois/. Acesso em: 1 jun. 2023.

PANAFTOSA-VP/OPAS/OMS. *Guia para vigilância, prevenção, controle e manejo clínico da doença de Chagas aguda transmitida por alimentos*. Rio de Janeiro: PAHO/HSD/CD/539.09, 2009. (Série de Manuais Técnicos, 12).

PASSO a passo PSE: Programa Saúde na Escola: tecendo caminhos da intersetorialidade / Ministério da Saúde. Secretaria de Atenção à Saúde. Departamento de Atenção Básica, Ministério da Educação. Brasília: Ministério da Saúde, 2011.

PIMENTEL, J. D.; BORGES, D. T.; MÁSPERO, R. C.; DA COSTA; C. M.; FERREIRA, F. C.; BARBOSA, P. R. A. A new focus of leishmaniasis in the city of Rio de Janeiro, Brazil. *Wordleish 5 Fifth World Congress on Leishmaniasis*, Porto de Galinhas, 2013, p. 1406.

PROGRAMA SAÚDE NAS ESCOLAS. Ministério da Educação. Disponível em: http://portal.mec.gov.br/programa-saude-da-escola/194-secretarias-112877938/secad-educacao-continuada-223369541/14578-programa-saude-nas-escolas. Acesso em: 1 jun. 2023.

SANTOS, W. L. P. Educação científica na perspectiva de letramento como prática social: funções, princípios e desafios. *Rev. Bras. Educ.*, v. 12, n. 36, dez. 2007.

SCHNEIDER, S. A.; MAGALHÃES, C. R.; ALMEIDA, A. N. Percepções de educadores e profissionais de saúde sobre interdisciplinaridade no contexto do Programa Saúde na Escola. *Interface*, Botucatu, v. 26, 2022.

SHAPIN, S. *Is there a crisis of truth?* Los Angeles: Los Angeles Review of Books, 2019.

WYNNE, B. Saberes em contexto. *In:* MASSARANI, L.; JON, T.; MOREIRA, I. *Terra Incógnita* – a interface entre ciência e público. Rio de Janeiro: Casa da Ciência, Museu da Vida e Vieira & Lent, 2005. p. 27-40.

Dançando no Escuro: Uma Atividade Lúdica para Promoção da Percepção de Risco de Infecções Sexualmente Transmissíveis

Suellen de Oliveira, Sonia Simões Camanho, Diana da Silva Thomaz de Oliveira, Natanny Tancredo Cunha, Robson Coutinho-Silva

Introdução

A adolescência compreende o período entre a infância e a idade adulta; no qual ocorrem importantes mudanças, tanto no aspecto biológico quanto na transição de papéis sociais, que variam de acordo com o contexto cultural em que o indivíduo está inserido (SAWYER *et al.*, 2018). Todavia, identificar a idade cronológica correspondente ao seu início e fim, em uma determinada cultura, é um grande desafio. Embora a idade sirva como instrumento de avaliação do desenvolvimento biológico dos indivíduos, não é um dado natural, mas sim resultado da prática social para atender necessidades administrativas, como resultado "do estado (variável) das relações de força entre classes, e, em cada classe, das relações entre gerações, isto é, da distribuição do poder e privilégios entre classes e gerações" (LENOIR, 1996). Apesar disso, esse padrão abstrato de identificação permite realizar comparações, além de determinar responsabilidades e privilégios legais (LENOIR, 1996; SAWYER *et al.*, 2018).

A puberdade, por sua vez, possui variabilidade cronológica dentro de um mesmo contexto cultural, já que o seu marco inicial na vida de um indivíduo é definido a partir de critérios de maturidade fisiológica e desenvolvimento puberal, sendo caracterizado pelo começo da capacidade reprodutiva, devido a ativação do sistema neuroendócrino (eixo hipotálamo-hipófise-gonadal), que é dependente de condições de nutrição e saúde (LOURENÇO; QUEIROZ, 2010; SAWYER *et al.*, 2018). Os eventos característicos desse período são: desenvolvimento das gônadas e dos caracteres sexuais secundários (exemplos: desenvolvimento do broto mamário nas pessoas do sexo feminino e do aumento do volume testicular nas pessoas do sexo masculino); crescimento esquelético intenso, conhecido como estirão puberal; alteração na forma e composição corporal devido ao desenvolvimento ósseo, muscular e de adipócitos, resultando no dimorfismo sexual; e desenvolvimento de diversos sistemas, como o cardiorrespiratório (LOURENÇO; QUEIROZ, 2010).

Segundo o Estatuto da Criança e do Adolescente (BRASIL, 1990), pessoas entre 12 e 18 anos são consideradas adolescentes. No entanto, recentemente, Sawyer *et al.* (2018) avaliaram os padrões contemporâneos de desenvolvimento biológico característicos da puberdade, as transições de papéis sociais da adolescência para a vida adulta e a vulnerabilidade associada a esse período, e então, propuseram uma nova definição do período da adolescência: de 10 a 24 anos. Um dos fatores considerados por eles foi o aumento do tempo dedicado à educação, necessário para inserção no mercado de trabalho atual, e, consequentemente, um período mais longo de dependência dos responsáveis legais; sendo preciso ampliar o período de apoio financeiro às famílias de baixa renda que possuem filhos na escola, evitando o risco de casamento precoce e ampliando as oportunidades de educação, capacitação e futuro emprego (SAWYER *et al.*, 2018).

Durante a adolescência há uma rápida transformação (biológica e psicológica) e é comum haver uma intensa exploração da sexualidade[1], incluindo a busca pela identidade (identidade de gênero e orientação sexual) e a primeira atividade sexual. Em um estudo realizado com 4.633 jovens entre 18 e 24 anos, de Porto Alegre, Rio de Janeiro e Salvador, os pesquisadores constataram que 13% das pessoas do sexo masculino já tiveram relações sexuais sem nunca ter namorado ou antes de tê-lo (o que ocorre apenas com 2% das pessoas do sexo feminino). O tesão (39%), a curiosidade (22%) e o desejo de perder a virgindade (21%) são as principais motivações das pessoas do sexo masculino para iniciarem a vida sexual. Já para as pessoas do sexo feminino, o amor (52%) é a motivação dominante e 7% delas iniciaram a vida sexual por medo de perder o(a) parceiro(a) (HEILBORN *et al.*, 2006).

Algumas experimentações realizadas durante o período da adolescência aumentam a exposição às violências e aos comportamentos de riscos, como o uso de drogas que pode aumentar a suscetibilidade às infecções sexualmente transmissíveis (IST) e de gravidez não planejada (ORGANIZAÇÃO PAN-AMERICANA DA SAÚDE; MINISTÉRIO DA SAÚDE, 2017). Sendo assim, adolescentes e jovens são considerados especialmente vulneráveis às IST (ORGANIZACIÓN MUNDIAL DE LA SALUD, 2016), o que torna necessário o desenvolvimento de estratégias de prevenção destinadas a esses grupos. O acesso à informação, aos produtos básicos como preservativos e aos serviços de saúde são essenciais para prevenir a transmissão de IST de forma eficaz (ORGANIZACIÓN MUNDIAL DE LA SALUD, 2016).

A Organização Mundial da Saúde (ORGANIZACIÓN MUNDIAL DE LA SALUD, 2016) propõe uma série de medidas prioritárias que devem ser adotadas pelos países, incluindo "programas integrais de informação sanitária, educação e promoção à saúde dirigidos aos adolescentes". Esses programas

---

[1] "Aspecto central do ser humano ao longo de toda sua vida e nela estão circunscritos elementos relativos ao sexo, às identidades e aos papéis de gênero, à orientação sexual, ao prazer, à intimidade e a reprodução" (OPAS/MS, 2017). "[...] manifesta-se no ser humano como um fenômeno biológico, psicológico e social que influencia o seu modo de estar, compreender e viver o mundo como ser sexuado" (BRASIL, 2016).

podem contribuir para a promoção da saúde e do bem-estar, sendo essenciais para o desenvolvimento sustentável[2], como revelam algumas das metas da Agenda 2030 (PLATAFORMA AGENDA 2030, 2020):

> Assegurar o acesso universal aos serviços de saúde sexual e reprodutiva, incluindo o planejamento familiar, informação e educação, bem como a integração da saúde reprodutiva em estratégias e programas nacionais.
> Acabar com as epidemias de AIDS [...] e outras doenças transmissíveis.

Além de alcançar as metas supracitadas, também é necessário garantir o acesso aos serviços de saúde essenciais de qualidade, aos medicamentos, vacinas (PLATAFORMA AGENDA 2030, 2020) e atendimentos relacionados à violência sexual, com profissionais qualificados, que possam promover um atendimento sem preconceito e/ou qualquer outra forma de expressão da homofobia institucionalizada (ORGANIZAÇÃO PAN-AMERICANA DA SAÚDE; MINISTÉRIO DA SAÚDE, 2017). O cumprimento dessas metas contribuirá para a redução das consequências físicas, psicológicas e sociais que comprometem a qualidade de vida dos indivíduos infectados, incluindo a morbidade e mortalidade provocadas pelos patógenos de transmissão sexual, como por exemplo: infertilidade, câncer cervical, mortes fetais e neonatais (ORGANIZACIÓN MUNDIAL DE LA SALUD, 2016).

O Ministério da Saúde (BRASIL, 2009) reconhece o "direito ao sexo seguro para prevenção da gravidez indesejada e de DST/HIV/AIDS" e o "direito à informação e à educação sexual e reprodutiva" como direitos sexuais. Reconhece também a educação como um dos direitos humanos e diz que:

> Os(as) adolescentes e os(as) jovens têm direito de ter acesso a informações e educação em saúde sexual e saúde reprodutiva e de ter acesso a meios e métodos que os auxiliem a evitar uma gravidez não planejada e a prevenir-se contra as doenças sexualmente transmissíveis/HIV/AIDS, respeitando-se a sua liberdade de escolha (MINISTÉRIO DA SAÚDE, 2009, p. 6).

Para oportunizar o acesso a informações relacionadas à sexualidade é necessário planejar e implementar estratégias de promoção da saúde sexual[3] para os adolescentes. No entanto, é importante considerar as evidências científicas que demonstram um vínculo fraco entre o aumento do conhecimento e o exercício de comportamentos responsáveis (HUNGERFORD; VOLK, 1990; JENSEN, 2014; MOSS; JENSEN; GUSSET, 2014; MOSS;

---

[2] "O desenvolvimento que procura satisfazer as necessidades da geração atual, sem comprometer a capacidade das gerações futuras de satisfazerem as suas próprias necessidades" (PLATAFORMA AGENDA 2030, 2020).

[3] "Estado de saúde física, emocional, mental e bem-estar social em relação à sexualidade" (OPAS/MS, 2017).

JENSEN; GUSSET, 2016). Segundo Hungerford e Volk (1990), os modelos tradicionais de ações educativas são lineares e desconsideram a variedade de fatores associados ao comportamento responsável. Seus estudos na área ambiental apontaram a sensibilidade ambiental e o conhecimento de ecologia como algumas dessas variáveis, sendo a primeira a mais importante, conquistada por meio da experiência. Eles destacam também as variáveis de empoderamento como o conhecimento e habilidade no uso de estratégias de ação ambiental. Transpondo para área de educação sexual, acreditamos que as ações focadas apenas em informações a respeito de IST e de gravidez não planejada não são o bastante para promover um comportamento responsável, como por exemplo o uso de preservativos como estratégia de profilaxia individual e coletiva.

É preciso elaborar estratégias educativas que possam contribuir para a construção de conhecimentos e desenvolvimento de habilidades que favoreçam a formação de um indivíduo crítico e reflexivo, capaz de analisar as condições ao seu redor e ter autonomia e empoderamento para tomar decisões conscientes sobre a sua própria sexualidade de maneira responsável e atuar em movimentos sociais (ORGANIZAÇÃO PAN-AMERICANA DA SAÚDE; MINISTÉRIO DA SAÚDE, 2017; UNESCO, 2019; WORLD HEALTH ORGANIZATION, 2012). Sendo assim, para promover a sensibilização de jovens acerca dos riscos de IST, o Espaço Ciência Viva desenvolveu a dinâmica intitulada "Dançando no Escuro", uma tecnologia educacional[4] baseada na CienciArte– combinação da arte com conteúdo científico, como estratégia pedagógica (SAWAD, ARAÚJO-JORGE e FERREIRA, 2017). Segundo o Manifesto ArtScience (ROOT-BERNSTEIN *et al.* 2011), traduzido e publicado por Sawad, Araújo-Jorge e Ferreira (2017) e por Araújo-Jorge *et al.* (2018, p. 4), a CienciArte:

> [...] funde a compreensão subjetiva, sensorial, emocional, e pessoal com a compreensão objetiva, analítica, racional e coletiva para inspirar a abertura das mentes, a curiosidade, a criatividade, a imaginação, o pensamento crítico e a resolução de problemas através de inovação e colaboração.

A estratégia de educação sexual desenvolvida a partir da perspectiva CienciArte, facilita a imersão, permitindo que os adolescentes experienciem uma situação de risco de transmissão de IST. Com o auxílio da mediação são convidados a refletir sobre a situação vivenciada e estimulados a compartilharem as suas percepções e a interagirem entre si. Tudo isso pode favorecer o desenvolvimento da autoestima e da autonomia, como recomenda a Orga-

---

[4] Tecnologias educacionais são desenvolvidas para propor soluções criativas para os problemas educacionais existentes em determinado contexto (CARVALHO; NETO, 2009), por meio de atividades ativas, construtivas (reflexivas), intencionais, autênticas (contextual) e cooperativas que favoreçam a aprendizagem significativa (HOWLAND; JOANSSEN; MARRA, 2012), contribuindo para a transformação social (LUPPICINI, 2005).

nização Pan-Americana da Saúde e o Ministério da Saúde (2017). Espera-se, então, que essa vivência possa influenciar na intenção de agir de modo saudável e consequentemente no aumento da probabilidade de ter um comportamento sexual responsável (HUNGERFORD; VOLK, 1990).

A dinâmica Dançando no Escuro[5] foi idealizada por Sonia Simões Camanho, teve como inspiração a "Dinâmica: Contatos pessoais", presente no Manual do Multiplicador (BRASIL, 2000). Foi incorporada ao catálogo de oficinas oferecidas ao público escolar do Espaço Ciência Viva e mais tarde foi aperfeiçoada por Cunha (2014), durante o desenvolvimento do seu Trabalho de Conclusão de Curso (TCC) da graduação em Ciências Biológicas. Recentemente foi revisada e aperfeiçoada por Suellen de Oliveira e Diana da Silva Thomaz de Oliveira, sob a orientação de Robson Coutinho-Silva. Neste capítulo descrevemos tudo o que é necessário saber sobre a dinâmica para aplicá-la com os adolescentes, seja em um espaço de educação formal ou não formal.

Descrição da Dinâmica

Dançando no Escuro tem como objetivo promover a percepção acerca do risco de transmissão de infecções sexualmente transmissíveis (IST)[6]. É indicada para adolescentes a partir de 14 anos[7] e dura cerca de 60 minutos. A dinâmica tem início com a entrega de um kit para cada pessoa; nele há uma placa de madeira (25 cm x 15 cm) e fichas com a forma geométrica representada na placa. No kit de placas vermelhas há cinco fichas e no kit de placas azuis há apenas uma ficha. Por exemplo: no kit placa vermelha com losango, o participante recebe uma placa com a representação do losango em alto relevo e um saco de pano contendo cinco fichas com forma de losangos.

As placas possuem um cordão para que possam ser penduradas nos pescoços, e apresentam um dos lados coloridos e o verso cinza, devido a imantação. Algumas placas são azuis e outras são vermelhas, e simbolizam respectivamente o uso ou não de preservativos durante as relações sexuais simuladas na oficina. Com o intuito de permitir a inclusão de pessoas daltô-

---

[5] Dançando no Escuro, assim como outras atividades relacionadas à educação sexual do Espaço Ciência Viva, fez parte do projeto "Sexualidade, Arte e Ciência na Sociedade", em parceria com a Universidade Federal do Rio de Janeiro.

[6] A abordagem do tema está associada a uma das ações do Programa Saúde na Escola (PSE): Saúde sexual e reprodutiva e prevenção do HIV/IST (BRASIL, 2022).

[7] A Base Nacional Comum Curricular (BRASIL, 2018) recomenda o ensino de Doenças Sexualmente Transmissíveis (DST) no oitavo ano do ensino fundamental. Habilidades relacionadas: (EF08CI09) Comparar o modo de ação e a eficácia dos diversos métodos contraceptivos e justificar a necessidade de compartilhar a responsabilidade na escolha e na utilização do método mais adequado à prevenção da gravidez precoce e indesejada e de Doenças Sexualmente Transmissíveis (DST). (EF08CI10) Identificar os principais sintomas, modos de transmissão e tratamento de algumas DST (com ênfase na AIDS), e discutir estratégias e métodos de prevenção.

nicas, com baixa visão e cegas, foi inserida uma faixa vertical em alto-relevo nas placas azuis (Figura 1). A representação do uso do preservativo na oficina é essencial para favorecer a percepção da importância do uso do preservativo nas relações sexuais a fim de reduzir a transmissão de IST. Com um grupo de 30 pessoas, é preciso usar 14 placas com quadrado e quatro com as demais formas geométricas (Quadro 1), sendo a metade delas vermelhas sem faixa vertical, e metade azul com faixa vertical.

Figura 1 – Exemplos de placas da dinâmica Dançando no Escuro. O uso da placa vermelha sem faixa vertical em alto-relevo simboliza que aquela pessoa fez sexo sem preservativo durante a dinâmica. Já o uso da placa azul com faixa vertical em alto relevo significa que a pessoa usou preservativo em todas as relações sexuais. O uso da placa com quadrado representa a ausência de IST no início da dinâmica. Já o uso das placas com as demais formas geométricas (círculo, losango, retângulo e triângulo) representam a presença de alguma IST no início da dinâmica

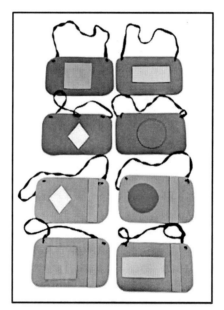

Fonte: os autores

As principais formas de transmissão das IST são semelhantes (sexo anal, vaginal e oral). Sendo assim, acreditamos que não seja necessário apresentar todas as IST para tentar sensibilizar os adolescentes sobre o risco de transmissão. Para exemplificar, foram selecionadas apenas as infecções causadas por: *Neisseria gonorrhoeae*, devido ao risco de gonorreia intratável em decorrência da resistência aos antimicrobianos e da coinfecção com outras IST; *Treponema pallidum*, relacionada à sífilis adquirida e congênita; papiloma vírus humano, associado ao câncer cervical e às verrugas genitais; e vírus HIV, agente causador da síndrome da imunodeficiência adquirida (AIDS). As três primeiras infecções foram incluídas pois são consideradas prioritárias pela OMS para o desenvolvimento de projetos de monitoramento e controle (ORGANIZACIÓN MUNDIAL DE LA SALUD, 2016). Já última, porque a Base Nacional Comum Curricular (BNCC, 2018) recomenda dar ênfase nessa IST. Só em 2021 o Brasil registrou 64.279 casos de sífilis adquirida, sendo 5.677 em pessoas com 10 a 19 anos de idade (MINISTÉRIO DA SAÚDE, 2022a); 10.895 casos de sífilis congênita (MINISTÉRIO DA SAÚDE, 2022b); 13.501 casos de HIV (MINISTÉRIO DA SAÚDE, 2022c). Não é possível saber o número de casos de gonorreia e HPV, pois as suas notificações não são compulsórias.

Quadro 1 – Representações da dinâmica Dançando no Escuro

Forma geométrica	Significado
Quadrado	Ausência de Infecções Sexualmente Transmissíveis
Círculo	Infecção pelo vírus HIV
Losango	Infecção pelo papiloma vírus humano (HPV)
Retângulo	Infecção pela bactéria *Treponema pallidum*
Triângulo	Infecção pela bactéria *Neisseria gonorrhoeae*

Fonte: os autores

A dinâmica tem início com a simulação de uma festa, criando um ambiente de descontração e representando um local onde os adolescentes podem conhecer pessoas, inclusive potenciais parceiros sexuais. Para isso a luz da sala é apagada, luzes coloridas são acesas e músicas dançantes são tocadas (Figura 2). Sempre que possível, os participantes são consultados para saber que tipo de música gostariam de ouvir. Assim, eles realmente se sentem em uma festa, dançam, cantam e se divertem.

A única instrução dada a eles após a distribuição do kit é que poderão dançar enquanto a música tocar, mas quando ela parar, eles deverão pegar apenas uma das formas geométricas presentes em seu kit e trocar com a pessoa mais próxima. Após a troca, deverão fixá-la na parte cinza de suas placas – parte imantada. O processo deverá ser repetido toda vez que a música parar, porém as formas geométricas recebidas não podem ser trocadas. Cada troca representa uma relação sexual, em que é possível haver transmissão de IST, representadas pelas diferentes formas geométricas. No entanto, os significados das trocas, das representações presentes nas placas e das formas geométricas não devem ser revelados nesse momento.

Figura 2 – Adolescentes na dinâmica Dançando no Escuro

Fonte: os autores

Após cinco paradas, a música é interrompida e o mediador convida todos a se sentarem em círculo no chão para discutirem sobre o que aconteceu. A discussão é norteada por um roteiro com perguntas relacionadas à situação hipotética vivenciada durante a dinâmica.

Considerações Sobre o Processo de Mediação

O elemento mais importante de uma tecnologia educacional é a mediação (CARVALHO NETO; MELO, 2009). Sendo assim, gostaríamos de destacar alguns aspectos que devem ser considerados durante a condução desta dinâmica. Para isso, analisamos publicações de autores que escreveram sobre a coleta de dados por meio de entrevistas e transpomos as suas reflexões para o contexto desta dinâmica, já que o segundo momento é semelhante a uma entrevista com grupo focal.

1. A discussão é norteada por um roteiro, no entanto, vale ressaltar que a ordem e/ou estrutura das perguntas podem ser alteradas de acordo com as respostas dadas pelos participantes à pergunta anterior, para que essas sejam capazes de se inscreverem naturalmente na linha de continuidade da conversação. Ademais, o mediador precisa desenvolver uma escuta ativa e metódica (BOURDIEU, 2001), além de introjetar os objetivos e o roteiro, assim como em uma entrevista, como propõe Duarte (2004).

2. É preciso construir um diálogo ao invés de apenas fazer perguntas (PORTELLI, 1997) e "deixar o assunto falar" (RAPLEY, 2001). Por cortesia é preciso ouvir os participantes, mesmo que não haja um interesse genuíno por aquilo que está sendo dito (PORTELLI, 1997).

3. É necessário reconhecer que na relação entre mediador e participantes existe uma violência simbólica devido à dissimetria entre os envolvidos, o que pode afetar as respostas. Sendo assim, para reduzir o seu efeito deve-se exercitar a reflexividade reflexa e a comunicação não violenta (BOURDIEU, 2001).

4. Vale mais ouvi-los que interrogá-los, "não somente para ouvir suas próprias classificações, mas também para evitar receber respostas que não seriam senão o espelho das questões e expectativas" do mediador (WEBER, 2009).

5. O comportamento do indivíduo é resultado da interpretação das pressões ambientais, estímulos, motivos, atitudes e ideias. A partir dessa interpretação ele constrói a sua ação (BLUMER, 2018). Sendo assim, a omissão de ideias pode ocorrer devido ao medo de dizer algo diferente do que a equipe de mediadores esperava (WEBER, 2009). Portanto, é preciso compreender as censuras que impedem os participantes de dizerem certas coisas e as incitações que encorajam a acentuar outras (BOURDIEU, 2001).

6. É necessário respeitar as diversas maneiras de expressão da sexualidade, exercitar a paciência, a empatia e não permitir que os próprios valores morais sejam explicitados durante a mediação — seja através da fala, de sinais de espanto, censuras e repressão - para evitar constranger os participantes (BOURDIEU, 2001; ORGANIZAÇÃO PAN-AMERICANA DA SAÚDE; MINISTÉRIO DA SAÚDE, 2017; UNESCO, 2019).

7. Por se tratar de uma atividade educacional, é preciso criar um espaço para discussão – por meio de uma mediação neutra e não líder (RAPLEY, 2001) – e ao mesmo tempo construir um ambiente propício para reflexão e ressignificação de certos conceitos com inadequações científicas.

8. A dinâmica pode contribuir para a reflexão e identificação da origem de certas concepções, pois durante a troca que ocorre na condução da atividade é oferecida ao participante uma "oportunidade de refletir sobre si mesmo, de refazer seu percurso biográfico, pensar sobre sua cultura, seus valores, a história e as marcas que constituem o grupo social ao qual pertence, as tradições de sua comunidade e de seu povo" (DUARTE, 2004). Ao realizarmos as perguntas "atuamos como

mediadores para o sujeito apreender sua própria situação de outro ângulo, conduzimos o outro a se voltar sobre si próprio; incitamo-lo a procurar relações e a organizá-las. Fornecendo-nos matéria-prima para nossas pesquisas, nossos informantes estão também refletindo sobre suas próprias vidas e dando um novo sentido a elas. Avaliando seu meio social, ele estará se auto-avaliando, se auto-afirmando perante sua comunidade e perante a sociedade, legitimando-se como interlocutor e refletindo sobre questões em torno das quais talvez não se detivesse em outras circunstâncias" (DUARTE, 2004).

ROTEIRO DA DINÂMICA DANÇANDO NO ESCURO:

1) O que vocês acham que ocorreu no ato encenado?

- Após ouvi-los, explique que a festa simulou possíveis trajetórias de vida com encontros e desencontros.

2) E o que aconteceu nessa "festa"?

- Ouça-os e em seguida, revele que cada momento de troca simbolizou uma relação sexual.

3) Como vocês se sentiram ao vivenciar essa situação?

- Ouça-os com atenção.

4) O que pode ocorrer em uma relação sexual?

- Diga que em uma relação sexual consentida e desejada, além da possibilidade de sentir prazer sexual, aumentar o vínculo com o(a) parceiro(a) e se conhecer melhor, existe a chance de engravidar e se infectar com microrganismos que podem provocar doenças.

5) O que poderia ter sido feito para reduzir esses riscos?

- Revele o significado das diferentes cores das placas e da presença ou ausência da linha vertical.

- Apresente o preservativo interno (conhecido como preservativo feminino) e externo (conhecido como preservativo masculino) e discuta sobre a importância do seu uso em todas as relações sexuais para reduzir o risco de transmissão e infecção. Explique que, por isso, há menor número de fichas no kit que representa pessoas que usaram preservativos, pois mesmo com o seu uso há possibilidade de transmissão, caso entre em contato com lesões presentes em áreas não protegidas (como aquelas presentes na infecção pelo vírus HPV, herpes e sífilis) ou haja rompimento do preservativo ou a sua saída durante o ato sexual. Discuta sobre os cuidados necessários para preservá-lo e colocá-lo, a fim de reduzir esses riscos.

- Enfatize que, embora na dinâmica possa ter ocorrido uma representação de relação sexual com duas pessoas usando preservativos, isso não deve acontecer na realidade, pois o atrito entre eles aumenta o risco de rompimento.

- Comente brevemente sobre outras formas de transmissão.

- Apresente outras formas de prevenção de IST, como:

a) a vacinação contra HPV e hepatite A e B. A transmissão de hepatite A é fecal-oral, mas pode ser transmitida por meio do sexo oral na região anal.

b) a realização de exames para diagnosticar IST e o tratamento de pessoas infectadas.
c) o uso da Profilaxia Pós-Exposição (PEP) em caso de relação sexual desprotegida.
- Discuta sobre a importância da testagem regular para pessoas sexualmente ativas.

6) O que vocês acham que as formas geométricas presentes nas placas representam?
- Revele o significado das diferentes formas geométricas presentes nas placas. Para isso, utilize o cartaz com as imagens e legenda.
- Convide os participantes a identificarem as possíveis IST que tinham no início da dinâmica e os microrganismos causadores de IST que eles entraram em contato durante a festa.
- Explique, brevemente, as possíveis consequências dessas infecções. Explique por que o termo DST mudou para IST.

7) Como vocês se sentem ao saberem que entraram em contato com agentes infecciosos capazes de provocar essas doenças?
- Ouça-os com atenção. Se necessário, ressalte a importância da escuta ativa, empática e respeitosa.

8) Como vocês se sentem ao saberem que podem ter transmitido microrganismos causadores de IST durante essa simulação?
- Ouça-os com atenção. Se necessário, ressalte a importância da escuta ativa, empática e respeitosa.

9) Já haviam se imaginado em uma situação como essa, com a possibilidade de se infectar de forma inesperada?
- Ouça-os com atenção. Se necessário, ressalte a importância da escuta ativa, empática e respeitosa.

10) Escreva ou desenhe nesta folha de papel o que vocês pensam após participar desta dinâmica e perceberem que é possível se infectar de forma inesperada.
- Distribua uma folha A4 e uma caneta para cada um dos participantes. Aguarde até que todos concluam a atividade.
- Pergunte se alguém deseja mostrar e comentar sobre o que escreveu ou ilustrou. Permita que eles compartilhem as suas percepções.

11) Qual é a relação do nome da oficina "Dançando no Escuro" com a experiência vivenciada?
- Ouça com atenção. Em seguida, revele que nem sempre uma pessoa com IST apresenta sinais e sintomas. É como se estivéssemos no escuro sem saber o nível de risco que estamos correndo. Portanto, precisamos nos proteger sempre.

Considerações Finais

Caso queira aplicar esta dinâmica, esteja atento às considerações mencionadas na seção anterior. Além disso, saiba que promover educação sexual é um grande desafio, pois é preciso se despir dos seus próprios preconceitos e ter muita cautela para não fazer julgamentos, seja com a linguagem verbal ou não verbal. É importante ressaltar que há muitas formas de vivenciar a sexualidade e todos precisam se sentir acolhidos durante a atividade. Sendo assim tenha cuidado para não fazer uma mediação preconceituosa.

Aproveite os assuntos trazidos pelos participantes para promover a reflexão sobre questões relevantes relacionadas à sexualidade. Por exemplo, quando revelamos que as trocas das fichas realizadas durante a dinâmica representam relações sexuais, frequentemente as pessoas do sexo masculino demonstram sinais de alegria e orgulho. Ademais, os adolescentes relatam que meninos que possuem muitas parceiras sexuais são vistos como "pegadores". Já as do sexo feminino se expressam de maneira diferente e dizem que se sentiram "desvalorizadas", "muito rodadas" ou como alguém "que passa na mão de todo mundo". Sendo assim, é uma ótima oportunidade para evidenciar que, ao menos em parte, essa autoimagem negativa pode ser o reflexo da incorporação dos julgamentos sofridos por elas e por outras meninas e mulheres que assim se comportam e sofrem constantemente com a violência simbólica presente nesta sociedade patriarcal e machista. Tudo isso se deve aos papéis de gênero, que por sua vez são uma construção social. Sendo assim, podemos transformá-los. Não se trata de aprovar ou reprovar determinados tipos de comportamento, mas em não nos conformarmos com "réguas desiguais".

Também é comum haver relatos durante a dinâmica sobre o uso abusivo de drogas e até de meninas que ficaram inconscientes devido à adição de substâncias psicoativas em bebidas, o que aumenta a sua vulnerabilidade e o risco de sofrer violência sexual. Se isso acontecer, aproveite para mencionar algumas medidas de redução de danos para o uso de drogas freqüentemente utilizadas pelos adolescentes, como o álcool e o tabaco.

Após a dinâmica, coloque-se à disposição para o esclarecimento de dúvidas e verá que os adolescentes anseiam pela oportunidade de conversar de maneira clara e objetiva com alguém que possa contribuir com a sua educação sexual.

Referências

ARAÚJO-JORGE, T. C.; VASCONCELLOS-SILVA P. R.; TRAJANO, V. S.; ASSIS S. S.; RIBEIRO, J. M. P.; CARVALHO, A. C. C.; GARZONI, L. R. Ensino em saúde com cienciarte: o potencial das abordagens qualitativas. In: *V Seminário Internacional de Pesquisa e Estudos Qualitativos*, Foz do Iguaçu, 2018.

BLUMMER, H. Sociedade como interação simbólica. *PLURAL*, v. 25, n. 2, p. 282-283, 2018.

BOURDIEU, P. Compreender. *In: A miséria do mundo*. Pierre Bourdieu (coord.). Petrópolis: Vozes, 2001.

BRASIL. Lei nº 8.069, de 13 de julho de 1990. Dispõe sobre o Estatuto da Criança e do Adolescente e dá outras providências. Brasília: DF, 1990. Disponível em: http://www.planalto.gov.br/ccivil_03/leis/l8069.htm . Acesso em: 28 set. 2020.

BRASIL. Ministério da Educação. *Base Nacional Comum Curricular*. Brasília: 2018. Disponível em: http://basenacionalcomum.mec.gov.br/abase/. Acesso em 26 jun. 2022.

BRASIL Ministério da Saúde. Ministério da Educação. *Caderno do gestor do PSE*. Brasília: 2022. Disponível em: http://189.28.128.100/dab/docs/portaldab/publicacoes/caderno_gestor_pse_2022.pdf Acesso em: 26 jun. 2022.

BRASIL. Ministério da Saúde. Coordenação Nacional de DST e AIDS. *Manual do Multiplicador*: adolescente. Brasília: Ministério da Saúde, 2000. Disponível em: https://bvsms.saude.gov.br/bvs/publicacoes/cd08_15.pdf. Acesso em: 26 jun. 2022.

BRASIL. Ministério da Saúde. *Cuidando de Adolescentes*: orientações básicas para a saúde sexual e a saúde reprodutiva. Brasília: Ministério da Saúde, 2016. Disponível em: https://bvsms.saude.gov.br/bvs/publicacoes/cuidando_adolescentes_saude_sexual_reprodutiva.pdf. Acesso em: 26 jun. 2022.

BRASIL. Ministério da Saúde. *Direitos sexuais, direitos reprodutivos e métodos anticoncepcionais*. Brasília: Ministério da Saúde, 2009. Disponível em: https://bvsms.saude.gov.br/bvs/publicacoes/direitos_sexuais_reprodutivos_metodos_anticoncepcionais.pdf. Acesso em: 26 jun. 2022.

BRASIL. Ministério da Saúde. MINISTÉRIO DA SAÚDE. 2022a. DATASUS: Tecnologia da Informação a Serviço do SUS. Informações em Saúde (TABNET). *Sífilis adquirida*: Notificações registradas no sistema de informação de agravos de notificação - Brasil. 2022a. Disponível em: http://tabnet.datasus.gov.br/cgi/tabcgi.exe?sinannet/cnv/sifilisadquiridabr.def. Acesso em: 26 jun. 2022.

BRASIL. Ministério da Saúde. MINISTÉRIO DA SAÚDE. 2022b. DATASUS: Tecnologia da Informação a Serviço do SUS. Informações em Saúde (TABNET). *Sífilis congênita*: casos confirmados notificados no sistema de informação de agravos de notificação - Brasil. 2022b. Disponível em: http://tabnet.datasus.gov.br/cgi/tabcgi.exe?sinannet/cnv/sifilisbr.def. Acesso em: 21 jun. 2022.

BRASIL. Ministério da Saúde. MINISTÉRIO DA SAÚDE. 2022c. DST-AIDS. *Casos de aids identificados no Brasil*. 2022c. Disponível em: http://www2.aids.gov.br/cgi/deftohtm.exe?tabnet/br.def. DST-AIDS. Casos de aids identificados no Brasil. Acesso em: 21 jun. 2022.

CARVALHO NETO, C. Z.; MELO, M. T. *Afinal, o que é tecnologia educacional? In: E agora, professor?* Por uma pedagogia vivencial. Disponível em: chrome-extension://efaidnbmnnnibpcajpcglclefindmkaj/http://www.laborciencia.com/site/wp-content/uploads/2011/05/E-AGORA-PROFESSOR.pdf. Acesso em: 11 jun. 2009.

CUNHA, N. T. *A oficina "Dançando no escuro" como estratégia para informação e discussão sobre sexualidade e prevenção*. Trabalho de Conclusão de Curso em Bacharel em

Ciências Biológicas (Modalidade Médica) – Universidade Federal do Rio de Janeiro. Rio de Janeiro, Rio de Janeiro, 2014.

DUARTE, R. Entrevistas em pesquisas qualitativas. Curitiba: Educar, n. 24, p. 213-225, 2004.

HEILBORN, M. L. et al. (org.) O aprendizado da sexualidade: reprodução e trajetórias sociais de jovens brasileiros. Rio de Janeiro: Garamond e Fiocruz, 2006.

HOWLAND, J. L., JONASSEN, D. H., MARRA, R. Goal of Technology Integrations: meaningful learning. In: Meaningful learning with technology. Upper Saddle River, NJ: Pearson, 2012.

HUNGERFORD, H. R.; VOLK, T. L. Changing Learner Behavior Through Environmental Education. The Journal of Environmental Education, v. 21, n. 3, p. 8-21, 1990.

JENSEN, E. Avaliação da aprendizagem das crianças sobre a biologia da conservação no zoológico. Conservation Biology, v. 28, n. 4, p. 1004-1011, 2014.

LENOIR, R. Objeto sociológico e problema social. In: MERLLIÉ. D. et al. Iniciação à prática sociológica. Petrópolis, RJ: Vozes, 1996, p. 59-106.

LOURENÇO, B.; QUEIROZ, L. B. Crescimento e desenvolvimento puberal na adolescência. Rev. Med., v. 89, n. 2, p. 70-75, 2010.

LUPPICINI, R. A. Systems Definition of Educational Technology in Society. Educational Technology & Society, v. 8, n. 3, p. 103-109, 2005.

MOSS, A.; JENSEN, E.; GUSSET. Testar o vínculo entre o conhecimento relacionado com a biodiversidade e o comportamento autorrelatado pró-preservação num inquérito global de visitantes ao Zoo. Conservation Letters, v. 10, n. 1, p. 1-8. 2016.

MOSS, A.; JENSEN, E.; GUSSET. Zoo visits boost biodiversity literacy. Nature, v. 508, n. 186, April 2014.

ORGANIZAÇÃO PAN-AMERICANA DA SAÚDE; MINISTÉRIO DA SAÚDE. Saúde e sexualidade de adolescentes. Construindo equidade no SUS. Brasília, DF: OPAS, MS, 2017. Disponível em: https://bvsms.saude.gov.br/bvs/publicacoes/saude_sexualidade_adolescente_construindo_equidade_sus.pdf . Acesso em: 21 jun. 2022.

ORGANIZACIÓN MUNDIAL DE LA SALUD. Estratégia Mundial del sector de la salud contra las infecciones de transmisión sexual 2016-2021. Hacia el fin de las IST. 2016. Disponível em: https://www.paho.org/es/documentos/estrategia-mundial-sector-salud-contra-infecciones-transmision-sexual-2016-2021-hacia.

https://www.who.int/reproductivehealth/publications/rtis/ghss-stis/es/. Acesso em: 28 set. 2020.

PLATAFORMA AGENDA 2030. Disponível em: http://www.agenda2030.com.br/. Acesso em: 28 set. 2020.

PORTELLI, A. Tentando aprender um pouquinho: algumas reflexões sobre a ética na História Oral. Projeto História. Revista do Programa de Estudos Pós-graduados de História, v. 15, p. 13-49, 1997.

RAPLEY, T. J. The art (fulness) of open-ended interviewing: some considerations on analysing interviews. *Qualitative Research*, v. 1, n. 3, p. 303-323, 2001.

SAWAD, A. C. M. B; ARAÚJO-JORGE, T. C.; FERREIRA, F. R. Cienciarte ou ciência e arte? refletindo sobre uma conexão essencial. *Revista Educação, Artes e Inclusão*, v. 13, n. 3, p. 158-177. 2017.

SAWYER, S. M; AZZOPARDI, P.S.; WICKREMARATHNE, D.; PATTON, G. C. The age of adolescence. *Lancet Child Adolesc Health*, v. 2, n. 3, p. 223-228, 2018.

UNESCO - ORGANIZAÇÃO DAS NAÇÕES UNIDAS PARA A EDUCAÇÃO, A CIÊNCIA E A CULTURA. Orientações técnicas internacionais de educação em sexualidade — Uma abordagem baseada em evidências. 2019. Disponível em: https://unesdoc.unesco.org/ark:/48223/pf0000369308?posInSet=1&queryId=54496777-a2a3-. Acesso em: 29 set. 2020.

WEBER, F. O trabalho fora do trabalho. Uma etnografia das percepções. Rio de Janeiro: Garamond, p. 27-36, 2009.

WORLD HEALTH ORGANIZATION. Health education: theoretical concepts, effective strategies and core competencies: a foundation document to guide capacity development of health educators. 2012.

Ensino de Biociências e Saúde na Capoeira: Uma Atividade Transdisciplinar Unindo Ciência, Arte e Cultura

Mariana A. Gonçalves, Roberto R. Ferreira, Tania C. Araújo-Jorge, Luís C. N. Santos, Mariana S. da S. P. Belo, Luciana R. Garzoni

Introdução

A capoeira surgiu no Brasil como forma de resistência, física e cultural, dos negros escravizados desde o século XVI expressando a "voz" do oprimido na relação com o opressor (COLETIVO DE AUTORES, 1992, p. 76; FONTOURA; DE AZEVEDO GUIMARÃES, 2002). Essa prática sofreu inúmeras transformações ao longo da história e mesmo após a abolição da escravatura em 1888, disposta na Lei Áurea, a capoeira foi proibida no Brasil dos anos de 1889 a 1937 sendo considerada como um crime de acordo com o Artigo 402 do Código Penal de 1890 (FERREIRA, 2013).

> Art. 402- Fazer nas ruas e praças públicas exercício de agilidade e destreza corporal conhecida pela denominação de capoeiragem: andar em carreiras, com armas ou instrumentos capazes de produzir lesão corporal, provocando tumulto ou desordens, ameaçando pessoa certa ou incerta, ou incutindo temor de algum mal; Pena- De prisão celular de dois a seis meses. A penalidade é do art. 98. 28 (*apud* VIEIRA, 2004).

A capoeira foi negada, marginalizada e criminalizada por anos, porém conseguiu ser legalizada, o que marca sua história de resistência. Em 2008, a roda de capoeira foi reconhecida pelo Instituto do Patrimônio Histórico e Artístico Nacional (Iphan) como um Patrimônio Cultural do Brasileiro de Natureza Imaterial (IPHAN, 2008). Alguns anos depois, já em 2014, a Organização das Nações Unidas para Educação, Ciência e Cultura (Unesco) declarou a capoeira como Patrimônio Cultural Imaterial da Humanidade (UNESCO, 2014). Esses marcos de reconhecimento da capoeira possibilitaram que hoje ela seja vista como um dos principais símbolos da identidade brasileira que, além de ser praticada no Brasil, existe em todos os continentes do mundo (IPHAN, 2008).

A capoeira pode ser chamada e entendida de diversas formas, como, por exemplo, "esporte brasileiro", ou "arte marcial brasileira", podendo ser considerada uma riquíssima expressão artística que une elementos de luta e de dança fazendo parte da história de resistência e do patrimônio cultural afro-brasileiro

(JANUZZI, 2007). Devido à variedade de elementos que a compõem, como: luta, dança, jogo, música, ritual e mímica, ela se torna difícil de ser classificada porque as classificações tendem a atender apenas a uma dessas possibilidades e seria possível a perda de sua originalidade como arte (FRIGERIO, 1989).

A capoeira pode ser praticada de acordo com várias perspectivas, no presente capítulo enfatizamos: (i) a percepção da capoeira como arte que fica evidente por meio da música, instrumentos, expressão corporal e criatividade de criação e combinação dos movimentos; (ii) capoeira como esporte e (iii) a perspectiva que considera a prática da capoeira voltada para a educação sendo importante para formação integral das pessoas, desenvolvendo a parte física, o caráter, a personalidade e influenciando em mudanças de comportamento (CAMPOS, 2001).

A realização de atividades educativas na capoeira possibilita ser um rico espaço de ensino-aprendizagem no âmbito do ensino de biociências e saúde que ainda é pouco desbravado. Isso pode-se dar pela proibição e amarras sociais que repudiavam e subjugaram durante muitos anos a prática de capoeira e seus praticantes, assim como pelo medo em alguns de que a capoeira reverberando suas origens atue favorecendo as resistências e corroborando mais uma vez para transformação social, dessa vez no âmbito da educação em saúde (REIS, 2001). O ensino da capoeira, por meio de uma abordagem transdisciplinar, possibilita a ampliação de reflexões integradas, contextualizadas e não hierarquizadas em relação a diferentes campos de conhecimento como a cultura, arte, educação e saúde.

> A transdisciplinaridade é complementar à abordagem disciplinar; faz emergir do confronto das disciplinas novos dados que as articulam entre si; e ela nos oferece uma nova visão da natureza e da realidade. A transdisciplinaridade não busca o domínio de várias disciplinas, mas a abertura de todas elas àquilo que as atravessa e as ultrapassa (NICOLESCU, 1999, p. 161).

No contexto do ensino de ciências adotar a transdisciplinaridade corresponde a tentar "superar nossas próprias limitações, preconceitos e complexos, instituindo uma educação científica útil, muito diferente da que vem sendo realizada hoje" (DA ROCHA FILHO et al., 2009, p. 35). Além disso, atividades físicas, em qualquer intensidade e duração, trazem diversos benefícios para a saúde, podendo favorecer a proteção contra doenças crônicas não transmissíveis (DCNT), como o câncer (PIERCY; TROIANO, 2018). Com o aumento da duração e intensidade da realização das atividades físicas, os benefícios são ainda maiores, nesse sentido, há evidências para a relação entre atividade física e prevenção de oito tipos câncer: de mama, cólon, endométrio, esôfago, estômago, rim, bexiga e fígado (DE CARVALHO *et al.*, 2020). Pequenas movimentações, como caminhar e andar de bicicleta, já podem ser consideradas como atividade física (PHYSICAL ACTIVITY GUIDELINES ADVISORY COMMITTEE *et al.*, 2018).

Dessa forma, a capoeira é uma atividade física, resultando em importantes fatores de proteção contra o câncer e outras DCNT, e traz benefícios para a saúde em geral, não só aqueles mediados por componentes biológicos (DE CARVALHO *et al.*, 2020). Embora ainda muito incipiente, a literatura científica começou a reconhecer a relação entre a Capoeira e aspectos da saúde, em sua perspectiva ampliada, em diversas pesquisas (BORDA, 2018). Diante disso, questionamos-nos: por que não abordar ciência e saúde na capoeira?

As DCNT são um grupo de condições que em comum apresentam o fato de possuir origem multifatorial, com forte influência de fatores de risco comportamental, alguns modificáveis (CHESTNOV, 2013). No grupo das DCNT, os principais tipos são as doenças cardiovasculares, câncer, doenças respiratórias crônicas e diabetes mellitus (LOPES-JÚNIOR, 2021). O "câncer" foi escolhido por ser a principal causa de morte e uma importante barreira para o aumento da expectativa de vida em todos os países do mundo, inclusive no Brasil (BRAY *et al.*, 2021). Esse fato torna cada vez mais imprescindível informar a população sobre prevenção e detecção precoce do câncer, que já são previstos na Política Nacional de Prevenção e Controle do Câncer e no Plano de Ações Estratégicas para o enfrentamento das doenças crônicas não transmissíveis 2011-2022 no Brasil (MALTA; SILVA, 2014, REF PLANO DE AÇÕES). Assim, realizamos na capoeira uma atividade abordando câncer de mama e próstata como temas, ressaltando a relação de que toda atividade física reduz o risco de desenvolver câncer e a mortalidade por câncer (INCA, 2022).

A estimativa mundial sobre câncer, realizada em 2020, aponta que foram estimados 19,3 milhões de novos casos e 10 milhões de óbitos no mundo. O termo câncer abrange mais de 100 diferentes tipos de doenças malignas. Apesar de não ter uma causa única e ser considerada uma doença multifatorial, entre 80 e 90% dos casos de câncer estão associados a causas externas (presentes no meio ambiente), e de 10% a 20% fatores genéticos (INCA, 2020).

Quanto à incidência dos tipos de câncer para ambos os sexos, o de mama feminino é o mais diagnosticado, seguido pelos cânceres de pulmão, colorretal e próstata. Em relação à mortalidade, a principal causa é o câncer de pulmão, seguido por colorretal, fígado, estômago e mama feminino. Em mulheres, o câncer de mama é o mais comumente diagnosticado e a principal causa de morte por câncer. Em homens, o câncer de pulmão é mais frequente e a principal causa de morte, seguido por câncer de próstata e colorretal para incidência e câncer de fígado e colorretal para mortalidade (SUNG *et al.*, 2021).

No Brasil, a estimativa do triênio 2020-2022 aponta 625 mil casos novos de câncer a cada ano. Dos quais o câncer de pele não melanoma será o mais incidente (177 mil), seguido pelos cânceres de mama e próstata (~66 mil cada) (INCA, 2019). Os cânceres de mama feminino e de próstata estão entre os mais frequentes no mundo e no Brasil, e o que emerge junto ao aumento da incidência e mortalidade por câncer é a necessidade de desenvolvimento de estratégias educativas direcionadas a sensibilização, reflexão e fortalecimento de comportamentos condizentes com a prevenção dessas malignidades.

Existem diversas possíveis conexões entre a saúde, trazendo corpos, cultura e educação sob a ótica da conscientização de liberdade e das relações oprimido/opressor (SCHROEDER, 2017). Do ponto de vista educacional, este trabalho se apoia no referencial de Paulo Freire (2006) de uma pedagogia libertadora baseada em diálogo, com objetivo de possibilitar o desenvolvimento de uma consciência crítica e ações voltadas à transformação da realidade dos sujeitos. Assim, alicerçamo-nos em Freire, ao desenvolver uma atividade educativa considerada uma ação política que atua em um sentido libertador, considerando a importância da consciência na história e a compreensão desta como uma possibilidade e não uma determinação (FREIRE, 2015, p. 23), baseada no pressuposto de que resistências culturais são necessárias à sobrevivência física e cultural dos que ainda são oprimidos pelo sistema de dominação (FREIRE, 2015, p. 91).

Ações educativas em saúde que promovam o diálogo a respeito do câncer em diversos espaços, inclusive espaços não formais como a capoeira, são necessárias e se alinham à perspectiva da capoeira voltada para a educação dos sujeitos. Ressaltamos ser imprescindível abordar tal temática de forma leve, contrapondo os estigmas geralmente associados como de doença incurável e das representações sociais negativas que vêm associadas a essa doença, como: desespero, dor, medo, morte, sofrimento, tratamento e tristeza (LIMA, 2016). Diante do exposto o objetivo deste trabalho foi realizar uma atividade de ensino transdisciplinar com educação em saúde unindo ciência, arte e cultura e transpondo os limites desses componentes específicos, a fim de tornar acessíveis conhecimentos sobre câncer de mama e câncer de próstata.

Metodologia

Em 2016, um grupo de capoeiristas se mobilizou e criou a primeira edição de um evento nomeado *"Vem pra roda: capoeira na luta contra o câncer".* Essa mobilização surgiu devido: (i) a inquietude de um conjunto de pessoas com a suspeita e o diagnóstico recente de casos de câncer em capoeiristas do Rio de Janeiro; (ii) a necessidade em dar visibilidade para capoeira em um território com evidências de vulnerabilidade; (iii) colaborar para a constante transformação social da capoeira de algo repudiado para cada vez mais aceito;

e (iv) o sentimento de que com a capoeira e por meio dela, os coletivos que a compõem sejam capazes de colaborar para o enfrentamento de diversas enfermidades, inclusive o câncer.

A partir do amadurecimento do evento, desenvolvemos este trabalho no formato de oficina, compreendendo-a como uma modalidade didática, na qual os conhecimentos dos participantes são valorizados, em que ocorre também a construção e ressignificação de novos conhecimentos a partir de uma reflexão crítica (PAVIANI; FONTANA, 2009). Sendo assim espaços apropriados para a aplicação de ações educativas em saúde. Utilizamos a abordagem metodológica CienciArte visando *"inspirar a abertura das mentes, a curiosidade, a criatividade, a imaginação, o pensamento crítico e a resolução de problemas concretos através de inovação e colaboração"* (SILER, 2011; ROOT-BERNSTEIN *et al.*, 2011, p. 192). No contexto da pesquisa com interdisciplinaridade e da transdisciplinaridade, o Manifesto ArtScience é uma publicação internacional norteadora de CienciArte, publicada em 2011. É composto por 17 pontos, contendo proposições e objetivos, dentre eles a convocação a reintegrar e reumanizar o conhecimento e gerar um novo Renascimento, nele destacamos como essencial para esse capítulo o ponto 8 – *"CienciArte transcende e integra todas as disciplinas ou formas de conhecimento"* (ROOT-BERNSTEIN *et al.*, 2011; BACZINSKI, 2022). A capoeira abrange diversas categorias presentes no processo criativo de artistas e cientistas chamadas de ferramentas para o desenvolvimento da capacidade criadora, propostas por Robert e Michèle Root-Bernstein. Como pensar com o corpo, ter empatia, pensar de modo dimensional e brincar; portanto, dependendo da sua aplicação pode ser considerada uma importante ferramenta educativa vinculada à CienciArte (ROOT-BERNSTEIN *et al.*, 2001; GONÇALVES, 2021).

A oficina foi desenvolvida em outubro de 2018 na Praça Getúlio Vargas, no centro do município de Belford Roxo – Baixada Fluminense, RJ –, que apresenta precariedade de serviços públicos em diversas áreas como, por exemplo, saúde e segurança (SALES; DO NASCIMENTO, 2021). O mês de outubro foi escolhido por ser conhecido como o mês do movimento Outubro Rosa e propõe uma ampla divulgação na mídia, eventos e programas educativos, o alerta sobre o câncer de mama trazendo aspectos da prevenção e do diagnóstico dessa doença (SÁ, 2021). O trabalho foi desenvolvido como uma autoetnografia, que é definida pela imersão do pesquisador em sua pesquisa. Nesse método, ocorre a inclusão do sujeito pesquisador tanto na definição do que será pesquisado quanto no desenvolvimento da pesquisa (recursos como memória) e os fatores relacionais a partir da investigação (a experiência de outros sujeitos), e, assim, é destacada no método a narrativa pessoal dos autores da pesquisa. Dessa forma, autoetnografia remete a uma metodologia de construir um relato ("escrever"), sob a ótica de um grupo que o pertença ("um povo"), a partir de "si mesmo" (da ótica de quem que escreve) (SANTOS, 2017).

A pesquisa autoetnográfica tem algumas limitações e um dos perigos é ser limitada à memória, para isso, realizamos o registro das informações como: número de participantes, discursos em um diário de campo (ROCHA et al., 2016), e analisamos com abordagem qualitativa (MINAYO; SANCHES, 1993).

Para a divulgação da oficina, realizamos a confecção do primeiro cartaz/ convite digital da oficina (Figura 1 – A) que foi compartilhado nas redes sociais dos organizadores e autores: *Facebook, Instagram* e grupos de *WhatsApp*. A partir disso, disponibilizamos um número de contato para criação do cartaz de confirmação de presença personalizado com a foto do participante (Figura 1 – B). Realizamos também a divulgação oral da oficina em rodas de capoeira seguindo uma forte tradição que é a oralidade na capoeira como práxis pedagógica (ARAUJO, 2004).

Figura 1 – Cartazes da oficina; A) Cartaz de divulgação; B) Cartaz personalizável

Fonte: os autores

Participaram da atividade 80 pessoas, sendo 25 do gênero feminino (31%) e 55 do masculino (69%). Havia apenas 5 crianças, que não incluímos na análise, e assim o público foi composto predominantemente por adultos e idosos, 75 pessoas. O que despertou nosso questionamento relacionado ao tema: (1) não foi considerado atrativo para crianças; (2) a divulgação não alcançou os mais jovens, visto que, devido à idade, elas não podem possuir contas nas redes sociais utilizadas na divulgação; (3) ou se a realização da oficina no período noturno, em um município conhecido pela precariedade em segurança pública, pode ter interferido na presença das crianças na oficina.

A atividade teve a duração de 2h30mim ocorrendo em uma sequência estruturada de etapas, sendo elas: (I) ao chegar na praça, os participantes eram convidados a responder de forma anônima, um cartaz contendo a ilustração de uma célula com a seguinte questão: "O que causa câncer?" – esse cartaz foi idealizado para identificar o conhecimento dos participantes a respeito dos fatores de risco desses tipos de câncer e possibilitar a partir deles o diálogo;

(II) Roda de capoeira; (III) Roda de conversa parte 1 abordando a definição e possíveis causas, os principais sinais e sintomas, estratégias de prevenção e exames de diagnósticos para detecção dos cânceres de mama e de próstata. E parte 2, na qual os participantes eram convidados a compartilhar suas experiências em relação ao câncer e a dialogar sobre as respostas dadas por eles no cartaz.

Registramos as respostas à pergunta e a partir delas construímos uma nuvem de palavras utilizando o Wordclouds (https://www.wordclouds.com). Na construção da "nuvem de palavras" é um recurso gráfico em que o tamanho de cada palavra na nuvem é modificável e dependente da quantidade de vezes em que ela aparece (MCNAUGHT; LAM, 2010). Pode ter diversas aplicabilidades, desde destacar os termos mais buscados na internet, a questões ilustrativas. Assim, as nuvens de palavras podem ser consideradas uma opção à análise de pesquisas de abordagem qualitativa (VASCONCELLOS-SILVA; ARAUJO-JORGE, 2019). Porém, esse recurso metodológico apresenta algumas limitações, como os dados de uma forma resumida, o que sugere a necessidade de uma complementação da análise. A partir da análise da nuvem de palavras, identificamos padrões (temas) possibilitando a realização da Análise Temática (AT) de acordo com Braun e Clarke (2006), que é um método de análise qualitativa de ampla praticidade e aplicabilidade. A essência da AT é a busca pelo reconhecimento de padrões, e significados nos dados possibilitando a elaboração dos temas por meio da aproximação com os dados. O método da AT não é linear, sendo necessário flexibilidade, imersão e idas e vindas na análise dos dados. Pode ser sintetizado em seis fases, sendo elas: 1. familiaridade com os dados; 2. a produção de códigos iniciais; 3. procura por temas; 4. revisitar os temas; 5. definir e nomear os temas e 6. produção do relatório (BRAUN; CLARKE, 2006).

Resultados e Discussões

Em relação aos cartazes, confeccionamos cerca de 30 cartazes de divulgação da oficina personalizados que continham a foto enviada, o nome do participante ou apelido adotado na capoeira. Identificamos a ampliação da rede de divulgação da oficina graças ao engajamento do público participante, que expandiu o alcance a partir da vinculação de sua imagem ao cartaz. Na área da saúde há evidências de que as redes sociais são utilizadas para informar, aumentar a efetividade e velocidade do processo comunicacional e coletar dados quantitativos e qualitativos (THACKERAY, 2012). Não só na área da saúde é importante ressaltar que as redes sociais podem ser utilizadas como ferramentas didáticas em diversos campos do conhecimento, como, por exemplo, na educação (FIGUEIREDO, 2021). Nesse sentido, as redes sociais também emergem como espaços que promovem a socialização e que redefinem as formas de se relacionar, aprender e empoderar a população em causas sociais (LEMOS, 2012).

O cartaz foi elaborado pelos autores tendo inicialmente só a pergunta "O que causa câncer?" e o desenho de uma célula, contendo um círculo em seu interior representando o núcleo e o DNA dentro dele, uma vez que o câncer surge a partir de mutações genéticas, por alterações, sobretudo, no DNA das células (INCA, 2021). Os participantes foram convidados a escreverem suas respostas no cartaz. No primeiro contato, apresentavam-se inibidos, liam a pergunta, mas muitos não escreviam respostas. Porém, o diálogo se fez presente e alguns preferiram responder verbalmente. A partir disso, tomamos a iniciativa de escrever as respostas que eram ditas pelos participantes. Ao longo da atividade, novas palavras surgiram anonimamente no cartaz, sendo obtidas ao final 28 respostas, compostas por uma única palavra ou por frases. Identificamos como respostas 9 frases que podem ser observadas na íntegra no Quadro 1 e 20 respostas compostas por uma única palavra que compõe o Quadro 2.

Quadro 1 – Respostas à pergunta "O que causa câncer?" compostas por frases

FRASES IDENTIFICADAS DURANTE A ATIVIDADE
"Pessoas causam câncer porque pessoas magoam as outras e o câncer é proveniente da mágoa."
"A mágoa no coração."
"Bebida em excesso."
"Falta de perdão."
"Guardar mágoa e remorso."
"Sol em excesso."
"Má alimentação."
"Todos que passam por uma cirurgia e perderam os seios p/ o câncer, necessário ganhar prótese."
"Álcool e tabaco"

Fonte: elaborado pelos autores

Quadro 2 – Respostas à pergunta "O que causa câncer?" compostas por palavras

PALAVRAS IDENTIFICADAS DURANTE A ATIVIDADE	
Rancor	Falsidade
Alimentação	Raio-X
Mágoa	Cigarro
Anabolizante	Guloseimas
Depressão	Cigarro
Estresse	Depressão
Cigarro	Angústia
Refrigerante	Sol

PALAVRAS IDENTIFICADAS DURANTE A ATIVIDADE	
Hereditariedade	*Tabaco*
Corante	*Álcool*

Fonte: elaborado pelos autores

A partir dessas respostas, retiramos as palavras-chave das frases, utilizamos as respostas que eram compostas somente por uma palavra e construímos uma nuvem de palavras, a fim de consolidar as respostas em um único artefato visual. Utilizamos o programa *Wordclouds* on-line que nos remeteu à síntese das respostas obtidas, podendo ser visualizado na Figura 2.

Figura 2 – Nuvem de palavras com síntese das respostas

Fonte: elaborado pelos autores

Na nuvem de palavras, as respostas mais frequentes são apresentadas em uma fonte maior e as menos frequentes em tamanho menor. A partir da construção da nuvem composta por 22 palavras foi possível perceber a palavra mágoa representada em maior tamanho, foi a mais mencionada (4 vezes), seguida por cigarro (3), tabaco, excesso, sol, álcool, depressão (2). Outras palavras foram mencionadas uma única vez, sendo elas: anabolizantes, angústia, bebida, corante, depressão, estresse, falsidade, falta de perdão, guloseimas, hereditariedade, má alimentação, raio X, rancor, refrigerante e remorso. A partir da análise da nuvem de palavras, observamos alguns padrões (temas) e realizamos a Análise Temática (AT) de acordo com Braun e Clarke (2006), possibilitando o agrupamento das respostas do banco de dados em temas (Quadro 3).

Quadro 3 – Distribuição das respostas em relação aos temas

TEMAS	RESPOSTAS	
Fatores emocionais	O câncer é proveniente da mágoa A mágoa no coração Falta de perdão Guardar mágoa e remorso Mágoa Rancor	Depressão (N=2 vezes) Estresse Falsidade Angústia
Alimentação	Má alimentação Alimentação Refrigerante	Corante Guloseimas
Tabagismo	Tabaco (N=2 vezes)	Cigarro (N=3 vezes)
Consumo de álcool	Bebida em excesso	Álcool (N=2 vezes)
Exposição solar	Sol em excesso	Sol
Radiação	Raio X	
Aspectos genéticos	Hereditariedade	
Hormônios	Anabolizante	

Fonte: elaborado pelos autores
*N= número de vezes em que a palavra foi repetida

Fatores emocionais emergiram como um tema a partir das respostas a depressão, estresse e a sentimentos negativos, como: mágoa, rancor, angústia, remorso e falsidade. Apesar de distintos, esses fatores constituem o tema predominante, contendo o maior número de respostas. Isso evidencia uma crença, até então não comprovada pela ciência, de que sentimentos negativos estão associados ao surgimento de câncer. Porém, estudos recentes apontam que disfunções no sistema imune, induzidas pelo estresse e depressão, podem influenciar no desenvolvimento e progressão de alguns tipos de câncer. A resposta ao estresse, por meio de vias endócrinas e neuroimunes, pode levar a ativação de perfis moleculares que regulam o desenvolvimento, crescimento e metástase de tumores (TAYLOR, 2021; COLE, 2015). O estresse no ambiente de trabalho é um importante fator de risco para câncer em geral e para alguns tipos como câncer de pulmão, colorretal e esôfago (YANG, 2019). Além disso, a fisiologia do estresse associada a fatores de risco psicossociais (como emoções, ansiedade, depressão e até mesmo circunstâncias sociais e ambientais) influencia diretamente no desenvolvimento do câncer e na trajetória da doença (TAYLOR, 2021).

A alimentação pode ser relacionada tanto à proteção quanto ao desenvolvimento de diversos tipos de câncer. Há evidências de que alimentos podem aumentar ou diminuir o risco de câncer em vários locais (INCA, 2020). Por exemplo, a ingestão de alimentos ultraprocessados está associada ao risco de câncer de pâncreas e câncer colorretal (JAFARI, 2022; ZHONG et al., 2022) e o consumo de frutas e/ou vegetais protege contra câncer de boca, faringe, laringe, esôfago, estômago e pulmão (WORLD CANCER, 2007; AUNE, 2019). Ter uma alimentação rica em alimentos *in natura*, que, de acordo com o Guia Alimentar para a População Brasileira, são aqueles adquiridos diretamente da natureza, provenientes de plantas ou animais, tais como grãos, tubérculos, frutas, hortaliças, carne, leite e ovos; e evitar alimentos ultraprocessados que são fabricados com pouco ou nenhum alimento *in natura*, sendo formulados a partir de substâncias extraídas de alimentos (óleos, gorduras, açúcar, amido, proteínas) ou derivadas de seus constituintes (gorduras hidrogenadas) ou sintetizadas em laboratório com base em matérias orgânicas como petróleo e carvão (corantes e aromatizantes), pode prevenir câncer (BRASIL, 2014). Refrigerantes são considerados alimentos ultraprocessados, açucarados que contribuem para o aumento da obesidade, o que eleva o risco de muitos tipos de câncer (INCA, 2020).

De acordo com nossa análise temática entendemos que os corantes mencionados se referiam a corantes alimentícios, pois a obtenção dessa resposta foi feita oralmente e o participante relatou "corantes". Seguindo o diálogo trouxe exemplos de corantes, "aqueles de refrigerantes e balas". Os corantes podem ser naturais, artificiais e caramelos. Um corante muito conhecido produtos de panificação, misturas para produção de bolos, doces, refrigerantes a base de cola, temperos secos, entre outros, é o caramelo IV utilizado em 4-metilimidazol (4-MEI), que é um subproduto indesejável que pode causar câncer de pulmão, fígado, tireoide e leucemia (GOMES *et al.*, 2021). A resposta guloseimas foi considerada no tema alimentação, caracterizando-se pela grande quantidade de açúcar.

Sabe-se que o consumo de açúcar e alimentos ricos em açúcar pode estar associado a um maior risco de câncer de diversos tipos, dentre eles o câncer colorretal e o de endométrio (FRIBERG, 2011; GONÇALVES, 2019).

Um outro tema que consolidamos a partir de AT foi o tabagismo a partir das palavras tabaco (N=2) e cigarro (N=3). O fumo do tabaco causa a maior parte de todos os cânceres de pulmão e contribui de forma significativa para ataques cardíacos e acidentes cerebrovasculares. Os produtos do tabaco também estão associados ou são fator de risco para o desenvolvimento de câncer de cabeça, pescoço, esôfago e pâncreas e patologias buco-dentais (WHO, 2020).

O consumo de álcool foi um tema com 3 respostas: "bebida em excesso" e álcool (N=2). É considerado um fator de risco para diversos tipos de câncer, assim como o tabaco, consumo regular de bebidas, que aumenta o risco de câncer no trato aerodigestivo superior e no fígado (TUYNS, 2001). Esse consumo pode aumentar a produção de metabólitos que são genotóxicos e carcinogênicos (ALBANO, 2006). A respeito das radiações, as radiações solar e ionizante puderam ser identificadas nos resultados. Identificamos como tema a exposição solar contendo as respostas: "sol em excesso" e sol. A exposição ao sol leva a uma exposição natural à radiação UV que é capaz de atingir as pessoas diretamente, dispersa em céu aberto e refletida no ambiente. A relação exposição excessiva ao sol e câncer de pele é um ponto muito relevante, pois esse câncer é o tipo mais frequente no Brasil (INCA, 2020). A radiação ionizante é aquela que tem energia capaz de remover elétrons dos átomos, criando então os íons, e partir da resposta "Raio X" concebemos o tema radiação. Fontes não naturais de radiações ionizantes podem ser encontradas em cuidados de saúde (Raio X, tomografia computadorizada e radioterapia) e na produção de energia (usinas nucleares). Raio X e raios Gama estão relacionados ao desenvolvimento de câncer nas glândulas salivares, esôfago, estômago, cólon, pulmão, ossos, mama, bexiga, rim, pele, cérebro e sistema nervoso central, tireoide e leucemia (INCA, 2021).

Concebemos na análise o tema chamado aspectos genéticos contendo a resposta hereditariedade. No contexto da oficina, essa resposta é extremamente relevante, uma vez que a hereditariedade exerce um papel fundamental na etiologia dos cânceres de próstata e de mama. Do ponto de vista diagnóstico e terapêutico, o conhecimento do histórico familiar e de genes responsáveis pelas diversas síndromes de câncer hereditário pode ser crucial para o prognóstico (CASTRALLI, 2019; NUNES, 2020). Por fim, o tema hormônios conteve a resposta "anabolizantes", dos quais sabe-se que o uso pode desencadear um risco elevado para tumores hepáticos, adenomas hepatocelulares e hepatite peliose, que são frequentemente associados a uso ou abuso de esteroides anabolizantes (HOFFMAN; RATAMESS, 2006). De todas as respostas obtidas e avaliadas na AT apenas em uma não foi possível identificar nenhuma relação com o desenvolvimento de câncer, a resposta do Quadro 1, participante 8: *"Todos que passam por uma cirurgia e perderam os seios p/ o câncer, necessário ganhar prótese."*

Roda de Capoeira e Roda de Conversa

Quanto à roda de capoeira, identificamos uma forte participação e comprometimento das pessoas em manter a harmonia da atividade. Observamos também o respeito com a integridade do outro por meio dos jogos. O canto expressivo, os instrumentos em harmonia e a satisfação em participar eram evidentes. Para registro foram realizadas anotações das percepções no caderno de campo elaboradas in loco.

A roda de conversa foi organizada em dois momentos. Na parte 1 contextualizamos o câncer, e para os dois tipos de câncer abordados na oficina, os principais sinais e sintomas, alguns exames diagnósticos e fatores de risco também foram discutidos. Na parte 2 os participantes expressaram suas opiniões e conhecimentos sobre o assunto, alguns mestres de capoeira compartilharam sua experiência em realizar os exames do Antígeno Prostático Específico (PSA) e do toque retal, rompendo possíveis preconceitos, estimulando o autocuidado e adoção de medidas preventivas. Uma participante relatou ter tido câncer de mama e que estava em remissão, compartilhando um pouco de seu relato desde a descoberta, com o diagnóstico, até o final de seu tratamento, e foi dialogado sobre as respostas que os participantes escreveram no cartaz. Ao final da roda, os participantes mencionaram que a realização dessa atividade era uma novidade, consideraram importante para aquele contexto e solicitaram outras edições com a abordagem de outros temas relacionados à saúde.

Em outro estudo desenvolvido pelo nosso grupo, dissertação de mestrado da primeira autora, foi desenvolvida uma atividade para o ensino de biociências e saúde intitulada "Capoeirarte". Nesse trabalho, tínhamos como objetivo "conceber, desenvolver e aplicar oficinas de Cienciarte para abordar a temática do sistema respiratório e doenças respiratórias utilizando a capoeira no contexto da educação formal e não formal". Assim, 80% dos participantes no contexto escolar consideraram a capoeira como uma ferramenta para a aprendizagem em biologia. A partir das análises qualitativas, identificamos que a Capoeirarte contribuiu para reflexão e prevenção de doenças do sistema respiratório e o estímulo a ter uma vida saudável, fortalecendo a promoção da saúde com a prática de exercício físico (GONÇALVES et al., 2021). Dessa forma, identificamos que a capoeira pode ser utilizada como estratégia para o ensino de biociências e saúde (LIMA; SARAIVA, 2020).

Durante toda a atividade nos baseamos na transdisciplinaridade para o ensino das biociências e saúde na capoeira. A capoeira é transdisciplinar em sua essência, ela traz a luta em uma coreografia social multifacetada de resistência corporal e política. Possibilita o desenvolvimento simultâneo de múltiplas linguagens, o que a torna uma arte complexa, uma arte na qual a aprendizagem pode ser mobilizada durante a vida toda, mas que pode também, em pouco tempo, mobilizar potências (GALLEP, 2022). Apesar da mudança positiva da imagem da capoeira nos últimos anos, de sua expansão por todos os continentes do mundo, no Brasil a capoeira ainda não está devidamente inserida na educação sendo pouco acessada pela pesquisa ou ensino (IPHAN, 2008; GALLEP, 2022). A transdisciplinaridade também esteve presente na metodologia da oficina mediante a CiênciArte, que é reconhecida como um novo campo transdisciplinar que transforma descobertas em inovações por meio de trabalho intenso de criar conexões e conduzido pela disseminação de conhecimento (ARAÚJO-JORGE, 2018). Assim, compreendemos que é fundamental uma abordagem de ciência, arte e cultura para o ensino de biociências e saúde na capoeira de forma transdisciplinar, como o prefixo trans indica, lidar com o que está ao mesmo tempo entre esses conceitos, por meio e além de todos eles e de todas as disciplinas com a finalidade de compreensão do mundo (NICOLESCU, 1996).

Considerações Finais

A partir de uma análise autoetnográfica do desenvolvimento de uma atividade de ensino-aprendizagem em biociências e saúde sobre a ótica da transdisciplinaridade, consideramos que a capoeira pode ser uma aliada na reflexão sobre os cânceres de mama e próstata, sobretudo dos fatores de risco e proteção relacionados ao ambiente. Para isso, é necessária uma troca de saberes, como foi o caso dessa oficina, na qual oportunizamos o diálogo sobre os conhecimentos e experiências a partir da capoeira. As respostas no cartaz possibilitaram o conhecimento de algumas concepções prévias, e, a partir disso, o esclarecimento de dúvidas e mitos relacionados às causas de câncer. A fala dos mestres de capoeira sobre os exames oportunizou o autocuidado, e estimulou a ruptura de preconceitos relacionados aos exames de próstata. O relato de uma mulher que teve câncer de mama impactou e sensibilizou os participantes a expandirem os conhecimentos a respeito da doença. Ressaltamos que essa atividade de ensino pode ser adaptada para abordar diversos tipos de câncer em diferentes espaços como escolas, praças e academias de capoeira. Diante de tudo, consideramos que na perspectiva do ensino e da saúde a capoeira forneceu diversos subsídios, como um espaço físico, social e cultural para discussão sobre câncer.

Referências

ALBANO, E. Alcohol, oxidative stress and free radical damage. *Proceedings of the nutrition society*, v. 65, n. 3, p. 278-290, 2006.

ARAÚJO, R. C. *Iê, viva meu mestre-a Capoeira Angola da'escola pastiniana 'como práxis educativa*. Tese (Doutorado em Educação) – Universidade de São Paulo, 2004.

ARAÚJO-JORGE *et al*. CienciArte© no Instituto Oswaldo Cruz: 30 anos de experiências na construção de um conceito interdisciplinar. *Ciência Cultura*, São Paulo, v. 70, n. 2, p. 25-34, 2018.

AUNE, D. Alimentos vegetais, biomarcadores antioxidantes e o risco de doenças cardiovasculares, câncer e mortalidade: uma revisão das evidências. *Avanços em Nutrição*, v. 10, n. sup. 4, p. S404-S421, 2019.

BACZINSKI, M. G. Entre o Lúdico e o Estético: Delimitando um Campo Investigativo em Ensino de Ciências. *Revista Educação Pública*, v. 1, n. 1, 2022.

BORDA, F. M. A. *Capoeira angola e promoção da saúde*: reflexões a partir de uma revisão de literatura. Trabalho de Conclusão de Curso, apresentado à Faculdade de Educação Física da Universidade de Brasília. 2018.

BRASIL. Ministério da Saúde. *Guia alimentar para a população brasileira*. 2. ed. Brasília, DF: Ministério da Saúde, 2014.

BRASIL. Ministério da Saúde. INCADe – Instituto Nacional de Câncer José Alencar Gomes da Silva. *Dieta, nutrição, atividade física e câncer*: uma perspectiva global: um resumo do terceiro relatório de especialistas com uma perspectiva brasileira. Rio de Janeiro: INCA, 2020.

BRAUN, V.; CLARKE, V. Using thematic analysis in psychology. *Qualitative research in psychology*, v. 3, n. 2, p. 77-101, 2006.

BRAY, F. *et al*. The ever-increasing importance of cancer as a leading cause of premature death worldwide. *Cancer*, v. 127, n. 16, p. 3029-3030, 2021.

CAMPOS, H. J. B. C. *Capoeira na escola*. EDUFBA, 2001.

CASTAÑEDA PASTRANA, W. L. *La capoeira como manifestación recreativa para personas mayores con cáncer*. 2019.

CASTRALLI, H. A.; BAYER, V. M. L. Câncer de mama com etiologia genética de mutação em BRCA1 e BRCA2: uma síntese da literatura. *Brazilian Journal of Health Review*, v. 2, n. 3, p. 2215-2224, 2019.

CHESTNOV, O. *World Health Organization global action plan for the prevention and control of noncommunicable diseases*. Geneva: Switzerland, 2013.

COLE, S. W. *et al*. Sympathetic nervous system regulation of the tumour microenvironment. *Nature Reviews Cancer*, v. 15, n. 9, p. 563-572, 2015.

DA ROCHA FILHO, J. B.; BASSO, N.; BORGES, R. *Transdisciplinaridade*: a natureza íntima da educação científica. Edipucrs, 2009.

DE CARVALHO, F. F. B.; PINTO, T. J. P.; KNUTH, A. G. Atividade física e prevenção de câncer: evidências, reflexões e apontamentos para o Sistema Único de Saúde. *Revista Brasileira de Cancerologia*, v. 66, n. 2, 2020.

ELLIS, C.; BOCHNER, A. *Autoethnography, personal narrative, reflexivity*: Researcher as subject. 2000.

FERREIRA, T. J. *A Capoeira com Instrumento Social de Inclusão*. I Encontro Nacional de Produção Científica em Serviço Social na Educação: Saberes e Fazeres, 2013.

FIGUEIREDO, R. S.; DE SOUZA, L. M. O uso das redes sociais na Educação Ambiental em tempos de isolamento social. *Devir Educação*, v. 5, n. 1, p. 24-42, 2021.

FONTOURA, A. R. R.; DE AZEVEDO GUIMARÃES, A. C. História da capoeira. *Journal of Physical Education*, v. 13, n. 2, p. 141-150, 2002.

FRIBERG, E.; WALLIN, A.; WOLK, A. Sucrose, high-sugar foods, and risk of endometrial câncer — a population-based cohort study. *Cancer epidemiology, biomarkers & prevention*, v. 20, n. 9, p. 1831-1837, 2011.

FRIGERIO, A. Capoeira: de arte negra a esporte branco. *Revista Brasileira de Ciências Sociais*, v. 4, n. 10, p. 85-98, 1989.

GALLEP, C. M. A Capoeira Angola Diversificando a Universidade: semeando ecologia de saberes nas Artes da Cena. *Revista Brasileira de Estudos da Presença*, v. 12, 2022.

GOMES, N. R.; MENEZES, C. C. O subproduto do corante caramelo IV em alimentos pode causar toxicidade? *Research, Society and Development*, v. 10, n. 8, p. e48210817537-e48210817537, 2021.

GONÇALVES, M. D.; HOPKINS, B. D.; CANTLEY, L. C. Gordura e açúcar na dieta na promoção do desenvolvimento e progressão do câncer. *Revisão Anual da Biologia do Câncer*, v. 3, n. 1, p. 255-273, 2019.

GONÇALVES, M. A. et al. *Capoeira e fluorescência como ferramentas educativas em oficinas de CienciArte para a promoção da saúde*. Dissertação (Mestrado em Educação) — Fundação Oswaldo Cruz. 2021.

HOFFMAN, J. R.; RATAMESS, N. A. Questões médicas associadas ao uso de esteroides anabolizantes: são exageradas? *Journal of Sports Science & Medicine*, v. 5, n. 2, p. 182, 2006.

INSTITUTO NACIONAL DE CÂNCER JOSÉ ALENCAR GOMES DA SILVA. INCA, Estimativa 2019 Incidência de Câncer no Brasil. *J Med Internet Res*, v. 15, n. 2, 2013. Disponível em: https://www.ncbi.nlm.nih.gov/pubmed/23406655/. Acesso em: 6 abr. 2022.

INSTITUTO NACIONAL DE CÂNCER JOSÉ ALENCAR GOMES DA SILVA. Coordenação Geral de Ações Estratégicas. Coordenação de Educação. *ABC do câncer*: abordagens básicas para o controle do câncer. 2. ed. Rio de Janeiro: INCA, 2020.

INSTITUTO NACIONAL DE CÂNCER JOSÉ ALENCAR GOMES DA SILVA. *Ambiente, trabalho e câncer*: aspectos epidemiológicos, toxicológicos e regulatórios / Instituto Nacional de Câncer José Alencar Gomes da Silva. Rio de Janeiro: INCA, 2021.

INSTITUTO NACIONAL DE CÂNCER JOSÉ ALENCAR GOMES DA SILVA. *Atividade Física e Câncer*: recomendações para prevenção e controle, Sociedade Brasileira de Oncologia Clínica – SBOC – São Paulo, 2022. Disponível em: https://www.inca.gov.br/sites/ufu.sti.inca.local/files//media/document//af_e_cancer_preprevn_e_controle_sboc_inca_sbafs_c-per-eleitoral.pdf. Acesso em: 13 out. 2022.

IPHAN. *Certidão de registro*. Brasília. 2008. Disponível em: http://portal.iphan.gov.br/uploads/ckfinder/arquivos/certidao_roda_de_capoeira.pdf. Acesso em: 3 abr. 2022.

JAFARI, F. et al. Ingestão de alimentos ultraprocessados e risco de câncer colorretal: um estudo de caso-controle combinado. *Nutrição e Câncer*, p. 1-10, 2022.

JANNUZZI, L. *"Nas voltas que o mundo deu, nas voltas que o mundo dá" Capoeira:* dança, luta, jogo, arte ou educação física? 2007. Trabalho de Conclusão de Curso (Licenciatura Plena em Educação Física no Curso de Educação Física) – Centro Regional Universitário de E. S. do Pinhal, 2007.

LEMOS, A. *A comunicação das coisas*: internet das coisas e teoria ator-rede etiquetas de radiofrequência em uniformes escolares na Bahia. 2012.

LIMA, S. F. et al. Representações sociais sobre o câncer entre familiares de pacientes em tratamento oncológico. *Revista Mineira de Enfermagem*, v. 20, 2016.

LIMA, A. C. L.; SARAIVA, M. F. (org.). *Capoeira – Pesquisas, relatos e vivências*. Rio de Janeiro: METANOIA, 2020. v. 1. 164p.

LOPES-JÚNIOR, L. C. Carga global de câncer no contexto das doenças crônicas não transmissíveis nas próximas décadas/Global burden of cancer in the context of chronic non-communicable diseases in the next decades/Carga global del cáncer en el contexto de las enfermedades crónicas no transmisibles en las próximas décadas. *Journal Health NPEPS*, v. 6, n. 2, 2021.

MCNAUGHT, C.; LAM, P. Using Wordle as a supplementary research tool. *Qualitative Report*, v. 15, n. 3, p. 630-643, 2010.

MINAYO, M. C. S.; SANCHES, O. Quantitativo-qualitativo: oposição ou complementaridade? *Cadernos de saúde pública*, v. 9, n. 3, p. 237-248, 1993.

NICOLESCU, Basarab. *La transdisciplinarité Manifeste*. Monaco: Editions du Rocher, 1996. p. 95.

NICOLESCU, Basarab. *O manifesto da Transdisciplinaridade*. Tradução de Lúcia Pereira de Souza. São Paulo: Triom, 1999.

NUNES, A. D. R. et al. Câncer de próstata: fator da hereditariedade, biologia molecular das neoplasias de próstata, prevenção e diagnóstico. *Revista Corpus Hippocraticum*, v. 2, n. 1, 2020.

PHYSICAL ACTIVITY GUIDELINES ADVISORY COMMITTEE et al. *Physical activity guidelines advisory committee scientific report*. 2018.

PIERCY, K. L.; TROIANO, R. P. Diretrizes de atividade física para americanos do departamento de saúde e serviços humanos dos EUA: benefícios e recomendações cardiovasculares. *Circulation*: Cardiovascular Quality and Outcomes, v. 11, n. 11, p. e005263, 2018.

REICHE, E. M. V. MORIMOTO, H. K. Disfunções no sistema imune induzidas pelo estresse e depressão: implicações no desenvolvimento e progressão do câncer. *Revista Brasileira de Oncologia Clínica*, v. 1, n. 5, p. 19-28, 2005.

REIS, A. L. T. *Educação física & capoeira*: saúde e qualidade de vida. Thesaurus Editora, 2001.

ROCHA, R. C. M. et al. *Educação em Rede e possíveis contribuições para a Doação de Órgãos*. Tese (Doutorado em Educação) — Fundação Oswaldo Cruz, 2016.

ROOT-BERNSTEIN, R.; ROOT-BERNSTEIN, M. *Centelhas de gênios*: como pensam as pessoas mais criativas do mundo. São Paulo: Nobel, 2001.

ROOT-BERNSTEIN, R.; SNELSON, K. *ArtScience*: integrative collaboration to create a sustainable future. Cambridge: MIT Press, Leonardo, 2011. v. 44, n. 3, p. 192.

SÁ, M. F. S. P. October and Breast Cancer in Brazil. *Revista Brasileira de Ginecologia e Obstetrícia*, v. 43, p. 725-727, 2021.

SALES, M. R.; DO NASCIMENTO, D. S. "Periferias Renegadas" Memórias e resistências de uma Belford Roxo marcada pela violência urbana. *Revista Maracanan*, n. 28, p. 280-303, 2021.

SANTOS, S. M. A. O método da autoetnografia na pesquisa sociológica: atores, perspectivas e desafios. *Plural*: Revista de Ciências Sociais, v. 24, n. 1, p. 214-241, 2017.

SCHROEDER, A.; SILVA, M. C. P. Corpo, cultura e Paulo Freire: a capoeira como possibilidade de uma educação na perspectiva da emancipação humana. *Revista Inter Ação*, v. 42, n. 2, p. 538-555, 2017.

SILER, T. *The ArtScience Program for realizing human potential*. Leonardo, Cambridge, v. 44, n. 5, p. 417-424, 2011.

SUNG, H. et al. Global cancer statistics 2020: GLOBOCAN estimates of incidence and mortality worldwide for 36 cancers in 185 countries. *CA: a cancer journal for clinicians*, v. 71, n. 3, p. 209-249, 2021.

TAYLOR, M. R.; KNIGHT, J. M.; ROSENBERG, A. R. The biology of stress in cancer: applying the biobehavioral framework to adolescent and young adult oncology research. *Brain, Behavior, & Immunity-Health*, v. 17, p. 100321, 2021.

THACKERAY, R. et al. Adoção e uso de mídias sociais entre os departamentos de saúde pública. *BMC saúde pública*, v. 12, n. 1, p. 1-6, 2012.

TUYNS, A. J. Alcool et cancer. *Pathologie Biologie*, v. 49, n. 9, p. 759-763, 2001.

UNESCO. *Capoeira torna-se patrimônio cultural imaterial da humanidade.* 2014. Disponível em: http://www.unesco.org/new/pt/brasilia/about-this-office/singleview/news/capoeira_becomes_intangible_cultural_heritage_of_humanity/. Acesso em: 10 jul. 2022.

VASCONCELLOS-SILVA, P.; ARAUJO-JORGE, T. Análise de conteúdo por meio de nuvem de palavras de postagens em comunidades virtuais: novas perspectivas e resultados preliminares. *CIAIQ*, v. 2, p. 41-48, 2019.

VIEIRA, S. L. S. *Capoeira:* como patrimônio cultural. Tese (Doutorado em Educação) – PUC/SP, São Paulo, 2004.

WORLD CANCER RESEARCH FUND; AMERICAN INSTITUTE FOR CANCER RESEARCH. Food, nutrition, physical activity, and the prevention of cancer: a global perspective. *Amer Inst for Cancer Research*, 2007.

WORLD HEALTH ORGANIZATION. *Tobacco.* Disponível em: www.who.int/news-room/fact-sheets/detail/tobacco. Acesso em: 6 jun. 2022.

YANG, T. *et al.* Work stress and the risk of cancer: a meta-analysis of observational studies. *International Journal of Cancer*, v. 144, n. 10, p. 2390-2400, 2019.

ZHONG, G. C. *et al.* Consumo de alimentos ultraprocessados e o risco de câncer de pâncreas no teste de triagem de câncer de próstata, pulmão, colorretal e ovário. *Jornal Internacional do Câncer*, 2022.

Formação de Agentes Comunitários em Tempos de Pandemia (COVID-19): Experimentos Sobre a Educação Permanente e Seus Impactos nos Índices Humanos em Saúde

Celcino Neves Moura, Michele Waltz Comarú, Júlio Vianna Barbosa, Renato Matos Lopes

Este capítulo apresenta reflexões condensadas, fruto de um trabalho de doutoramento que buscou descrever e discutir o panorama atual da educação para o trabalho do Agente Comunitário de Saúde (ACS), um importante profissional que integra no Brasil as equipes multidisciplinares do Sistema Único de Saúde (SUS).

Ao buscarmos caracterizar o perfil do ACS, confirmamos uma tendência referenciada por outros trabalhos científicos voltados para conhecer esses profissionais (LOBATO, 2021; FREIRE, 2021), qual seja, que estes possuem majoritariamente o ensino médio (exigência legal para sua contratação/efetivação, embora ainda se encontrem profissionais antigos em atividade, que apresentam apenas o ensino fundamental); uma parcela possui formação técnica ou mesmo formação superior; são, em sua grande maioria, mulheres, jovens; residem na região onde trabalham e realizam diferentes labores, que vão desde a visitação a lares, até trabalhos burocráticos na própria Unidade de Saúde (US).

O ACS participa hoje de uma massa trabalhadora estimada em 257.061 profissionais (BRASIL, 2021), integrantes de um universo laboral amplo que movimenta desde um pesado *lobby* em setores importantes da política brasileira, em altas esferas governamentais, com representatividade expressiva de sua categoria, até o chão das comunidades e vielas mais remotas, das periferias de grandes e pequenas cidades, onde mais se concentra o importante trabalho socioeducativo e integralizador em saúde que eles desempenham.

Entretanto, observa-se que, apesar do poder e dos recursos financeiros expressivos em jogo no plano político, aspectos laborais simples do ACS ainda necessitam ser mais bem delimitados e caracterizados, em atenção especial a base, origem e razão de sua existência, em que pouco ou quase nada tem chegado que produza efetiva mudança que possa implementar melhorias para eles, como, por exemplo, o maior exercício e melhor direcionamento de ações que promovam a sua cidadania.

Neste capítulo, o leitor encontrará um recorte dos resultados do trabalho de doutorado (MOURA, 2021) desenvolvido no Programa de Pós--Graduação em Ensino em Biociências e Saúde (IOC/Fiocruz), que integrou o projeto "A utilização das redes sociais para a formação continuada dos agentes comunitários de saúde" (CAAE: 44580615500005248), entre os anos de 2017 e 2021.

Os anos de 2020/2021 formam um período sombrio em vários aspectos de saúde pública mundial, com o advento da pandemia provocada pelo Sars-CoV-2, causador da COVID-19. O percurso metodológico da pesquisa propôs roteiros de estudo e reflexão com pequenos grupos de Agentes Comunitários de saúde, desenvolvidos em 7 oficinas presenciais, com duração de aproximadamente 50 minutos cada, que ocorreram em 7 diferentes Unidades Básicas de Saúde (1 oficina por unidade, com autorização da chefia imediata das Unidades de Saúde), totalizando a participação de 38 ACS, sendo esse número variável de acordo com a quantidade desses profissionais que atuavam na respectiva Unidade onde o trabalho acontecia. Todos os protocolos de higiene e cuidados sanitários foram respeitados. Os momentos das oficinas nas Unidades de Saúde articularam, em rodas de conversa, conceitos, ideias e pressupostos sobre as vivências desses profissionais no contexto pandêmico. Como produto de cada oficina, após os momentos dialógicos, os agentes comunitários de saúde responderam a um questionário semiestruturado, que gerou dados importantes para análise e discussão posterior.

As oficinas se desenvolveram em Unidades de Saúde da zona urbana de uma pequena cidade com 19 mil habitantes, no interior do Brasil e distante dos grandes centros urbanos, que possibilitou registrar reflexões socioprofissionais dos ACS em diálogo com a educação permanente em saúde que eles têm recebido para o desempenho de seu trabalho nas equipes multidisciplinares, principalmente no enfrentamento da pandemia, como linha de frente na Atenção Primária do SUS.

O pesquisador que mediou as rodas de conversa trabalha como cirurgião-dentista há mais de 20 anos, percorrendo diferentes US daquele município, tendo a oportunidade por muitas vezes de observar e interagir com o cotidiano dos ACS, verificando *in loco* a sua realidade laboral.

A pesquisa mergulhou seu olhar numa parcela do universo de trabalho do ACS na qual principalmente a educação permanente em saúde, concebida como princípio educativo (RAMOS, 2022), foi investigada. Buscou-se por evidências que pudessem revelar, sob diferentes aspectos, que tipo de formação em saúde é disponibilizada para o ACS para que este possa desenvolver seu trabalho junto às populações em vulnerabilidade social, repassando princípios de educação popular em saúde importantes para a sobrevivência orgânica das comunidades assistidas e para o desenvolvimento da interação e integração social, tão necessária para elas.

Buscou-se ainda por reflexos sociais do trabalho do ACS enquanto elo entre os serviços da atenção primária em saúde ofertados pelo SUS e as populações assistidas em diferentes esferas comunitárias de embate e enfrentamento social.

O trabalho do ACS dialoga com fundamentos do trabalho como princípio educativo defendido por autores como Ramos (2022) e Frigotto (2021), que apresentam o trabalho como ferramenta de aprendizado para o exercício pleno da cidadania, uma vez que objetiva como um de seus fundamentos legítimos, a melhoria dos índices humanos em saúde coletiva das comunidades em que ele é realizado.

Ao refletir sobre quais implicações sociais o trabalho do ACS pode representar dentro de uma comunidade, entendemos que sua práxis apresenta múltiplas nuances de importância comunitária em saúde pública. Ao exercer sua cidadania no trabalho, esse profissional está utilizando o próprio trabalho como princípio educativo de si mesmo e para a educação do meio social em que se encontra inserido. Isso colabora para o resultado do desempenho de suas habilidades cidadãs, ao comunicar princípios da educação em saúde, ou mesmo ajudar na divulgação científica; ao fazer uma visita domiciliar ou mesmo ao encaminhar um usuário para os serviços disponibilizados nas US.

Por esses e outros motivos, são necessárias reflexões sociais sobre a práxis do ACS e a importância de se discutir para eles, uma educação permanente que contribua para o desenvolvimento da cidadania desses profissionais e, ainda, que possa elevar os índices humanos em saúde, em diferentes contextos.

Entretanto, observa-se atualmente que a cada novo decreto a descaracterização do trabalho do ACS torna-se mais evidente e a instalação de políticas de governos visivelmente equivocadas (como, por exemplo, a tentativa de tornar o ACS um técnico em enfermagem) causam confusão e crescente instabilidade em relação à essência orgânica das concepções histórico/críticas originais laborais destinadas a esses trabalhadores.

O ACS vem ao longo dos anos perdendo o seu foco laboral ao ver-se absorto em um universo de trabalho que não mais o representa na sua integralidade, tendo que assumir posturas profissionais além do previsto originalmente para eles. Podemos citar como exemplo a obrigação de realizarem trabalhos burocráticos nas US de origem, fato que não dialoga com os primórdios de trabalho idealizado para esses profissionais.

Segundo o Ministério da Saúde (BRASIL, 2021) existem atualmente no Brasil cerca de 128.257.416 cidadãos, em diferentes estratos sociais, que recebem de fato um atendimento individualizado prestado por ACS (61,03% da população). São populações, em sua maioria, que vivem de forma vulnerável socialmente e que não têm acesso à saúde privada por questões financeiras.

De maneira objetiva, entendemos que toda práxis com reflexos sociais que busque promover o ensino e consequente aprendizagem para o ACS irá se deparar com questões relevantes e que formam uma pauta de discussão permanente para esses profissionais: a formação para o trabalho que eles recebem, a qualificação e a valorização necessárias ao desempenho profissional pela categoria, e o engajamento que eles possam vir a desenvolver nas questões introdutórias (propedêuticas) do SUS.

Esses temas conversam de maneira veemente com propostas que preconizam a implementação do trabalho como princípio educativo e promotor da cidadania para os ACS.

Postulados de uma Educação Permanente em Saúde, com Reflexos Sociais Significativos, sob a Ótica dos ACS

Que educação em saúde promoveria aprendizados aos ACS capazes de atender suas demandas de trabalho e regionalização, com reflexos na melhoria dos índices humanos em saúde para as populações assistidas pelos programas desenvolvidos pelo SUS?

Ao propormos diálogos entre a educação permanente em saúde para os ACS e a melhoria da saúde para as populações assistidas pelo SUS, buscamos como referência alguns princípios basilares do Índice de Desenvolvimento Humano (IDH), preconizado pela Organização das Nações Unidas (ONU), no que se refere à saúde humana (UNPD, 2020). Esse índice trabalha essencialmente três aspectos ligados ao desenvolvimento humano: renda, educação e saúde. Apresentam-se assim parâmetros de satisfação e bem-estar para populações de países ao redor do mundo, por meio de cálculos que consideram esses diferentes fatores que juntos promoveriam uma expectativa de vida maior para as pessoas em determinados contextos sociais.

Lima *et al.* (2017), ao discorrerem sobre saúde e o IDH, salientam que países desenvolvidos que apresentam sistema único de saúde têm alcançado melhores expectativas de vida para a população. Esse fato ressurge um postulado que se aparenta óbvio, mas que pode suscitar polêmicas sobre saúde e desenvolvimento humano, na busca de evidências sobre se o desenvolvimento das sociedades promoveria a saúde ou se a saúde seria a grande promotora do desenvolvimento social (LIMA, 2017).

A Educação Permanente em Saúde (EPS) apresentou-se como base legal no Brasil a partir da Resolução CNS n.º 353/2003 (BRASIL, 2003) e da Portaria MS/GM n.º 198/2004 (BRASIL, 2004), na qual pressupostos da articulação entre ensino, trabalho e cidadania, a participação social como ferramenta de aprendizagem e a visão do SUS como espaço de educação profissional foram ventilados como propostas viáveis para o alcance da cidadania por meio dessa educação.

Posteriormente a Portaria GM n.º 1.996/2007 (BRASIL, 2007) materializou a Política Nacional de Educação Permanente em Saúde (PNEPS), adequando diretrizes operacionais e regulamentando esse processo educativo.

Mas em que de fato as políticas dos governos têm colaborado para melhorar a realidade de vida de profissionais como os ACS, e como as decisões de gabinete poderiam dinamizar a práxis laboral desses trabalhadores?

As oficinas que viabilizaram as rodas de conversa nas US foram consensuais em evidenciar um axioma educacional que apresenta sentenças e proposições aceitas pelos ACS como óbvias para promoção de uma práxis mais ajustada à realidade que enfrentam em seu cotidiano. A observação investigativa do pesquisador sobre o trabalho dos ACS nas US visitadas no decurso da pesquisa de doutorado revelou que a formação para esses profissionais encontra no trabalho de visitação aos lares dos pacientes, nas conversas informais nas US, nas orientações da chefia imediata e no próprio trabalho colaborativo entre membros das equipes multidisciplinares a oportunidade de construção de saberes. Além disso, essas atividades também promovem o desenvolvimento de um olhar pluralizado sobre a saúde que os ACS vão adquirindo ao longo das práticas cotidianas e da educação informal ou não formal a que estão sujeitos.

Todas essas nuances educativas foram citadas como importantes para a construção de saberes para os ACS e relevantes para a forma de aprender novos conhecimentos e de divulgá-los junto à população. Desse modo, entendemos que o fazer prático é a ferramenta para que muitos conhecimentos e aprendizados se estabeleçam.

Para os ACS que participaram da pesquisa, uma educação permanente que vá ao encontro de suas práticas e que promova melhoria nas condições de saúde da população precisa valorizar seus conhecimentos prévios, os quais vêm sendo acumulados por eles informalmente pela prática laboral de campo. Precisa ter como ponto de partida a informalidade de suas práticas sociais e apresentar como proposta metodológica formas alternativas de ensino na problematização, contextualização e construção de mediações reflexivas para aquisição de novos saberes.

Todas essas colocações dialogam com pressupostos educacionais apresentados por teóricos como Paulo Freire (2009, 2011) e Victor Valla (1996) ao tratar sobre uma educação que evidencie uma formação eficiente para jovens e adultos, principalmente no contexto do trabalho.

O Ministério da Saúde (BRASIL, 2018) considera a Educação na Saúde e seus correlatos (Educação popular em saúde, Educação em Saúde, Educação para o Trabalho em Saúde e Educação para a Saúde) como vias educativas que fortalecem e melhoram as práticas cotidianas do ACS nas equipes multidisciplinares do SUS. O Ministério da Saúde (BRASIL, 2013) conceitua a Educação Permanente em saúde, didaticamente, como ações educacionais que tomam por base a problematização do trabalho em saúde, objetivando a transformação das práticas profissionais e da forma organizacional do trabalho, considerando as necessidades em saúde na sociedade, a reorganização setorial da gestão e a ampliação dos elos formativos com o exercício do controle social em saúde.

Sobre uma educação com reflexos sociais positivos na melhoria de seu trabalho junto às populações assistidas pelo SUS, os ACS evidenciaram ser de grande relevância para eles a aquisição, na educação permanente em saúde, de conhecimentos gerais sobre o trabalho em equipe que eles executam dentro e fora das US, bem como sobre o executar do planejamento de ações para o trabalho no campo e a utilização das melhores ferramentas para execução dele.

Muitos revelaram nas rodas de conversa que membros de equipes multidisciplinares parecem desconhecer a relevância do trabalho do ACS, ao delegarem e eles funções de "agentes de serviços gerais", com os quais eventualmente são confundidos.

É primordialmente importante para o ACS o aprendizado sobre suas atribuições enquanto membro da equipe multidisciplinar, em visitas domiciliares ou mesmo nos momentos de exercer o trabalho burocrático as US. Tal conhecimento torna o trabalho do ACS mais específico e de maior valor agregado, evitando fadigas e sobrecargas operacionais desnecessárias para eles.

As rodas de conversa demonstraram ser muito relevantes na formação continuada para o ACS, a aquisição de conhecimentos gerais sobre o próprio SUS, principalmente no que se refere a diretrizes e princípios do funcionamento deste. Conhecer os serviços prestados pelo SUS garantiria uma informação mais apurada e segura ao cidadão, por exemplo, no momento da visita domiciliar (um dos serviços considerados mais característicos do cotidiano laboral dos ACS), proporcionando maior segurança profissional.

Foi também considerado necessário que uma formação permanente em saúde possa prover para eles conhecimentos gerais sobre cuidados em saúde para crianças, adolescentes e adultos.

Outros temas geradores destacados como importantes foram: saúde mental; atenção a pessoa com deficiência física, mental ou intelectual; cuidados básicos com pessoas acamadas; percepção de sinais e prevenção a violência familiar e doenças transmitidas por vetores.

As rodas de conversa abordaram temas relacionados com a formação profissional do ACS antes do ingresso destes nas linhas de trabalho do SUS, e de como se deu a formação inicial destes para o trabalho. Foram abordadas ainda a questão dos cursos de livre oferta disponibilizados para eles na internet, com diferentes conteúdos programáticos e com finalidades variadas, e as participações em cursos de formação técnica em Agente Comunitário de Saúde e em outros cursos de curta e média duração para formação em serviço.

Reflexos Sociais da Formação Permanente em Saúde dos ACS em Tempos de Pandemia (COVID-19)

Os momentos dialógicos nas oficinas quanto aos processos formativos de educação permanente, especificamente desenvolvidos para enfrentamento da COVID-19, demonstraram a existência de uma lacuna entre a teoria proposta nos momentos de socialização de conhecimentos nas US, nas formações de curta duração, disponibilizadas de maneira on-line por órgãos como as secretarias de saúde e as reuniões setoriais, e a prática nas linhas de frente de combate ao vírus.

Para melhor visualização, disponibilizamos um condensado dessas informações no Quadro 1:

Quadro 1 – Paradoxos na educação entre o que foi apresentado aos ACS para o enfrentamento da COVID-19 e a sua realidade na prática

Projeção/Ações preconizadas como necessárias	Realidade vivenciada
Trabalho dentro do preconizado para o ACS	Submissão a exigências laborais expositivas com desvio de função, em condições de insegurança
Equipamentos de Proteção Individual (EPI) para toda a equipe multidisciplinar	Insuficiência de equipamentos básicos de biossegurança para toda a equipe
Valorização profissional	Ausência de bonificação como recompensa ao trabalho insalubre
Atualização de informações em tempo real	Demora na socialização e padronização de procedimentos
Aplicação de novos saberes embasados em conhecimentos científicos atuais	Necessidade de adequar antigos conhecimentos técnico/científicos para práticas atuais em saúde
Material informativo de fácil entendimento	Necessidade de aprendizados de termos científicos em outro idioma
Suspensão da visita domiciliar	Remodelação da visita domiciliar
Utilização de Tecnologias de Informação e Comunicação (TIC), no trabalho com os pacientes	Utilização excessiva, não subsidiada e atemporal das TIC no atendimento a pacientes
Educação promotora do bem-estar pessoal integral do ACS	Adoecimento psicoemocional

Fonte: Moura (2021)

Observa-se uma contradição evidente entre os aspectos do que fora preconizado para o trabalho do ACS, durante ensinos não formais e informais que receberam, para o atendimento em linhas de enfrentamento de combate à COVID-19, e o que realmente vivenciaram como realidade.

Foi relatada a potencialização do trabalho insalubre sob condições de insegurança profissional, e com escasso Equipamento de Proteção Individual (EPI), insuficiente para atender à demanda de toda equipe. Outros profissionais de saúde foram priorizados quanto à disponibilidade dos EPIs preconizados nos momentos formativos (máscaras n95, por exemplo, foram substituídas por máscaras caseiras), em detrimento à necessidade dos ACS.

Outro dado interessante obtido nas rodas de conversa diz respeito ao uso das Tecnologias de Informação e Comunicação (TIC), que ganharam força durante o período da pandemia, ao contactar os ACS com os pacientes. Isso tornou possível um trabalho menos expositivo, pela possibilidade de monitoramento de pacientes via chamadas de vídeo e conversas pelas redes sociais.

Os meios de comunicação virtual e as plataformas de streaming tornaram-se fontes para a aquisição de novos conhecimentos, de participação em processos de educação permanente em saúde e de promoção da viabilidade do trabalho continuado para o ACS. O apoio mútuo entre os ACS ao atravessar a grave crise sanitária imposta pela COVID-19 foi destacado como outro importante aprendizado adquirido pelos ACS e com profundos reflexos sociais para eles e para suas famílias.

As afirmações positivas e as palavras de incentivo proferidas na práxis colaborativa cotidiana em equipe ajudaram a fortalecer vínculos e os encorajaram em momentos de desolação. Os laços familiares foram abalados (mortes, separações involuntárias, mudanças abruptas). O medo constante da contaminação cruzada no ambiente de trabalho e a consequente contaminação de familiares, principalmente idosos, mexeram com o psicológico de muitos profissionais.

"Como será de agora pra frente? Como será nossa postura frente a esses aprendizados?" foram palavras proferidas nas rodas de conversa em tom de desabafo.

"Estão muito preocupados com o atendimento ao paciente e se esquecem do profissional que atende o paciente". Essa frase nos lábios de um ACS evidencia para a análise dessas rodas de conversa (BARDIN, 2016) mais uma vez a preocupação desses profissionais em alcançar a desenvoltura plena de sua cidadania.

A COVID-19 colocou em conflito o compromisso profissional desses sujeitos com o seu exercício cidadão. Sobreviver já é considerado, para eles, o maior ato de cidadania que poderiam alcançar e as rodas de conversa, uma oportunidade de extravasar uma gama de sentimentos reprimidos pelo labor atipificado, inesperado, acelerado e imprevisível. *"[...] você está conversando com a gente aqui e é bom. É gostoso porque você fala o que você está sentindo. A gente tem medo de pegar. É como se você estivesse pisando em ovos. Você não sabe o dia de amanhã. O jeito é viver um dia de cada vez".*

Sentimentos como stress, ansiedade e medo; consequências como insônia, obesidade, perdas, dúvidas, formam parte do relato prevalente nas rodas de conversa. *"Temos que na frente do paciente estar sempre bem. Aparentar, esconder nosso medo, a ansiedade, o stress".*

Os reflexos sociais evidenciados pelos ACS dialogam com problemas psicológicos que eles relatam enfrentar, ou suspeitam possuir. Todos esses aspectos precisam ser pensados na construção de formações permanentes futuras a serem disponibilizadas aos ACS, pois como está acontecendo para outros profissionais da linha de frente de enfrentamento à COVID-19, os gatilhos emocionais claramente são perceptivos também para os ACS, sugestionando para eles a necessidade de um acompanhamento psicológico como parte dos processos formativos.

Ao serem confrontados com a possibilidade de uma educação permanente que oferecesse para eles conhecimentos para autocuidado mental, as palavras foram que *"Se alguém viesse ensinar essas técnicas pra gente seria muito bom". "Hoje, a fuga da gente é o remédio. Antes da pandemia eu dormia. Hoje preciso de tomar remédio pra tudo".* Também, observamos relatos nas rodas de conversa, do sentimento de não pertencimento à equipe, e, na expressão deles, *"sermos pau para toda obra",* ao se referirem aos desvios de função que acontecem com frequência na práxis nas US.

Todos esses sentimentos em muito se assemelham ao abandono, ao contraditório do que entendemos pela visão do trabalho como princípio educativo. O "despertencimento", o medo, a insegurança profissional e o abandono de si mesmo podem trazer consigo o desapego cidadão e um olhar desprezível e descaracterizado para o trabalho como princípio educativo, o qual preconizamos como necessário para todos.

A caracterização do trabalho para o ACS e a sua valorização deve fazer parte dos currículos em qualquer momento em que é pensada para eles a realização de processo de formação permanente em saúde. Sem esse olhar, inviabiliza-se a construção de uma cidadania verdadeiramente emancipatória para eles, capaz de mudar sua realidade de vida e melhorar sua práxis juntos às populações, sujeitos de sua lida habitual.

A educação permanente evidenciada para os ACS trouxe aprendizados importantes em contexto não formal e informal, para sua práxis, tais como: a higienização correta das mãos, uso sistemático de EPI, o necessário distanciamento social, principalmente nas relações com as populações no trabalho de campo, readequação das visitas domiciliares e do trabalho burocrático nas US, a implementação do trabalho remoto, a necessidade de valorização profissional, a ética e os cuidados psicológicos mútuos para a equipe multidisciplinar.

Sem dúvida, esses aprendizados se incorporados ao cotidiano da prática profissional se transformarão progressivamente em legados para o trabalho que os ACS irão desempenhar em ações futuras pós tempos de pandemia.

Foi considerado valoroso pelos ACS nas rodas de conversa que instituições públicas, como a Fiocruz e outras entidades de aporte científico, ouvindo esses profissionais e suas experiências de trabalho durante a pandemia, ajudem a escrever documentos que possam ser norteadores para novas práticas em saúde voltadas para a promoção do trabalho deles e que promova, entre outros aspectos, o perfeito exercício de sua cidadania.

Ao final de cada uma das 7 oficinas, os ACS responderam individualmente ao questionário semiestruturado (produto), especialmente formulado para a pesquisa científica que materializou dados importantes para a análise e discussão apresentadas neste capítulo, referentes à formação para o trabalho desses profissionais. Este produto foi o registro escrito das questões informalmente discutidas, referentes à formação em serviço oferecida aos ACS. O coletivo produzido foi essencial para que pudéssemos finalizar o trabalho de doutoramento.

Considerações Finais

O ACS é um profissional que no Brasil integra uma potente força, que abrange milhares de trabalhadores, concentrados e inseridos em equipes multidisciplinares nas linhas de frente do Sistema Único de Saúde (SUS). Sua formação permanente para o trabalho é um desafio que tem mobilizado diferentes segmentos sociais que perpassam desde conceitos importantes em educação a políticas públicas em saúde.

Neste capítulo buscamos reflexões sociais sobre a educação permanente de agentes comunitários para evidenciarmos possíveis implicações desses saberes como promotores do trabalho como princípio educativo para esses profissionais e a consequente elevação nos índices humanos em saúde, como recorte do IDH ideal para promoção da cidadania social.

A análise de todos os resultados do trabalho de doutoramento citados neste capítulo revela a necessidade de se estabelecer para o ACS uma educação permanente em saúde que possa ter reflexos sociais, histórico-críticos e pragmáticos, firmemente alicerçados na observação da sua prática cotidiana junto às populações em vulnerabilidade.

O ensino e a prática social devem ser dinamizados e priorizados na elaboração de currículos e na observância de diretrizes norteadoras em todos os processos formativos em saúde. O trabalho como princípio educativo precisa ser incentivado como parte integrante e operante nas práticas educativas voltadas para a educação permanente dos ACS, para valorização profissional e, acima de tudo, para o exercício pleno de sua cidadania.

Ao receber uma formação subsidiadora de sua emancipação cidadã, o ACS, espera-se, evidenciará uma práxis laboral igualmente cidadã para outras pessoas, para as quais o seu trabalho de educador em saúde possa ser direcionado.

O trabalho do ACS certamente continuará ocorrendo, mesmo em tempos de pós-pandemia, sempre no sentido de superação das contradições relacionadas à complexidade do trabalho desenvolvido por esses profissionais, bem como pela necessidade de uma educação permanente em saúde que contextualize informações referentes à educação em saúde, que é a base do seu trabalho cotidiano.

A valorização profissional para eles deve ser trabalhada, principalmente nas equipes multidisciplinares das quais os ACS fazem parte, com reflexos sociais dentro das comunidades assistidas por eles, na busca pela elevação da saúde comunitária e da satisfação humana, no pertencimento social e na igualdade de oportunidades para todos.

Como legado, este capítulo pretende revelar de forma denunciante a necessidade de se conceber para o ACS processos de educação permanente que apresentem para eles de fato o trabalho como princípio educativo em todos os aspectos descritos, e que proporcionem a sua educação emancipadora e cidadã.

Referências

BARDIN, L. *Análise de conteúdo*. São Paulo: Edições 70, 2016.

BRASIL. Conselho nacional de saúde. *Resolução n.º 335, de 27 de novembro de 2003*. Disponível em: https://view.officeapps.live.com/op/view.aspx?src=https%3A%2F%2Fconselho.saude.gov.br%2Fresolucoes%2F2004%2FReso335.doc&wdOrigin=BROWSELINK. Acesso em: 23 jun. 2022.

BRASIL. *Portaria n.º 198/GM*. Em 13 de fevereiro de 2004. Disponível em: www.nescon.medicina.ufmg.br/biblioteca/imagem/1832.pdf. Acesso em: 23 jun. 2022.

BRASIL. Ministério da Saúde. *PORTARIA N.º 1.996, DE 20 DE AGOSTO DE 2007*. Disponível em: https://bvsms.saude.gov.br/bvs/saudelegis/gm/2007/prt1996_20_08_2007.html. Acesso em: 23 jun. 2022.

BRASIL. Ministério da Saúde. *Glossário temático*: gestão do trabalho e da educação na saúde / Ministério da Saúde. Secretaria-Executiva. Secretaria de Gestão do Trabalho e da Educação na Saúde. 2. ed., 2. reimpr. Brasília: Ministério da Saúde, 2013. 44 p.

BRASIL. Ministério da Saúde. *Portaria n.º 83 de 10 de janeiro de 2018*. Institui o Programa de Formação Técnica para Agentes de Saúde – Profags. Diário Oficial da União. 10 Jan 2018. Disponível em: https://bvsms.saude.gov.br/bvs/saudelegis/gm/2018/prt0083_12_01_2018.html. Acesso em: 23 jun. 2022.

BRASIL. Ministério da Saúde 2021. *Secretaria de Atenção Primária à Saúde (SAPS)*. Cobertura de agentes comunitários de saúde. E-Gestor. Informação e gestão da atenção básica. 2021. Disponível em: https://egestorab.saude.gov.br/paginas/acessoPublico/relatorios/relHistoricoCoberturaACS.xhtml. Acesso em: 23 jun. 2022.

FREIRE, P. *Educação como prática da liberdade*. Rio de Janeiro: Paz e Terra, 2009.

FREIRE, P. *Pedagogia da Autonomia*: saberes necessários à prática educativa. 43. ed. São Paulo: Paz e Terra, 2011.

FREIRE, D. *et al*. A PNAB 2017 e o número de agentes comunitários de saúde na atenção primária do Brasil. *Rev Saúde Pública*, v. 55, n. 85, 2021. Disponível em: https://doi.org/10.11606/s1518- 8787.2021055003005. Acesso em: 12 jun. 2022.

FRIGOTTO, G. Sociedade e educação no governo Bolsonaro: anulação de direitos universais, desumanização e violência. *Revista desenvolvimento e civilização*, v. 2, n. 2, dez. 2021. Disponível em: https://www.e-publicacoes.uerj.br/index.php/rdciv/article/viewFile/66270/41708. Acesso em: 12 jun. 2022.

LIMA, C. V. T. C. *Saúde e o índice de desenvolvimento humano*. Conselho federal de medicina, 2017. Disponível em: https://portal.cfm.org.br/artigos/saude-e-o-indice--de-desenvolvimento-humano/. Acesso em: 23 jun. 2022.

LOBATO, R. V. *et al*. Formação do agente comunitário de saúde na perspectiva do saber local de populações ribeirinhas. *Enferm foco*, v. 12, n. 3, p. 575-81, 2021.

MOURA, C. N. *A formação do agente comunitário de saúde para o trabalho no sistema único de saúde do Brasil*: análise, perspectivas e propostas. 2021. 143 f. Tese (Doutorado em Ensino em Biociências e Saúde) – Instituto Oswaldo Cruz, Fundação Oswaldo Cruz, Rio de Janeiro, 2021. Disponível em: https://www.arca.fiocruz.br/bitstream/icict/49358/2/000247845.pdf. Acesso em: 12 jun. 2022.

RAMOS, M. Entrevista: Marise Ramos. [Entrevista concedida a] Claudia Affonso e Flavia de Figueiredo de Lamare. *Revista Lex Cult*, Rio de Janeiro, v. 6, n. 1, p. 167-176, jan./abr. 2022. Disponível em: http://lexcultccjf.trf2.jus.br/index.php/LexCult/article/view/622. Acesso em: 12 jun. 2022.

UNITED NATIONS DEVELOPEMENT PROGRAMME (UNPD). *Technical notes*. Human Development Report 2020. Nova Iorque, 2020. Disponível em: https://hdr.undp.org/content/human-development-report-2020. Acesso em: 22jun. 2022. 2022.

VALLA, V. V. A crise de interpretação é nossa: procurando compreender a fala das classes subalternas. *Educação & Realidade*, v. 21, n. 2, 1996.

Oficina de Produção de Materiais Didáticos Como Incentivo à Práxis na Formação de Professores de Química no Instituto Federal do Espírito Santo

Cynthia Torres Daher, Michele Waltz Comarú, Carolina Nascimento Spiegel

Introdução e Fundamentos Teóricos

Embora teoria e prática representem dimensões diferentes da formação profissional, a busca por uma relação cada vez mais orgânica entre ambas é crescente nos cursos de graduação no Brasil, especialmente a partir do final do século XX (ALVES, 2005; VEIGA, 2006; ANASTASIOU; CUNHA, 2016).

Uma pesquisa pelo teor semântico dessas expressões aponta a "teoria" como "1. Conhecimento especulativo, meramente racional. 2. Conjunto de princípios fundamentais duma arte ou duma ciência" (FERREIRA, 2010, p. 734) ou ainda como "3. Parte especulativa de uma ciência (em oposição a prática); 4. Conjunto de conhecimentos que explicam certa ordem de fatos ou fenômenos" (AMORA, 1997, p. 694). Já a "prática" é expressa como "1. Ato ou efeito de praticar. 2. Uso, exercício. 3. Rotina; hábito. 4. Saber provindo da experiência. 5. Aplicação da teoria" (AMORA, 1997, p. 547; FERREIRA, 2010, p. 604).

Ainda sobre a significação dessas expressões, Vázquez (1977) ao reificá-las na prática social afirma que:

> [...] enquanto a atividade prática pressupõe uma ação efetiva sôbre o mundo, que tem por resultado uma transformação real dêste, a atividade teórica apenas transforma nossa consciência dos fatos, nossas idéias sôbre as coisas, mas não as próprias coisas. Nesse sentido, cabe falar de uma oposição entre o teórico e o prático. [...], essa oposição tem um caráter relativo, pois quando se formulam com justeza as relações entre teoria e prática vemos que se trata bem mais de uma diferença do que de uma oposição (VÁZQUEZ, 1977, p. 210).

Ao se considerar essa diferença dentro de uma "[...] unidade entre prática e teoria, em que ambas se vão constituindo, fazendo-se e refazendo-se num movimento permanente no qual vamos da prática à teoria e desta a uma nova prática" (FREIRE, 1981, p. 88) é possível depreender que, embora distintas, são complementares. Estabelece-se aí uma unidade dialética entre prática e teoria, uma *práxis*, não como pura ação, mas como ação e reflexão (FREIRE, 1981). Uma *práxis* entendida como atividade de transformação da realidade, como "[...] atividade teórica de conhecimento, fundamentação, diálogo e intervenção na realidade, esta, sim, objeto da *práxis*" (PIMENTA; LIMA, 2011, p. 45).

Direcionando essas reflexões para a formação inicial de professores, desde 2001, os Pareceres CNE/CP N.º 09/2001 (BRASIL, 2001a) e N.º 28/2001 (BRASIL, 2001b) que tratam, respectivamente, das Diretrizes Curriculares Nacionais (DCN) para a Formação de Professores da Educação Básica e de sua duração e carga horária, vêm buscando favorecer uma aproximação dessa *práxis* já na formação inicial. Tal estímulo legal tem se explicitado melhor por meio da dimensão formativa da Prática como Componente Curricular (PCC) apontada na resolução CNE/CP N.º 02/2002 (BRASIL, 2002) e que instituiu o mínimo de 400 horas dos cursos de licenciatura para um "[...] conjunto de atividades formativas que proporcionam experiências de aplicação de conhecimentos ou de desenvolvimento de procedimentos próprios ao exercício da docência" (BRASIL, 2005). Essa dimensão formativa foi reafirmada e mais bem explicitada na Resolução N.º 02/2015, que instituiu as diretrizes para a formação de profissionais do magistério para a Educação Básica (BRASIL, 2015) e teve sua essência alterada na Resolução CNE/CP N.º 02/2019, que institui as diretrizes para formação inicial de professores para a educação básica e, também, a Base Nacional Comum para essa formação (BNC-Formação) (BRASIL, 2019).

Foi com foco na PCC, na busca por favorecer a aplicação de conhecimentos e a vivência de experiências naturais ao docente, ou seja, uma melhor relação entre teoria e prática, que, em 2013, foram iniciadas as Oficinas de Produção de Materiais Didáticos como ação pedagógica do componente curricular de Instrumentação para o Ensino de Ciências (IEC) dos cursos de Licenciatura em Química do Instituto Federal do Espírito Santo (Ifes). Ao longo dos oito anos de atividade buscou-se mediar desafios e fortalecer potencialidades com ajustes teórico-metodológicos.

Este texto relata os processos envolvidos na criação e nas transformações das oficinas no período de 2013 a 2020, descrevendo os desafios e as potencialidades experienciados. Cientes da impossibilidade de sua exata replicação, em função dos diferentes contextos locais e das distintas condições humanas e materiais que objetivam as relações entre o ensinar e o aprender e ressaltando que nenhuma das oito oficinas aqui descritas foi igual à anterior, espera-se contribuir com outros professores formadores que busquem ideias/sugestões teórico-prática-metodológicas para, com as necessárias adequações/criações, formar professores mais sintonizados com a *práxis* profissional que deles se espera.

Criação das Oficinas de Produção de Materiais Didáticos

Em 2013 a disciplina de IEC foi ofertada pela primeira vez em um dos *campi* do Ifes para licenciandos em Química. À época, seu plano de ensino contemplava os conteúdos apresentados no Quadro 1, salvo poucas mudanças.

Quadro 1 – Informações do plano de ensino de Instrumentação para o Ensino de Ciências

Instituição	Instituto Federal do Espírito Santo (Ifes)
Curso	Licenciatura em Química
Componente curricular	Instrumentação para o Ensino de Ciências (IEC)
Período de oferta	5.º Período
Pré-requisito	Didática Geral
Carga horária	60 horas
Conteúdos	• Educação em espaços não formais; • Experimentação no ensino de Química/Ciências; • Estudos Ciência, Tecnologia, Sociedade e Ambiente (CTSA); • Materiais didáticos no ensino de Química/Ciências; • Tecnologias Digitais da Informação e Comunicação no ensino de Química/Ciência; • Ciência e Arte.

Fonte: as autoras (2022)

Tratando-se de uma disciplina eminentemente prática, no sentido de que nela os licenciandos são mais protagonistas que espectadores, e considerando a carga horária de 60 horas para atender a esse protagonismo em todos os tópicos conceituais do plano de ensino, à época, foi criada uma atividade associando as temáticas de materiais didáticos e da abordagem CTSA dos conteúdos. Com isso, cabe aqui dizer que, como docente formador responsável pela disciplina, também foi possível exercitar o protagonismo e a autonomia na forma de ensinar. À semelhança de um ator, como proposto por Tardif (2014), como "[...] um sujeito que assume sua prática a partir dos significados que ele mesmo lhe dá, um sujeito que possui conhecimentos e um saber-fazer provenientes de sua própria atividade e a partir dos quais ele a estrutura e a orienta" (TARDIF, 2014).

Reafirmando, a ideia dessa ação pedagógica foi inspirada na dimensão formativa da PCC prescrita nos pareceres e resoluções supracitados que serviram de base legal para os Projetos Pedagógicos dos cursos de Licenciatura em Química do Ifes (BRASIL, 2012a, 2012b) e, também, para o componente curricular de IEC no período de desenvolvimento das oficinas.

Nessa atividade os licenciandos se organizavam em duplas ou trios de trabalho para criar materiais didáticos para ensino de Química/Ciências a discentes do ensino médio ou do 9.º ano do ensino fundamental. Todavia, os conteúdos científicos mediados por esses novos materiais deveriam ser abordados a partir da proposta CTSA, ou seja, a partir de seus antecedentes e/ou implicações sociais, políticas, econômicas, ambientais.

Sobre o ensino CTSA vale destacar seu objetivo de fazer oposição à concepção de ciência pura e neutra, proporcionando uma crítica à definição de tecnologia como aplicação de ciência e criando condições para discussões acerca da participação pública na tomada de decisões por meio do exercício consciente e ético da cidadania (CORTEZ, 2020). Trata-se, pois, de "[...] uma alternativa poderosa para a formação tecnocientífica, sob a ótica da formação do cidadão" (CHRISPINO, 2017, p. 81). Tal abordagem "[...] se propõe a trabalhar a realidade, instrumentalizando os estudantes para que estes interajam com a realidade, modificando-a a partir de suas reflexões pessoais e/ou decisões coletivas" (CHRISPINO, 2017, p. 81). Com isso, acredita-se favorecer uma reflexão mais crítica e contextual sobre a prática de ensinar, indispensável à adequada relação formativa entre teoria e prática, "[...] sem a qual a teoria pode ir virando bláblábla e a prática, ativismo" (FREIRE, 1999, p. 11).

A ludicidade é outra dimensão formativa que os licenciandos foram convidados a contemplar desde a primeira oficina. A partir da percepção de Leal e Teixeira (2013), é considerada como uma criação cultural oriunda da relação dos seres humanos entre si na sociedade; como um estado de ânimo que pode expressar sentimento de entrega e de vivência plena que diz respeito à realidade interna do indivíduo e, ainda, uma auxiliar na construção de ambiente favorável à produção de conhecimento, princípio formativo que deve estar presente na sala de aula como um dos elementos estruturantes do processo de ensinar e desencadeadores de aprendizagens, não só na educação básica, mas, também, na formação de professores. Considerando com Fortuna (2018) que a postura e a consciência lúdicas no ato de ensinar não são inatas ao docente, ao contrário, são constituídas ao longo de sua complexa formação profissional e existencial, depreende-se daí a importância do estímulo, desde a formação inicial, a uma cultura lúdica no ato de ensinar.

Quanto à organização das oficinas, a Figura 1 apresenta seus três momentos com respectivas etapas. Importante dizer que nem todas essas etapas estavam presentes desde a primeira oficina em 2013. Algumas se constituíram a partir de demandas percebidas pela docente de IEC e a partir de sugestões dos discentes e dos docentes orientadores.

Figura 1 – Organização das oficinas de produção de materiais didáticos

Fonte: adaptado de Daher, Comarú e Spiegel (2020)

Considerando o princípio da simetria invertida (BRASIL, 2001a) que afirma a importância de o futuro docente vivenciar na formação inicial experiências semelhantes às que enfrentará na atuação profissional, cada uma dessas dimensões inseridas nas oficinas – CTSA, Ludicidade, produção de materiais didáticos e inclusão de pessoas com deficiência – teve por objetivo favorecer a PCC e contribuir, não só para a aplicação de conhecimentos, mas para o estudo e a construção de novos saberes da/na/com a experiência, de saberes realmente mobilizados pelos professores nas suas tarefas profissionais (NÓVOA, 2014; TARDIF, 2014). Fala-se aqui da possibilidade de constituição de uma epistemologia que, de fato, seja da prática (TARDIF, 2014).

Desenvolvimento das Oficinas: Desafios e Encaminhamentos

No período de 2013 a 2015 aconteceram 4 oficinas praticamente no mesmo formato. Cada grupo de trabalho idealizava e confeccionava um material didático para ensinar Química/Ciências para estudantes da educação básica. Eles tinham liberdade para escolher ou criar o tipo de material, eleger o público-alvo dentre os estudantes do ensino médio ou do 9.º ano do ensino fundamental, selecionar o conteúdo a ser mediado e a forma de sua abordagem, desde que o fizessem a partir da perspectiva CTSA e que buscassem estimular momentos lúdicos de ensino e de aprendizagem. Lembra-se aqui de Paulo Freire (1999) quando destacou a importância do respeito à autonomia e à identidade cultural do educando como imperativo ético e humano indispensáveis aos profissionais da educação. Foi por anuir com o valor desses saberes que se buscou favorecer essa liberdade na criação dos materiais didáticos.

Durante as aulas, tão logo finalizados os estudos sobre CTSA, os licenciandos eram orientados sobre a atividade e recebiam um roteiro digital contendo os itens destacados na Figura 2.

Figura 2 – Conteúdo do roteiro de orientações das oficinas

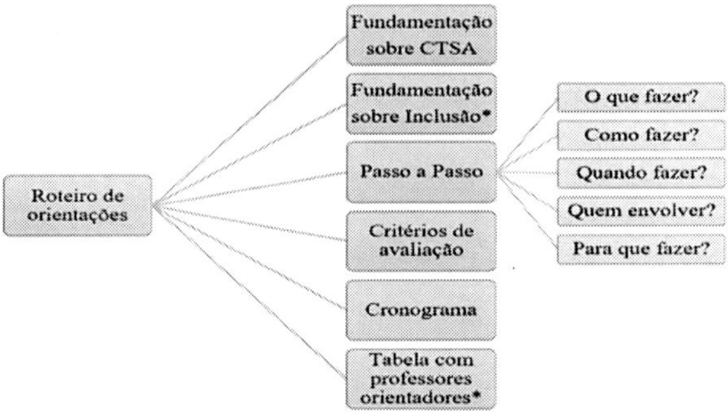

```
                            ┌─ Fundamentação sobre CTSA
                            │
                            ├─ Fundamentação sobre Inclusão*  ─ O que fazer?
                            │                                 ─ Como fazer?
Roteiro de orientações ─────┼─ Passo a Passo                  ─ Quando fazer?
                            │                                 ─ Quem envolver?
                            ├─ Critérios de avaliação         ─ Para que fazer?
                            │
                            ├─ Cronograma
                            │
                            └─ Tabela com professores orientadores*
```

* Presente apenas nos roteiros das oficinas de 2018 e 2019
Fonte: as autoras (2022)

Sanadas as dúvidas e mediadas as sugestões, os licenciandos se organizavam em grupos de trabalho e, de acordo com o cronograma, tinham prazo para estudos e planejamentos. Nesse período podiam buscar orientação extraclasse com a docente de IEC. Tomadas as decisões iniciais com as escolhas quanto ao tipo de material, ao público, ao conteúdo e à sua abordagem, havia momento para socialização das ideias de cada grupo na turma. Esse momento era sempre rico em trocas e interações. Todos tinham conhecimento das intenções dos colegas e podiam sugerir ajustes no tocante à confecção do material didático, à abordagem CTSA dos conteúdos, à linguagem a ser utilizada no material, ao tipo de material a ser aplicado na confecção do produto e a outros mais. Sobre essas trocas e interações, vale afirmar o valor do diálogo (FREIRE, 1987) como fenômeno humano que viabiliza a própria humanidade e a partir do qual se reflete e se age, criando condições para a verdadeira *práxis*, um dos objetivos de criação das oficinas. As imagens da Figura 3 mostram um grupo de alunas da turma de 2018 abordando o uso da máquina de escrever em Braille auxiliando outros grupos que confeccionaram materiais para pessoas com deficiência visual.

Figura 3 – Imagens da socialização de ideias e saberes na turma de 2018

Fonte: as autoras

Vencida essa etapa de socialização das ideias os licenciandos partiam para o desenvolvimento do material didático e, por fim, o apresentavam na turma. Este último era, também, um momento de muitas interações. A diversão se fazia presente, pois não bastava apresentar o novo material, todos tinham que interagir e vivenciar a experiência brincando, jogando, debatendo, compartilhando, dialogando. Eram momentos mais barulhentos com risos, gargalhadas, disputas e compartilhamentos. Momentos em que o espaço físico da sala assumia inúmeros outros formatos em uma mesma aula. Com isso, não se pode deixar de dizer da crença pessoal da qual se parte de que ensinar e aprender podem e devem ser vivenciados como atos de alegria. Não se fala aqui de uma euforia agitada e temporária, mas de uma alegria genuína que se expressa de forma centrada, segura e compartilhada quando se age e reflete com amorosidade. Entretanto, a experiência docente em sala de aula leva à concordância com Freire (1999) quando diz que nem sempre é possível criar alegria nos educandos, mas que, como educador, nunca se deve deixar de com ela se preocupar enquanto clima ou atmosfera do espaço pedagógico.

Ainda sobre as apresentações e interações com os materiais didáticos na turma, foi nesses momentos que se começou a identificar dois dos principais desafios enfrentados nas primeiras oficinas: a presença de erros conceituais em alguns materiais e a não abordagem CTSA dos conteúdos em grande número deles (DAHER; COMARÚ; SPIEGEL, 2020, 2021). Conceitos com dupla interpretação, aplicação incorreta de conceitos, perguntas com gabarito errado, representações ou símbolos científicos em desalinho com regras internacionais, são alguns dos erros identificados nos materiais. Quanto à abordagem CTSA, em alguns dos produtos foi negligenciada por abordarem o conteúdo de maneira direta sem mediação da realidade, em outros houve a exemplificação de contextos sociais e ambientais, mas sem favorecer a reflexão crítica e o estímulo à capacidade de tomada de decisões a partir dos antecedentes ou das implicações políticas, econômicas, sociais, econômicas e ambientais que permeavam as diferentes temáticas contempladas. Dos 57 produtos até hoje gerados nas oficinas pode-se afirmar que 15 são passíveis de promover uma abordagem em sintonia com os pressupostos CTSA. É possível que esse contexto advenha, também, da carência de vivências e estudos em CTSA na educação superior. Nesse viés, uma pesquisa de Freitas e Ghedin (2015) sobre o estado da arte em CTS, realizada no quinquênio 2009-2013, compara as produções em periódicos nacionais na área e aponta que apenas 14% das publicações abordam pesquisas desenvolvidas no âmbito da educação superior. O que demonstra possibilidade e demanda por expansão da abordagem nesse nível de ensino.

Com isso, não invalidamos o potencial pedagógico dos outros 42 produtos. Entendemos que todos trouxeram ricas contribuições, especialmente, no campo formativo. Ao identificar erros conceituais o licenciando toma consciência das próprias limitações e pode buscar superá-las. Com isso, evidencia-se a capacidade de as oficinas promoverem a construção e reificação de saberes, não só pedagógicos, mas também científicos. Foi possível identificar processo semelhante com os produtos que, sem erros conceituais, não favoreceram uma abordagem crítica e contextual da ciência. Nesse caso, o material se prestou a criar dinâmica diferente de organização e funcionamento das aulas, o que comumente motivava e estimulava o envolvimento e a curiosidade dos demais licenciandos. Todavia, embora hoje esteja explícito esse poder formativo da criação dos materiais nas oficinas, almejava-se mais. Desejava-se contribuir para que os licenciandos finalizassem seus produtos sem erros e que conseguissem abordar os saberes científicos de forma mais crítica e contextual.

Outros dois desafios envolveram a falta de recurso financeiro para multiplicar os bons produtos, tornando-os parte de um repositório do *campus* e do curso, e o registro legal desses materiais, garantido a autoria dos licenciandos e professores e a titularidade do *campus* e do Ifes.

Ainda que com esses obstáculos, lembra-se de Cipriano Luckesi (2010) quando, ao tratar do papel do "erro" na prática escolar, entende-o como fonte de virtude, pois o fato de não se chegar a uma solução bem-sucedida indica o trampolim para um novo salto. Em busca desses novos saltos é que foram criadas estratégias para mediar alguns desafios.

Mediando Desafios, Buscando Novos Saltos

Em 2017, com os licenciandos em Química de outro *campus* do Ifes já matriculados em IEC, durante o momento de apresentação e orientações sobre a atividade, foi sugerido que buscassem apoio junto a professores formadores de Química com o fim de evitar a presença de erros conceituais nos produtos. Contudo, tal parceria não se efetivou como esperado. Os erros permaneceram em alguns materiais. Então, em 2018, foi realizado o convite de maneira direta. Alguns professores formadores de Química foram procurados e apresentados à oficina com suas etapas e finalidades e convidados a se inserirem no processo como orientadores de cada grupo de trabalho e, também, como coautores dos materiais didáticos. Todos que se colocaram à disposição tiveram seus nomes e respectivas áreas de ensino/pesquisa indicados em uma tabela que passou a compor o material de orientações socializado com os discentes no início de cada oficina. Com isso, os licenciandos podiam avaliar qual o docente de maior identidade com as temáticas a serem abordadas no material e, também, aquele com quem tinham maior afinidade. A mesma estratégia se efetivou na oficina de 2019.

Outra ação pensada para mediar os erros conceituais foi a validação prévia do material, ou seja, sua avaliação antes de ser apresentado e divulgado na turma ou em eventos. Essa validação poderia ser feita com especialistas, quando os licenciandos e docentes formadores se reúnem para avaliar o material e apontar possíveis aprimoramentos e/ou correções. Também poderia acontecer com pares, quando outros licenciados em Química interagiam com o material e o avaliavam. Por fim, discentes da educação básica com perfil semelhante ao do público-alvo do material didático também poderiam ser convidados a avaliar o produto. A Figura 4 esquematiza essas alternativas de mediação dos erros conceituais.

Figura 4 – Estratégias para mediação dos erros conceituais

Fonte: as autoras (2022)

Com isso, embora nem todos os grupos tenham efetivado a validação dos produtos, a soma dessas ações, validação e orientação com professores especialistas, praticamente eliminou os erros. Contudo, novos desafios surgiram quanto à efetivação das orientações havendo necessidade de, em 2019, sistematizá-la com número mínimo de encontros entre os grupos e seus respectivos orientadores e, também, com a apresentação final do produto condicionada à autorização, por escrito, do docente orientador. Fato é que, em 2018, de acordo com a fala de uma docente, houve grupos que não se comprometeram com essas orientações e acabaram apresentando seus produtos à revelia do orientador mantendo a presença de erros.

Quanto à inadequada abordagem CTSA dos saberes científicos, na oficina de 2020 houve a ideia de mediá-la a partir de estudos, debates e reflexões sobre educação ambiental crítica (EAC). Essa escolha apoiou-se em dois motivos: primeiro no fato de a questão ambiental estar presente em grande parte dos materiais produzidos nas oficinas e, segundo, por tratar-se de uma discussão que favorece a constituição de análises críticas da sociedade e do ambiente podendo contribuir para uma compreensão mais orgânica da relação entre os contextos micro e macro. Assim, nas primeiras semanas letivas do semestre os licenciandos realizaram leituras, debates e participaram de uma roda de conversa sobre EAC. Todavia, com a instauração da pandemia as atividades pedagógicas ficaram temporariamente suspensas até que fossem tomadas as decisões e efetuados os encaminhamentos para retomada on-line com as Atividades Pedagógicas Não Presenciais (APNPs) no ambiente virtual de aprendizagem (AVA) do Moodle. Com isso, as discussões se arrefeceram, as oficinas acabaram não se concretizando no formato habitual e, ao final do semestre letivo, os licenciandos acabaram não produzindo materiais didáticos em si, mas criando propostas de materiais.

Hoje, pensando em encaminhamentos para minimizar/suprimir esse contexto, pretendemos, para as próximas oficinas, iniciar o semestre com estudos CTSA envolvendo temas sociocientíficos controversos que muito têm a contribuir para a reflexão crítica dos antecedentes e das implicações dos saberes científicos para as sociedades.

No caso da criação do repositório de materiais didáticos, a intenção é que venham a ser utilizados pelos licenciandos em suas ações pedagógicas nos estágios supervisionados ou em programas como a Residência Pedagógica (RP) e o Programa Institucional de Iniciação à Docência (Pibid) ou ainda por docentes e estudantes de escolas de educação básica que se interessem em conhecer, utilizar e mesmo adquirir esses materiais. Tal movimento tem, ainda, o potencial de contribuir para o atendimento à curricularização de atividades de extensão, ação exigida nos cursos superiores de graduação. No tocante ao recurso financeiro que viabilize esse repositório, pretende-se buscar apoio em editais específicos de incentivo ao ensino, à extensão e à pesquisa em órgãos de fomento nacionais e locais e no próprio Ifes.

Quanto ao registro dos materiais, entende-se que pode garantir aos autores o reconhecimento de seu trabalho, o enriquecimento de seus currículos e o estímulo a outros campos de atuação profissional. Para o *campus* e para o Ifes pode representar uma resposta à sociedade quanto ao cumprimento de sua missão em servir à sociedade com ações/produtos que aprimorem o ensino, a pesquisa e a extensão. Para tanto, pretende-se buscar orientação e auxílio junto às equipes de pesquisa e de extensão do *campus* e do Ifes para auxiliar na condução desses processos.

Com isso, torna-se inequívoco os diferentes potenciais formativos, profissionais e de inovação que as oficinas podem oferecer.

Potencializando as Oficinas

A despeito das estratégias pensadas e implantadas como formas de minimizar/suprimir os desafios enfrentados, foram incorporadas outras inovações às oficinas em função do potencial que a atividade demonstrava. Dentre essas inovações está a produção de materiais didáticos inclusivos, a criação da Mostra de Materiais Didáticos do *Campus* Vila Velha do Ifes e a busca por demanda real de ensino de Química na educação básica para produzir o material didático. Aborda-se aqui cada uma dessas inovações na ordem cronológica em que foram incorporadas às oficinas.

A produção de materiais didáticos inclusivos iniciou em 2018 a partir de sugestão do Pedagogo do *campus* que já atuava nessa linha de pesquisa e que apontou o potencial das oficinas em contribuir para essa urgente demanda da educação formal. Acredita-se que as dificuldades iniciais apresentadas pelos licenciandos para produzir esse tipo de material ocorreram em função de a maioria não conhecer ou não conviver diretamente com pessoas com deficiência, seja na família ou na vida escolar. Em contrapartida, a experiência demonstrou agregar novos saberes, especialmente depois de terem a oportunidade de interagir com esse público-alvo para apresentar seus materiais. Recorda-se aqui de Rodrigues (2014), quando afirma que falar em educação inclusiva sem viabilizar adequada formação docente é o mesmo que negá-la. Para ele, há três princípios que devem estar presentes na formação inicial docente para que esses venham a atuar com equidade e inclusão, são eles:

- o isomorfismo, ressaltando que os docentes devem vivenciar na sua formação experiências semelhantes às que enfrentarão na atuação profissional;
- a infusão, apontando a necessidade de os conteúdos sobre educação inclusiva estarem presentes em diferentes momentos da formação inicial, não somente em disciplinas específicas sobre inclusão e diversidade;
- e a relação orgânica entre teoria, investigação e prática.

Identifica-se aqui elevada sintonia desses princípios com a dimensão formativa da PCC (BRASIL, 2005) e com a dimensão da *práxis* (TARDIF, 2014) que se procura favorecer com as oficinas.

Com o passar dos anos, avaliando a elevada qualidade de muitos materiais produzidos, do quanto poderiam contribuir se divulgados para outros espaços e tempos fora das aulas de IEC e refletindo sobre como valorizar a criação dos licenciandos e dos docentes formadores, foi pensado na promoção de um evento institucional periódico em que toda a comunidade educativa do *campus* poderia conhecer e interagir com esses produtos. Foi assim que nasceu, no final do primeiro semestre de 2018, a I Mostra de Materiais Didáticos do *Campus* Vila Velha do Ifes. O evento aconteceu como parte da III Jornada Integrada de Educação em Ciências (III JINC), evento regular no *campus*. Nesse momento, além da comunidade educativa, foram também convidadas pessoas com deficiência por meio de contato com o Instituto Braille e com os Centros de Atendimento aos Surdos (CAS) de Vitória e de Vila Velha.

A primeira Mostra foi um momento rico com muitas trocas, interações e aprendizados para discentes e para os docentes formadores. Os licenciandos ficaram visivelmente empolgados em poder apresentar seus produtos para o público-alvo específico. Idealizaram formas de aprimorar e mesmo corrigir seus materiais a partir das observações durante a Mostra e de reflexões posteriores. O evento se repetiu no final do primeiro semestre de 2019, nos mesmos moldes da I Mostra, quando foram apresentados os produtos daquela turma. Em 2020 ela foi inicialmente planejada para acontecer em ambiente virtual, contudo os inúmeros desafios vivenciados com o início da pandemia da COVID-19 não favoreceram sua realização. Para próximas edições das oficinas, esse evento será retomado. O elevado estímulo ao diálogo e às interações promovidos nesses momentos entre sujeitos, instituições, saberes – teóricos, práticos, específicos, pedagógicos e da experiência – é, sem dúvida, algo de que não se pode prescindir na formação de professores.

A última inovação que foi implantada, em 2019, nasceu das reflexões sobre como aproximar ainda mais os licenciandos de realidades próprias da escola de educação básica. Foi aí que veio a ideia de convidá-los a produzir seus materiais a partir de uma demanda real do ensino de Química na educação básica. Como a disciplina de IEC é ofertada no 5.º período do curso, quando a maioria já está envolvida com o estágio supervisionado, com o Pibid ou com a RP, encontrar essa demanda não foi difícil. Assim, os materiais gerados nessa oficina foram pensados junto a docentes de Química da educação básica. Eles apresentaram suas necessidades aos licenciandos, que junto aos professores orientadores e com os próprios docentes da educação básica idealizaram o material que foi desenvolvido e validado pelos licenciandos. Essa foi uma experiência importante por aproximar o diálogo entre licenciandos, professores de Química e professores formadores, entre educação superior e educação básica.

Potencialidades das Oficinas

Desde a primeira edição ficou evidente a oportunidade que as oficinas oferecem ao exercício da autonomia, ao diálogo e a uma relação mais orgânica entre teoria e prática. Nelas, não só os licenciandos, mas também os professores formadores e docentes da educação básica têm liberdade para, conjuntamente, tomar as decisões envolvidas na produção do material. Sempre considerando os condicionantes de cada escolha com seus contextos e aprendendo não se tratar de determinantes. Eis um aprendizado que pode impulsionar transformações na prática educativa. O exercício da autonomia pedagógica abrindo caminho para transformação da realidade objetiva.

Entendendo que nas oficinas essa autonomia nas escolhas, decisões, ações e na constituição de novas ações devem se dar em conjunto, em diálogo (FREIRE, 1987), entre licenciandos e docentes, formadores e da educação básica; entendendo ainda que, como representado na Figura 5, não existe diálogo fora da palavra e que toda palavra verdadeira é, ao mesmo tempo e equilibradamente, ação e reflexão, então pode-se dizer que toda palavra verdadeira é *práxis*, é transformar o mundo (FREIRE, 1987). Eis aqui outra oportunidade mediada pelas oficinas, a do diálogo.

Figura 5 – O diálogo segundo Paulo Freire

Fonte: as autoras, com base em Freire (2022)

Embora algumas vezes caótico no início, ainda assim, o diálogo cumpre o papel de melhor preparar seus participantes para melhor dialogarem. É possível que, nas oficinas, inicialmente, alguns grupos tenham focado mais na "ação", no fazer, no produzir, no aplicar o material, e menos na "reflexão" crítica sobre o "para quê" fazê-lo – englobando aqui não só a aprendizagem do estudante da educação básica, mas a própria formação e a possibilidade de transformação da realidade. Entende-se, contudo, ser papel dos docentes formadores mediar esses processos formativos para que o pêndulo desse diálogo, da *práxis*, não pese mais para o lado do ativismo ou do teoricismo. É no equilíbrio entre ação e reflexão que se poderá contribuir para uma formação mais coerente com a *práxis*, com o que se espera dos futuros professores e dos formadores.

Ainda sobre os diálogos oportunizados pelas oficinas, agora entre diferentes saberes (NÓVOA, 2014; TARDIF, 2014), ao criar um material didático, licenciandos e docentes são convidados a unir conhecimentos científicos de Química com saberes pedagógicos de como ensiná-los sem desconsiderar a realidade de onde e com quem será utilizado. Eis aqui um espaço potencial também de formação continuada para o docente formador e para o professor da educação básica que, habitualmente, não tiveram essa oportunidade na graduação. São todos convidados, em um só tempo, a mobilizar saberes específicos, pedagógicos e da experiência. Com isso, acabam por articular o saber com o saber-fazer, a teoria com a prática. Nesse quesito, Tardif (2014) ao tratar de pesquisas educacionais, assegura não ser possível produzir "[...] teorias sem práticas, conhecimentos sem ações, saberes sem enraizamento em atores e em suas subjetividades" (p. 236). Inverte, pois, a ordem tradicional que reifica o saber como uma teoria construída fora da prática e o docente como um técnico reprodutor. Ao contrário, afirma que a prática docente não representa espaço só de aplicação de conhecimentos produzidos por outros, mas, também, de sua construção, transformação e mobilização. Reconhece, ainda, o docente como produtor de saberes autônomos e específicos ao seu trabalho. Entende-se que a inversão dessa lógica tem conotação mais política do que, somente, pedagógico-profissional. Coloca o professor em seu devido lugar de poder, de participação, de autoria e de decisão. Dimensões formativas que se procura estimular com a atuação nas oficinas.

Considerações Finais

Para além das contribuições didático-pedagógicas que as oficinas têm demonstrado agregar à formação de professores de Química/Ciências, importante finalizar este texto ressaltando sua dimensão política mediada pelo estímulo à constituição de uma *práxis* profissional.

Tratando-se de uma ação educativa que visa ensinar a outros a como melhor ensinar, foram idealizadas, também, como uma forma de intervenção no mundo (FREIRE, 1999) e em oposição à concepção tradicional de teoria e de prática. Assim, longe de ser uma questão apenas epistemológica, essa concepção ainda usual afirma uma teoria constituída longe da prática e um saber sem subjetividade, implicando em uma prática sem teoria e em um sujeito sem saberes (TARDIF, 2014). Tal perspectiva nega o professor como autor dos saberes próprios do seu ofício. Isso é uma questão de poder, não só de saber, é uma questão política (TARDIF, 2014).

Como forma de intervenção no mundo e contra essa lógica produtivista, tem-se buscado contribuir para que as oficinas se constituam espaços de criação e autoria, de autonomia, que não se efetivam fora do diálogo, nem fora do risco à disponibilidade, à realidade, ao novo (FREIRE, 1999). Têm sido aprimoradas com intuito de que os licenciandos e os formadores possam, cada vez mais, assumir-se como sujeitos de produção de seus saberes profissionais convencendo-se definitivamente de que "[...] ensinar não é transferir conhecimento, mas criar as possibilidades para a sua produção ou a sua construção" (FREIRE, 1999, p. 12).

Na busca pela assunção desse protagonismo docente, a parceria entre professores formadores e professores da educação básica na formação dos novos professores é ação potente que pode estimular articulações não só pedagógicas, mas políticas, que venham a fortalecer toda uma categoria profissional, a categoria docente. A despeito do nível, etapa ou modalidade de atuação, os professores que, realmente, quiserem transformar sua realidade profissional não o farão no isolamento, mas no diálogo, na *práxis* e no engajamento político. Nesse viés, avalia-se que as oficinas de produção de materiais didáticos podem oferecer significativas contribuições.

Referências

AMORA, A. S. *Minidicionário Soares Amora da Língua Portuguesa*. São Paulo: SARAIVA, 1997.

ANASTASIOU, L. D. G.; ALVES, L. P. *Processos de Ensinagem na Universidade:* pressupostos para as estratégias de trabalho em aula. 5 ed. Joinville, SC: UNIVILLE, 2005.

BRASIL. Conselho Nacional de Educação. Câmara de Educação Superior. *Parecer CNE/CES 09, de 8 de maio de 2001*. Diretrizes Curriculares Nacionais para a Formação de Professores da Educação Básica, em nível superior, curso de licenciatura, curso plenário. Brasília, 2001.

BRASIL. Conselho Nacional de Educação. Câmara de Educação Superior. *Parecer CNE/CES 28, de 2 de outubro de 2001*. Dá nova redação Parecer CNE/CP21/2001, que estabelece a duração dos cursos de Formação de Professores da Educação Básica, em nível superior, ao curso de licenciatura, de toda a duração. Brasília, 2001.

BRASIL. Conselho Nacional de Educação. Conselho Pleno. *Resolução CNE/CP 02, de 19 de fevereiro de 2002*. Institui a duração e a carga horária dos cursos de licenciatura, de formação de plenário, de formação de professores de Educação Básica em nível superior. Brasília, 2001.

BRASIL. Conselho Nacional de Educação. Câmara de Educação Superior. *Parecer CNE/ CES N.º 15, de 2 de fevereiro de 2005*. Solicitação de esclarecimento sobre as Resoluções CNE/CP N. 1/20 e 2/2002, Instituem Diretrizes Curriculares Nacionais e duração e carga dos cursos de licenciatura, de plenários, de Formação de Professores da Básica, em nível superior. Brasília, 2002.

BRASIL. Instituto Federal do Espírito Santo. Coordenadoria do Curso de Licenciatura em Química do *Campus* Aracruz. *Projeto Pedagógico do Curso de Licenciatura em Química*. Aracruz, 2012a.

BRASIL. Instituto Federal do Espírito Santo. Coordenadoria do Curso de Licenciatura em Química do *Campus* Vila Velha. *Projeto Pedagógico do Curso de Licenciatura em Química*. Vila Velha, 2012b.

BRASIL. Conselho Nacional de Educação. Conselho Pleno. *Resolução CNE/CP 02, de 1.º de julho de 2015*. Define as Diretrizes Curriculares Nacionais para a formação inicial em nível superior (cursos de licenciatura, cursos de formação pedagógica para graduados e cursos de segunda licenciatura) e para a formação continuada. Brasília, 2015.

BRASIL. Conselho Nacional de Educação. Conselho Pleno. Resolução CNE/CP N.º 2, de 20 de dezembro de 2019. Define as Diretrizes Curriculares Nacionais para a Formação Inicial de Professores para a Educação Básica e institui a Base Nacional Comum para a Formação Inicial de Professores da Educação Básica (BNC-Formação). Brasília, 2019.

CHRISPINO, Á. *Introdução aos Enfoques CTS (Ciência, Tecnologia e Sociedade) na Educação e no Ensino*. Madrid: OEI – Organização dos Estados Iberoamericanos, 2017. v. 1.

CORTEZ, J. *A Abordagem CTS na Formação e na Atuação Docente*. Curitiba: Appris, 2020.

CUNHA, M. I. Inovações na educação superior: impactos na prática pedagógica e nos saberes da docência. *Em Aberto*, 29, n. 97, 2016.

DAHER, C. T.; COMARÚ, M. W.; SPIEGEL, C. N. Contribuições de oficinas de produção de recursos didáticos para formação inicial de professores de química. *Revista Brasileira da Educação Profissional e Tecnológica*, v. 1, p. 1-20, 2020.

DAHER, C. T.; COMARÚ, M. W.; SPIEGEL, C. N. Desafios de licenciandos em Química na produção de materiais didáticos. *In:* MEMBIELA, P.; CEBREIROS, M. I.; VIDAL, M. *Perspectivas y prácticas docentes en la enseñanza de las ciencias*. Ourense, Espanha: Editora Educación Editora, 2021.

FERREIRA, A. B. D. H. *Mini Aurélio*: o dicionário da língua portuguesa. Mini Aurélio: o dicionário da língua portuguesa. Curitiba: Positivo, 2010.

FORTUNA, T. R. *Formação Lúdica Docente*: como os professores que brincam se tornam que são? *In:* FORTUNA, T. R.; D'ÁVILA, C. Ludicidade, Cultura Lúdica e Formação de Professores. Curitiba: CRV, 2018.

FREIRE, P. *Ação cultural para a liberdade e outros escritos*. 5. ed. Rio de Janeiro: Paz e Terra, 1981.

FREIRE, P. *Pedagogia do Oprimido*. 17. ed. Rio de Janeiro: Paz e Terra, 1987.

FREIRE, P. *Pedagogia da Autonomia*. 12. ed. Rio de Janeiro: Paz e Terra, 1999.

FREITAS, L. M.; GHEDIN, E. Pesquisas sobre Estado da Arte em CTS: análise comparativa com a produção em periódicos nacionais. *Revista de Educação em Ciência e Tecnologia*, v. 8, n. 3, p. 3-25, nov. 2015.

LEAL, L. A. B.; TEIXEIRA, C. M. D. A. A ludicidade como princípio formativo. *Educação*, v. 1, n. 2, p. 41-52, 2013.

LUCKESI, C. C. *Avaliação da aprendizagem escolar.* 21. ed. São Paulo: Cortez, 2010.

NÓVOA, A. *Profissão Professor.* 2. ed. Porto: Porto Editora, 2014.

PIMENTA, S. G.; LIMA, M. S. L. *Estágio e Docência.* São Paulo: Cortez, 2011.

RODRIGUES, D. Os desafios da Equidade e da Inclusão na formação de professores. *Revista nacional e internacional de educação inclusiva*, v. 7, p. 5-21, jun. 2014. Disponível em: https://dialnet.unirioja.es/servlet/articulo?codigo=4773176. Acesso em: 1 jun. 2023.

TARDIF, M. *Saberes Docentes e Formação Profissional.* 17. ed. Petrópolis: Vozes, 2014.

VEIGA, I. P. A. *Docência universitária na educação superior.* Docência na Educação Superior. Brasília: Instituto Nacional de Estudos e Pesquisas Educacionais Anísio Teixeira, 2006. p. 87-98.

VÁZQUEZ, A. S. *Filosofia da Práxis.* 2. ed. Rio de Janeiro: Paz e Terra, 1977.

Como Transformar Histórias em Quadrinhos em Atividades Investigativas

Eduardo Oliveira Ribeiro de Souza, Deise Miranda Vianna

A arte sequencial é uma modalidade de arte que combina elementos gráficos e textuais para transmitir uma informação. Existem muitas formas dentro do campo das narrativas gráficas: fotonovela, tirinhas, histórias em quadrinhos, romance gráfico, quadrinhos, entre outras. Seu potencial pedagógico e linguagem têm sido estudados e explorados pelos professores e pesquisadores de ensino há muito tempo, já que a combinação entre texto e imagem pode apresentar alto nível de informação e prevalecer caráter crítico e reflexivo. Porém, sua utilização no ensino de Ciências de um modo geral ainda é mais explorada pelo seu caráter lúdico.

O intuito deste capítulo é apresentar algumas sugestões de utilização crítica dos quadrinhos, em que eles recebem uma importância na proposição do problema de investigação. As utilizações surgem do levantamento de trabalhos acadêmicos em artes sequenciais feito em Souza (2018), em que foram encontradas cinco formas mais comuns e diferentes de utilizar as histórias em quadrinhos.

O foco deste capítulo não é a produção das histórias em quadrinhos, mas o uso crítico delas. Por isso, serão apresentadas algumas adaptações para aplicação em uma perspectiva crítica e não apenas pelo seu caráter lúdico e gráfico. Acreditamos que com as adaptações sugeridas, os professores possam se apropriar dessa ferramenta didática com mais propriedade.

Existem alguns tipos de interações entre as palavras e as imagens nos quadrinhos, que ajudam a entender de maneira mais profunda como essas artes podem ter um maior protagonismo numa sequência de atividades investigativas.

1. Por que Entender as Combinações entre Palavras e Imagens?

Existem inúmeras maneiras de combinar palavras e imagens, não só nas narrativas gráficas como em qualquer atividade ou abordagem didática. McCloud (2005; 2008) tenta dividir essas combinações, nos quadrinhos, de acordo com a relevância na compreensão da mensagem que se pretende passar. A primeira é a **específica da palavra** que acontece quando o texto é o canal principal da compreensão da informação.

Diversos autores e estudiosos das artes sequenciais recomendam que tenhamos cuidado com o exagero de texto, pois a narrativa acaba ficando cansativa e desinteressante. Já a **específica da imagem** (Figura 1) é o contrário, a imagem passa a ser o canal principal para o entendimento da cena ou situação.

Figura 1 – Exemplo de combinação específica da imagem

Fonte: Cascão (2017, p. 3)

A Mônica pula na frente dos meninos: só com essa cena é possível perceber que ela estava perseguindo os dois e que conseguiu pegá-los. Os balões intensificam a cena, mas tudo que precisamos saber está presente na imagem.

Existe também a combinação **específica da dupla** (Figura 2), que pode parecer ser redundante, mas tem a função de tornar a mensagem mais clara, por isso, é muito utilizada em quadrinhos informativos.

Figura 2 – Exemplo de combinação específica da dupla

Fonte: Cascão (2017, p. 37)

Agora, existem casos em que a importância da palavra e a da imagem são equivalentes apresentando em conjunto uma ideia, mas cada uma delas tem algum detalhe a acrescentar. Esse tipo de combinação será categorizado por **interseccional**.

Figura 3 – Exemplo de texto de fixação

Fonte: Cagnin (2014, p. 138)

Na Figura 3, o texto do balão justifica o porquê de o Snoppy estar de cabeça para baixo. Algumas vezes, a combinação entre palavra e imagem pode transmitir uma mensagem que não seria capaz de ser recebida se viesse sozinha, ou seja, para transmitir essa mensagem existe a necessidade de uma combinação **interdependente** entre imagem e palavra.

Figura 4 – Exemplo de combinação interdependente

Fonte: Pinheiro (2016, p. 19)

O pai da Mônica expressa que o dia está lindo, porém sua cara não é muito animadora e nem da sua mãe (Figura 4). A controvérsia entre a fala expressa no balão e as expressões das personagens nos faz sentir o clima entre o casal e nos faz ter a mesma reação da Mônica. No entanto, existem combinações nas quais não há nem a redundância e nem a complementariedade entre os dois canais. Elas podem não se conectar de nenhuma maneira, "embora seus caminhos possam convergir em quadrinhos posteriores" (MCCLOUD, 2008, p. 138), essa combinação recebeu o nome de **paralela**.

A última combinação entre os dois elementos constituintes das narrativas gráficas (palavra e imagem) é a **montagem**. Percebemos essa combinação quando a palavra está integrada na imagem (com ou sem texto) nos títulos das histórias em quadrinhos.

O objetivo de apresentar essas formas de combinar o texto e a imagem é mostrar como as perguntas e as tirinhas podem interagir quando elaborarmos uma atividade investigativa com quadrinhos, já que a pergunta é um texto e a tirinha uma imagem.

Para uma atividade investigativa (SOUZA, 2018), a combinação entre a pergunta e a tirinha deve fazer o aluno pensar e refletir sobre o fenômeno físico retratado nos quadros. A composição **específica da imagem** é uma das mais adequadas para a sensibilização por meio das histórias em quadrinhos. Pois buscamos o protagonismo do quadrinho na problematização, cabendo à pergunta um papel auxiliar. Além disso, é recomendada a combinação **específica da dupla**, já que a redundância torna o questionamento mais claro para a compreensão dos alunos.

Como exceção da combinação específica da palavra, todas as outras podem ser pensadas para uma atividade investigativa utilizando quadrinhos. Para isso, basta ter em mente o protagonismo da tirinha ou da história em quadrinhos.

2 Escolhendo a Tirinha

A escolha do quadrinho pode ser uma tarefa fácil, pode-se navegar na internet ou ler o jornal dominical e se deparar com a tira, e comentar, por exemplo: "legal, vou usar na aula dessa semana". Esse fato é perfeitamente normal, já que, conforme discutimos, toda arte sequencial tem uma mensagem para passar. Esta será recebida de acordo com a experiência e o conhecimento de mundo do leitor. Por sua natureza polissêmica, na maioria das vezes, um professor de Física terá uma interpretação distinta da de um professor de Química sobre a mesma tirinha. Leremos os quadros, e, consequentemente, algumas coisas nos chamarão atenção.

3 As Formas de Uso dos Quadrinhos

Um levantamento sobre atividades com quadrinhos em diversos contextos educacionais foi apresentado em Souza (2018). Nele foram identificadas as formas mais comuns de utilização dos quadrinhos no Ensino de Ciências. Com isso, apresentaremos algumas proposições de como podemos transformar essas atividades com quadrinhos em propostas de atividades investigativas.

3.1 Problemas Abertos com Quadrinhos

A maioria das atividades encontradas utilizam a combinação entre quadrinhos e texto/exercício com enunciado trazendo as informações de interpretação direta indicando os caminhos que precisam ser percorridos para chegar até determinada resposta. Essa utilização mais tradicional é elaborada para ter uma única resposta, e, nesse caso, os quadrinhos são ilustrações que servem para deixá-los mais agradáveis.

Os problemas abertos, por sua vez, têm enunciados que apresentam uma situação-problema aberta, em que os alunos precisam definir as condições de contorno do fenômeno, pois os dados e informações para resolução do problema não são fornecidos. "A diferença entre um exercício tradicional e o problema aberto encontra-se, fundamentalmente, no enunciado da proposta, o que determina as ações que serão desempenhadas para que o resultado seja encontrado" (SASSERON; MACHADO, 2017, p. 57).

Um problema de lápis e papel pode ser transformado em uma atividade investigativa quando elaboramos uma pergunta cuja resposta não solicita somente a pesquisa e a operação algébrica de informações apresentadas no enunciado, mas faz os estudantes debaterem sobre seus diferentes pontos de vista e as condições de contorno para que o fenômeno aconteça. Os quadrinhos podem trazer esse problema aberto dentro do seu argumento, assim como em combinação com um problema aberto escrito, como mostra a Figura 5.

Figura 5 – Tira sobre a obra Um Bar em Folies-Bergère de Édouard Manet

Fonte: Souza (2012, p. 48)

A obra de arte apresentada nesse quadrinho se chama Um Bar no Folies-Bergère e foi pintada por Edouard Manet, em 1882. Ele é famoso por apresentar uma sutil distorção que faz a cena parecer estranha. A ideia da questão, que acompanha o quadrinho, é levar à discussão e à descoberta dos erros. O professor deve lembrar aos alunos que o espelho nesse quadro está atrás da garçonete.

A Figura 6 lembra aquelas imagens de blocos de exercícios tradicionais que temos que decompor as forças para resolver. A reclamação de Cascão é válida? A força feita pelos amigos está sendo usada para impedir que o Cebolinha caia? Podemos construir o diagrama de forças para descobrir.

Figura 6 – Tirinha sobre Leis de Newton, Sistema e Decomposição de Forças

Fonte: disponível em: http://alfabetizarcommagia.blogspot.com.br/2013_09_01_archive.html. Acesso em: 1 jun. 2023

Essa percepção não é trivial, por isso os alunos podem ter diferentes pontos de vista e discutir sobre isso. Existem muitas forças: peso do Cebolinha, tensão entre o Cebolinha e os amigos, tensão entre os personagens, força exercida pela Mônica e aquela exercida pelo Cascão e os colegas. Com isso, os alunos têm muitas variáveis para trabalhar e refletir.

3.2 Atividades com Preenchimento de Balões

Outra atividade muito comum utilizando quadrinhos é quando os quadrinhos são apresentados com um ou mais balões vazios para que o aluno preencha. Essa atividade de preenchimento de balões pode explorar e exercitar a criatividade e a compreensão da situação. Normalmente, são encontradas como forma de avaliação. Os alunos devem criar um diálogo coerente e que retrate o que eles entendem sobre o que o professor expôs para a turma. Como o trabalho de Franco et al. (2015, p. 4) comenta:

> Observamos que o uso de histórias em quadrinhos é favorável para a motivação dos alunos, pois sua forma, sua linguagem em primeira pessoa e suas imagens auxiliam na assimilação do conteúdo, uma vez que o aluno se torna responsável por

interpretar aquilo que lhe foi apresentado, transformando-se em agente de seu próprio aprendizado e ganhando mais abertura para uma expressão de sua personalidade.

Podemos usar esse tipo de atividade de uma maneira mais crítica e conscientizadora, como, por exemplo, uma atividade sobre energias renováveis para turma de alunos do ensino médio, utilizando *Concept Cartoons* (KEOGH; NAYLOR; WILSON, 1998, 1999). Conforme exemplificado na Figura 7.

Figura 7 – *Concept Cartoons* com balão vazio

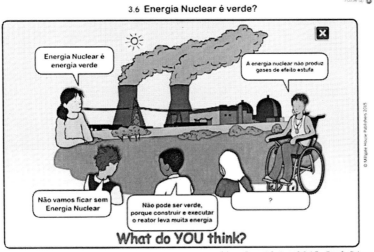

Fonte: adaptado de: http://www.millgatehouse.co.uk/wp-content/uploads/2015/06/sample.jpg. Acesso em: 1 jun. 2023

O professor pode dividir a turma em pequenos grupos e entregar uma figura semelhante à da Figura 7. Em seguida, ele pode pedir para que seus alunos discutam sobre a opinião de cada personagem, pesquisem sobre o assunto e preencham os balões de acordo com um consenso do grupo. A atividade proposta pode ser relacionada com matérias jornalísticas e seguir uma ênfase em Ciência, Tecnologia e Sociedade (CTS), relacionando-a com a produção de energia e o que nos impede de optar pelas energias renováveis. Além do fato de abordar o que é energia renovável ou energia verde.

Após o momento de discussão em pequenos grupos, a turma pode apresentar suas opiniões e as debater entre si. Logo depois, esta pode construir um balão coletivo e o professor transmitir a sistematização do conteúdo, abordando as opiniões de cada grupo.

3.3 Extrapolação da Ciência e Tecnologia

Os quadrinhos são usados, também, para discutir Ciências a partir da extrapolação dos poderes e aparatos tecnológicos. Na realidade, a maioria das abordagens que envolvem ficção científica ou super-herói são trabalhadas dessa maneira, seja em quadrinhos, filmes, seja em contos literários. Esses gêneros de ficção têm inspirado cientistas e inventores (GRESH; WEINBERG, 2005). Nesse sentido, é muito comum pensarmos nos fenômenos científicos e na tecnologia, presente nas histórias, como sendo capazes de existirem ou sendo possíveis de acontecer. Por isso, o professor pode usar as artes sequenciais em uma perspectiva crítica, segundo a extrapolação da Ciência e da Tecnologia.

As revistas em quadrinhos de super-heróis são comuns e contêm muitas situações que podem ser usadas pelo professor. Os casos podem aparecer em revista inteira, página ou até mesmo em uma única tira (Figura 8).

Figura 8 – Tira da Cartunista Laerte Coutinho publicada na *Folha de São Paulo*

Fonte: disponível em: http://www1.folha.uol.com.br/folhinha/2016/03/1751541-como-um-professor-de-fisica-faz-contagem-regressiva-veja-tirinhas.shtml. Acesso em: 1 jun. 2023

A partir da abordagem de caráter investigativo, o quadrinho pode ser usado como uma leitura investigativa (ver em MACHADO; SASSERON, 2017). Nelas, os alunos leem e discutem sobre o evento ilustrado nos quadros. Porém, assim como na leitura investigativa, a extrapolação da Ciência e Tecnologia precisa de atenção no planejamento e na implementação da atividade, como sugerem Sasseron e Machado (2017). Já que propor a leitura da página ou do quadrinho inteiro não se pressupõe uma investigação, é necessário levar em consideração as ações que devem ser executadas pelo professor. Os autores ainda sugerem que "a discussão e a análise da compreensão dos alunos após a leitura podem ser garantidas por meio de perguntas" (SASSERON; MACHADO, 2017, p. 60).

Para um caráter investigativo, essas perguntas não devem se reduzir à localização de informações no quadrinho, elas devem, portanto, chamar a atenção para a situação e podem ser feitas ao longo do processo de investigação. Por isso, em uma proposta de Ensino por Investigação com quadrinho, é importante atentar para a combinação que planejamos entre a arte e as perguntas, pois é essa união que vai articular a interação entre os alunos e a arte sequencial.

Ao lermos uma história em quadrinhos, interagimos com ela; a pergunta, nesse caso, vai entrar como uma mediadora dessa interação, com o objetivo específico de chamar a atenção e promover uma discussão sobre a Ciência e a Tecnologia retratada. A leitura de um quadrinho não é a garantia de que a Ciência e a Tecnologia chamarão a atenção do leitor, e que vão fazê-lo refletir sobre o que está certo ou errado. O artista, normalmente, não tem o compromisso com o conceito cientificamente estabelecido. Nesse caso, o professor pode chamar a atenção para essa possível "falta" de compromisso.

Uma atividade de extrapolação não se resume a encontrar o erro ou o acerto, ao contrário, lembramos que uma atividade investigativa está mais interessada no processo do que no resultado. Em Souza (2014), apresentamos a aplicação da Figura 5, em que um reflexo era retratado de forma equivocada. Os alunos não discutiram se o reflexo estava errado ou não. A discussão deles girou em torno da possibilidade de o reflexo estar certo. O processo e as conclusões do grupo foram muito interessantes, e, com isso, observamos evidências de construção de conhecimento por parte dos estudantes.

Durante a leitura, as perguntas podem vir para confirmar as expectativas dos alunos, caso a situação retratada seja como ele imaginou. Elas vêm para chamar a atenção do que se pretende ressaltar com a história. São essas as perguntas que vão acentuar a estranheza do que não foi percebido e do que o professor deseja chamar a atenção. Nesse momento, "as hipóteses vão sendo conferidas e as explicações construídas para a situação em foco" (SASSERON; MACHADO, 2017, p. 61). Além disso, as perguntas devem ser formuladas durante todo o processo de investigação, para que o professor possa levantar os conhecimentos dos alunos sobre o tema em consideração.

Após a leitura, considerando o Ensino por Investigação, os grupos são desfeitos e a sala toda apresenta suas conclusões e argumentos. O professor e os alunos avaliam se as expectativas iniciais correspondem às conclusões encontradas pelos grupos e ao conhecimento construído pelos alunos. Além disso, pode-se "firmar as associações e as correlações" (SASSERON; MACHADO, 2017, p. 61). Sasseron e Machado (2017) chamam a atenção para uma questão interessante: "a investigação pode ser suscitada desde que a proposta esteja pautada na resolução de um problema no processo de leitura" (p. 61) do quadrinho. Por isso, a atividade com quadrinho deve propor a resolução de um problema por meio da investigação.

Uma das histórias mais famosas do Homem-Aranha é "A Noite em que Gwen Stacy Morreu". Existem muitos trabalhos com a proposta de utilizar essa história. Em Testoni *et al.* (2017), por exemplo, os autores usaram o quadrinho em uma turma que cursava o primeiro ano do bacharelado em Engenharia Civil para debater o conceito de Força.

"A Noite em que Gwen Stacy Morreu" foi publicada pela primeira vez em junho de 1973 na revista *O Espetacular Homem-Aranha* (HOMEM-ARANHA, 2004, p. 81-83). Nela, o vilão Duende Verde sequestra a namorada do herói. Ele a leva para o ponto mais alto da ponte George Washington, em Nova Iorque, para atrair o aracnídeo. No decorrer da luta entre os dois, o Aranha tenta salvar a namorada, mas o vilão acerta a jovem e ela cai da ponte. Antes de ela se chocar com o rio, o Homem-Aranha consegue agarrá-la, usando a teia, mas, mesmo assim, ela morre.

Por questões éticas, não é possível reproduzir uma história em quadrinhos toda. Nesse caso, o professor pode dizer oralmente, ou por meio de um pequeno texto, o que aconteceu antes da página. É necessário trabalhar a linguagem dos quadrinhos com os estudantes, pois ela os ajudará no entendimento da situação e na investigação futura. Exemplos de questionamentos iniciais podem ser: (i) o que aconteceu com Gwen Stacy?; e (ii) ela será salva pelo Homem-Aranha? Justifique.

O conhecimento do desfecho da história não tem problema, pois essa é apenas uma discussão inicial. Com eles chegando à conclusão ou não, o professor pode perguntar: se ela morreu, como isso aconteceu? Por que o Homem-Aranha não conseguiu salvá-la? O que ele poderia fazer para salvá-la? As hipóteses serão filtradas, e poderá surgir alunos dizendo que ela não se chocou com o chão ou o rio, pois o aracnídeo conseguiu agarrá-la, ao utilizar a teia, gerando, assim, novos questionamentos.

Como comentamos anteriormente, o entendimento da linguagem dos quadrinhos é muito importante no processo de investigação. Com o auxílio de informações presentes na página da revista e conhecimento físico, os alunos podem responder à questão sobre a causa da morte da namorada do Homem-Aranha. Sasseron e Machado (2017) chamam a atenção para essas perguntas que não podem estar localizadas diretamente no trecho fornecido. Elas demandam uma pesquisa que faz correlações entre outros conhecimentos, com a informação presente na página da revista. "Para tanto, a análise dessas informações torna-se imprescindível, assim como a construção de hipóteses e a verificação da coerência de que elas sejam validadas" (SASSERON; MACHADO, 2017, p. 65).

Na página da história do Homem Aranha, em que acontece a Morte de Gwen Stacy, é possível perceber que as linhas de movimento, resolvidas com os vetores de velocidade, mudam bruscamente. Além disso, a onomatopeia

SNAP aparece em um dos quadrinhos. Esse som é de um estalo, o que pode significar que o pescoço de Gwen Stacy quebrou, não resistindo à mudança de velocidade brusca; para que isso não ocorresse o Homem-Aranha deveria aplicar uma força de grande intensidade. Dessa forma, os alunos poderiam chegar a essas conclusões.

A mesma cena, de personagens sendo jogadas do alto de prédio, foi reproduzida em outras situações. No filme do aracnídeo de 2002, com o Tobey Maguire, por exemplo, mas, no caso em questão, quem é jogada é a Mary Jane. Para salvá-la, o herói impulsiona seu corpo e se lança verticalmente para baixo, quando ele agarra a moça, usa a teia para formar um pêndulo. Mary Jane sobrevive, mas por que em uma situação uma sobrevive e outra não? O professor pode apresentar essa cena do filme ou de algum quadrinho, em que ele consegue salvar a pessoa jogada, com o objetivo de promover mais discussão e instigar os alunos a promoverem mais hipóteses. Depois de toda discussão, pode-se sistematizar o assunto tratado utilizando as hipóteses levantadas pelos alunos.

Como é mencionado, o foco deste capítulo não é a produção das histórias em quadrinhos, e sim seu uso crítico. Porém, é importante comentar que a produção de quadrinhos é muito comum entre as atividades com a utilização das narrativas gráficas. Existem muitos aplicativos que podem auxiliar na produção dos quadros e das situações ilustradas, basta ter em mente a relevância da imagem na proposição dos problemas retratados nos quadrinhos.

Considerações Finais

Há muitas formas de utilizar os quadrinhos, porém todas elas podem ser pensadas seguindo uma ou mais sugestões propostas anteriormente. Não podemos esquecer que a limitação está na criatividade e na imaginação do professor. É esperado que este capítulo desperte o professor a trabalhar com os quadrinhos de maneira crítica, e que tenham relação com a vida do educando.

Silva, Ataide e Venceslau (2015) comentam que as histórias em quadrinhos "oportunizam discussões relevantes para a prática docente, por exemplo, o papel do erro, a discussão de analogias na ciência, o trabalho com as concepções alternativas, discussões sobre a História e Filosofia da Ciência, dentre outras" (p. 206-207). Por isso, esse recurso didático pode ser um aliado poderoso no processo de ensino-aprendizagem.

Os quadrinhos podem trazer questões sociocientíficas, e conscientizar os leitores para exercer sua cidadania, e discutir as relações e os impactos da Tecnologia na Sociedade. Os quadrinhos carregam "o potencial de dar voz indireta aos sujeitos que se sentem constrangidos ou reprimidos nos ambientes sociais que frequentam" (LINCH, 2016, p. 144), ou seja, há algo de libertador inerente aos quadrinhos críticos.

Apesar de existirem muitas formas de utilização dos quadrinhos no Ensino de Ciências, ainda há poucos trabalhos que se dispõem em avaliar essas atividades. É importante considerar a avaliação dessas práticas e uma reflexão sobre os resultados. Desde 2012, o projeto Física em Quadrinhos vem propondo o protagonismo dos quadrinhos no Ensino de Ciências, e vem avaliando as abordagens críticas das artes sequenciais. Esse projeto faz parte do portfólio do atividades desenvolvidas pelo grupo Proenfis (VIANNA; BERNARDO, 2012) coordenado pela professora Deise Miranda Vianna. Espera-se que o projeto colha muitos frutos e quadrinhos.

Referências

CAGNIN, A. L. *Os quadrinhos*: um estudo abrangente da arte sequencial: linguagem e semiótica. São Paulo: Criativo, 2014.

CASCÃO. *Panini Comics*, São Paulo, v. 25, maio 2017.

FRANCO, D. S. et al. Ciência e experimentação como construção humana: como a história em quadrinhos pode contribuir para uma aprendizagem científica. *In:* SIMPÓSIO NACIONAL DE ENSINO DE FÍSICA, 21., 2015, Uberlândia. Anais [...] Uberlândia: SBF, 2015.

GRESH, L.; WEINBERG, R. *A ciência dos super-heróis*. Rio de Janeiro: Ediouro, 2005.

HOMEM-ARANHA. *A Morte de Gwen Stacy*. São Paulo: Panini Comics, nov. 2004.

KEOGH, B.; NAYLOR, S.; WILSON, C. Concepts cartoons: a new perspective on physics education. *Physics Education*, v. 33, n. 4, p. 219-224, 1998.

KEOGH, B.; NAYLOR, S.; WILSON, C. Concept cartoons, teaching and learning in science: an evaluation, *International Journal of Science Education*, v. 21, n. 4, p. 431-446, 1999.

LINCH, L. R. O príncipio Dilbert e a educação: humor e crítica à gestão do trabalho em uma tira em quadrinhos. *Histórias*, [S. l.], v. 4, n. 7, p. 129-145, 2016.

McCLOUD, S. *Desvendando os quadrinhos*. São Paulo: Makron Books, 2005.

McCLOUD, S. *Desenhando quadrinhos:* os segredos das narrativas de quadrinhos, mangás e graphic novels. São Paulo: Makron Books, 2008.

PINHEIRO, B. *Mônica*: Força. Barueri: Panini Comics, 2016.

SASSERON, L. H.; MACHADO, V. F. *Alfabetização científica na prática: inovando a forma de ensinar Física*. São Paulo: Livraria da Física, 2017. (Série Professor Inovador).

SILVA, B. V. C.; ATAIDE, M. C. E. S.; VENCESLAU, T. K. O. S. Tirinhas em sala de aula: O que sabem os futuros professor de Física? *Holos*, ano 31, v. 3, p. 204-211, 2015.

SOUZA, E. O. R. *Física em quadrinhos*: uma abordagem de ensino. Trabalho de Conclusão de Curso (Licenciatura em Física) – Universidade Federal do Rio de Janeiro. Rio de Janeiro, 2012.

SOUZA, E. O. R. *Física em quadrinhos*: uma abordagem de ensino. Dissertação (Mestrado em Ensino em Biociências e Saúde) – Instituto Oswaldo Cruz, Fundação Oswaldo Cruz, Rio de Janeiro, 2014. 153 p.

SOUZA, E. O. R. *Física em quadrinhos:* Uma metodologia de utilização de quadrinhos para o Ensino de Física. Tese (Doutorado em Ensino em Biociências e Saúde) – Instituto Oswaldo Cruz, Fundação Oswaldo Cruz, Rio de Janeiro, 2018. 284 p.

TESTONI, L.; BROCKINGTON, G.; YOSHIMURA, M.; SOUZA, P. H.; LAVORATO, I.; NAKAMURA, E. Homem-Aranha versus dinâmica newtoniana: uma proposta de Ensino baseada em Histórias em Quadrinhos. *In:* SIMPÓSIO NACIONAL DE ENSINO DE FÍSICA, 22., 2017, São Carlos. *Anais [...]* São Carlos: SBF, 2017.

VIANNA, D. M.; BERNARDO, J. R. R. (org.). *Temas para o ensino de Física com abordagem CTS (Ciência, Tecnologia e Sociedade).* Rio de Janeiro: Bookmakers, 2012. v. 1. 260 p.

Proenfis: Atividades de Pesquisa e Ensino de Física: Levando o Enfoque CTS para a Sala de Aula

Sandro Soares Fernandes, Ana Caroline Chagas de Almeida, Aline Guilherme Pimentel, Roberto Barreto de Moraes, Deise Miranda Vianna

Introdução

As transformações sociais resultantes do desenvolvimento tecnológico e científico e suas implicações políticas, econômicas, ambientais e éticas transformaram e seguem transformando nossa sociedade e, como efeito, nossa educação e o processo de ensino e aprendizagem. A partir disso, quais os novos paradigmas da educação dessa nova sociedade em transformação, e como professores e escolas neles se inserem?

Ao longo dos anos, desde seu princípio em 1999, a proposta do Grupo Proenfis (*Grupo de Pesquisa em Ensino de Física*) foi a de levar aos estudantes do ensino médio uma visão humanista e contextualizada dos temas curriculares de Física, com questões e situações mais próximas de seu cotidiano, de modo a inseri-los em um ambiente investigativo, e permiti-los visualizar como a Ciência é uma construção efetivamente humana.

Utilizando-se dos referenciais teórico-metodológicos relacionados à abordagem Ciência, Tecnologia e Sociedade (CTS) aliada a atividades investigativas, os membros do grupo Proenfis, professores e/ou pesquisadores, são convidados a trabalhar sobre um conceito aparentemente simples, mas extremamente poderoso e que guarda em si um dos conceitos mais essenciais da Ciência: "Qual é a pergunta?". Uma indagação sobre a própria formulação em si, sobre o que deve/pode ser questionado e levantado em sala de aula, de modo a provocar os estudantes a eles próprios se indagarem e elaborarem suas hipóteses. Ao ser questionado sobre o que e o como deve ser formulada sua abordagem em sala de aula, o professor é instigado a pensar todo seu processo didático.

No cerne dessa questão reside um conceito poderoso de superação do ensino tradicional – chamado de "ensino bancário" por Paulo Freire (1985), em que o professor atua como uma espécie de figura absoluta – em que os conteúdos são apresentados prontos, mecanicamente memorizáveis, os estudantes encarados como meros copistas/repetidores, e a escola como uma mera metáfora das mais padronizadas malhas fabris serializadas fordistas.

Ao conduzir o processo educacional de modo em que as respostas não são dadas prontas, mantendo-se a atividade efetivamente questionadora, aberta e instigadora, o estudante é convidado a pensar, dialogar, debater, investigar, procurar, levantar hipóteses e testá-las, e a participar de algum modo do "fazer científico" – ser criativo, desenvolto, ordenado e diligente.

Dentro da perspectiva CTS, a proposta educacional desloca o foco principal do seu conteúdo para uma abordagem que dê ao estudante autonomia para se posicionar frente aos conflitos sociais que surgirão em seu cotidiano quando das diferentes implicações das mudanças científico-tecnológicas pelas quais a sociedade na qual ele está inserido passa.

Referencial Teórico

O enfoque CTS, entendido como uma alternativa humanista para o ensino de Ciências (AIKENHEAD, 2007), busca formar cidadãos capazes de atuar de forma responsável em relação a temas controversos que incorporem os aspectos sociocientíficos no esforço da construção do letramento e enculturação científicos (SANTOS; MORTIMER, 2009).

Os estudantes estão imersos em um mundo em que interagem com o espaço social, tanto o natural quanto o artificialmente construído (AIKENHEAD; SOLOMON, 1996). Portanto, é importante que possam perceber que os conteúdos abordados nas salas de aula estejam intimamente relacionados ao seu cotidiano, aos problemas e às transformações sociais, políticas, econômicas e ambientais que norteiam os rumos da sociedade como um todo e consequentemente de suas vidas.

Para o planejamento de uma atividade que seja verdadeiramente relevante, Aikenhead e Solomon (1996) sugerem que esta deva ser iniciada com um problema que surge na realidade do entorno do estudante e exige para o seu entendimento o contato com algum tipo de tecnologia, mesmo que superficialmente – na qual a ciência tradicional surgiria como forma de compreender o problema tecnológico, de modo a permitir que o estudante tome sua posição no espaço social. Portanto, além da adequação ao conteúdo específico, nesse caso da Física, o problema formulado deve atender a dois critérios fundamentais, de forma a estimular o interesse efetivo do estudante: a familiaridade e a representação adequada.

Atividades investigativas com problemas abertos promovem o questionamento e o envolvimento ativo dos estudantes, fomentando o trabalho em grupo, e estimulando o estabelecimento de relações entre o conhecimento proposto e os resultados observados, não privilegiando a memorização. Em uma atividade investigativa, a ação do estudante não deve se limitar apenas à mera (e em geral distante) observação, o aluno deve manipular, refletir, discutir, explicar, relatar, e assim o seu trabalho terá as características de uma investigação científica (AZEVEDO, 2004).

Bruno Latour (2011) explicita a concepção de que a ciência é construída coletivamente e, de modo similar, a abordagem CTS reivindica que esse deve ser o mote da alfabetização científica em ambiente escolar, no qual os atores sociais, no caso os estudantes, participem e tenham autonomia frente à construção coletiva do conhecimento realizado em sala de aula. Dessa forma, o professor deixa de ser um mero transmissor de conhecimento científico para se tornar um guia e orientador da aprendizagem, conduzindo as atividades aos interesses e às experiências dos próprios estudantes.

Nesse sentido, a construção de uma metodologia que se proponha a desenvolver uma abordagem contemplando essa interação entre ciência, tecnologia e sociedade deverá conter elementos que, além de apresentação de conteúdos específicos, desenvolvam "a capacidade dos alunos de assumirem posições face a problemas controvertidos e agirem no sentido de resolvê-los" (KRASILCHIK, 1985) e habilitem os estudantes "a compreender a realidade (tanto do ponto de vista dos fenômenos naturais quanto sociais) ao seu redor, de modo que possam participar, de forma crítica e consciente, de debates e decisões que permeiam a sociedade na qual se encontram inseridos" (CRUZ; ZYLBERSZTAJN, 2001).

Práticas do Proenfis

Refletir sobre o ensino de Física indica considerar se a realização de práticas científicas é oportunizada aos estudantes e como elas são implementadas na sala de aula (SASSERON; CARVALHO, 2008). Ao se refletir, tem-se uma grande oportunidade para aplicar conceitos de Ciências para resolver problemas reais do nosso dia a dia, utilizando situações do cotidiano dos nossos alunos. Contrariamente, o ensino tradicional, que ainda é aplicado na maioria das salas de aula brasileiras, nos afasta desse objetivo.

Outro aspecto a considerar são as tentativas de reformas trazidas pelos Parâmetros Curriculares Nacionais – PCNs (BRASIL, 2002) – e também pela nova BNCC (BRASIL, 2018), que tentam buscar, por meio de uma visão construtivista, estratégias de ensino com temas de CTS, além de preocupações com a natureza do conhecimento e com a história das ciências. É importante salientar que a disciplina escolar de Física é mais do que um conjunto de conteúdos a serem ensinados apenas teoricamente. Ela deve ser entendida como um meio para ensinar a cultura científica, que possui suas próprias regras, valores e linguagem. Cultura essa cuja introdução se faz obrigatória pela escola para os estudantes.

A bibliografia do Proenfis é vasta e, ao se buscar artigos publicados em revistas nacionais e internacionais, e em anais de congressos, trabalhos de conclusão de graduação, dissertações de mestrado, teses de doutorado, e capítulos e livros publicados (VIANNA; BERNARDO, 2012), encontram-se propostas de atividades e pesquisas envolvendo diferentes temas da Física, tais como: levitação magnética, aplicações de radiações nas indústrias, entropia, água de lastro em navios, efeito estufa, ondas de rádio e seus efeitos, motor a combustão, tecnologia da informação e comunicação, raios-X, forno solar, dentre muitos outros temas que vão ao encontro de uma proposta que tenta problematizar o ensino de Física nas aulas dos professores envolvidos.

Neste capítulo, serão apresentadas cinco práticas desenvolvidas pelo grupo, sendo duas delas voltadas para o tema fontes de energias renováveis, outras duas que valorizam a utilização de jogos em sala de aula, e uma proposta de ensino inclusivo de circuitos elétricos.

Jogo de Tabuleiro Moderno Sobre Radiação Radioativa

O jogo *Coleta Certa* simula um depósito de rejeitos radioativos oriundos de usinas nucleares, clínicas de radioterapia e de radiodiagnóstico, indústrias e agricultura de uma cidade fictícia. Elaborado como um jogo de tabuleiro moderno, o *Coleta Certa* tem o propósito de ensinar o conceito de meia-vida para o decaimento radioativo com enfoque CTS de maneira lúdica e investigativa (ALMEIDA, 2020). Além de ensinar sobre esse conteúdo específico, esse jogo tem o propósito de mostrar que rejeitos radioativos demandam cuidados especiais para não contaminar o meio ambiente e que energia nuclear é utilizada em vários setores da nossa sociedade de forma benéfica.

No jogo, esses rejeitos estão contaminados por fontes de radiação nuclear utilizadas em cada local explicitado e estão aumentando e contribuindo cada vez mais para um acúmulo no depósito, sendo necessária uma intervenção para evitar que esse acúmulo de rejeitos radioativos continue. Para isso, físicos foram contratados com o propósito de monitorarem esses rejeitos e determinarem quando eles podem sair do depósito e serem levados para outras unidades de tratamento. Esses objetos, por estarem contaminados por átomos que emitem radiação nuclear, precisam ficar um determinado tempo isolados para que sua atividade radioativa diminua até o valor seguro, e então esses rejeitos possam ser tratados sem causar danos ao meio-ambiente quando forem expostos (ALMEIDA, 2020).

Logo, o objetivo do jogo é monitorar os rejeitos contaminados por radioisótopos e determinar o tempo que esses rejeitos devem continuar no depósito. O jogador que melhor fizer esse monitoramento vence a competição e se torna o "líder da equipe responsável pelo monitoramento de rejeitos". Já o objetivo pedagógico do jogo é fomentar o aprendizado do cálculo da meia-vida e do decaimento radioativo durante a rodada da competição, na busca de ser determinado o tempo que cada rejeito deve ficar confinado no depósito.

No final do jogo é apresentada aos jogadores uma tabela mostrando o tempo correto de retirada de cada rejeito. Os jogadores que acertarem o tempo de retirada ganham 10 pontos por cada rejeito correto. Os que erram o tempo de recolhimento têm duas possibilidades: rejeitos que foram analisados com um tempo menor do correto tiram 1 ponto do jogador por este dizer que um rejeito que ainda emite radiação acima do prejudicial pode ser exposto ao ambiente, enquanto rejeitos que foram analisados com um tempo maior do correto não somam e nem retiram pontos do jogador, pois apenas estão contribuindo para o acúmulo de rejeitos, mas sem contaminar o meio-ambiente. Os componentes do jogo podem ser vistos na Figura 1, a seguir:

Figura 1 - Componentes do jogo *Coleta Certa*

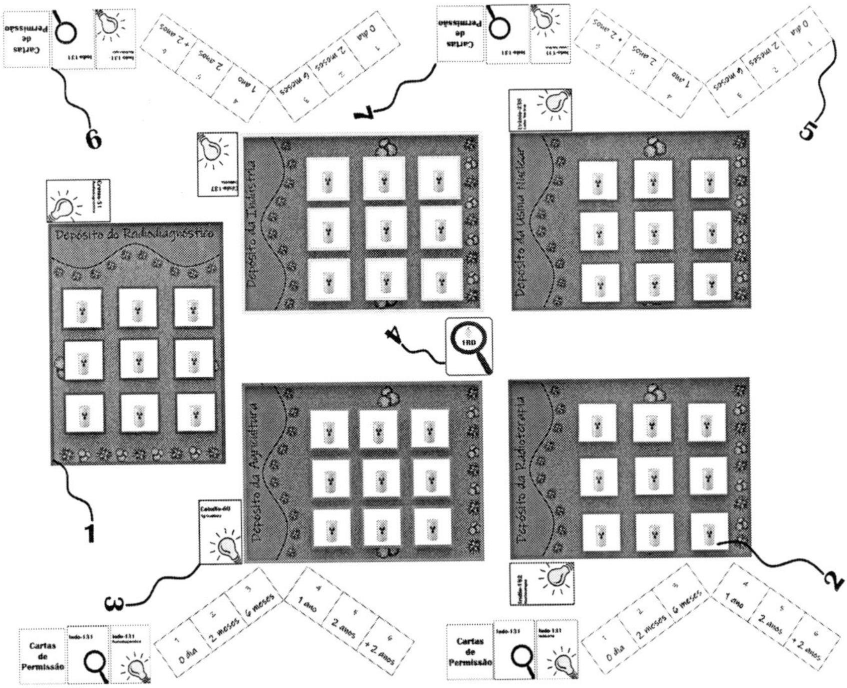

Fonte: Almeida (2020)

De acordo com a numeração da Figura 1, os componentes estão explicados no Quadro 1.

Quadro 1 – Descrição dos componentes do jogo *Coleta Certa*

Numeração	Componente	Explicação
1	Tabuleiros	São separados de acordo com o local em que cada rejeito foi utilizado.
2	Fichas de rejeitos	Representam os objetos que foram contaminados pelos radioisótopos trabalhados no jogo.
3	Cartas de dica	São cartas que descrevem como cada átomo pode ser utilizado em cada local, relacionando a meia-vida de cada um com suas aplicações.
4	Cartas de pesquisa	São cartas que apresentam o gráfico do decaimento radioativo, mostrando a atividade radioativa em função da meia-vida.
5	Caixas de armazenamento	São espaços destinados aos rejeitos analisados. Em cima de cada espaço há uma indicação de tempo que os rejeitos devem ficam no depósito para os jogadores poderem organizá-los depois da análise.
6	Cartas iniciais	São formadas por uma carta de dica e uma de pesquisa para a apresentação do jogo.
7	Cartas de permissão	São as cartas que vão fazer o jogo funcionar. São elas que permitem aos jogadores pegarem as cartas de dica, cartas de pesquisa e rejeitos no decorrer da competição.

Fonte: Almeida (2020)

Logo, os jogadores coletam as cartas, utilizando uma permissão por vez, analisam os rejeitos, organizam nas caixas de armazenamento de acordo com as suas análises e no final de sete ações de cada um, todos os jogadores contam suas pontuações e verificam quem foi o vencedor da partida. O jogo pode ser disputado por dois, três ou quatro participantes e tem duração de aproximadamente 1 hora e 30 minutos.

De acordo com Huizinga (2019), em todo jogo há uma realidade que pode ser simulada a partir de regras e limitações determinadas no próprio jogo. Por isso, os jogos podem ser utilizados para simular problemas reais que permeiam a vida dos alunos e ao mesmo tempo inserir na resolução dos problemas a construção do conhecimento de um conteúdo científico desejado. De acordo com Zômpero e Laburú (2011), uma das definições do ensino por investigação é possibilitar aos estudantes o ensino pela descoberta. Logo, na busca da resolução do problema que mobiliza o jogo, os educandos vão aprendendo de forma investigativa, pois o conhecimento é construído à medida que eles vão criando hipóteses e as testando durante a competição.

Circuitos Elétricos em um Contexto de Educação Inclusiva

O preparo de qualquer atividade que saia do modelo tradicional de ensino requer certa dose de criatividade, um conhecimento prévio do estudante e seu contexto escolar. Quando começamos a preparar roteiros que incluam alunos deficientes visuais, acrescentamos um desafio maior. Falar-se de ensino inclusivo está muito ligado às discussões de aplicação de atividades investigativas, pois é preciso se pautar na necessidade do aluno e abandonar o ensino meramente transmissivo para se adotar uma pedagogia ativa, dialógica, interativa, integradora, em que haja troca de saberes entre os alunos e professores, e que se contraponha à visão hierárquica do saber.

A aplicação de uma atividade investigativa sobre circuitos elétricos em um contexto de educação inclusiva para estudantes com deficiência visual foi dividida em cinco atividades distribuídas em dois diferentes encontros, cada um com dois tempos de aula de 45 minutos (PIMENTEL, 2020). No primeiro encontro, com três atividades, o intuito é de serem discutidos os conceitos de corrente elétrica (1.ª atividade, conforme apresentada na Figura 2), resistência elétrica (2.ª atividade, apresentada na Figura 3) e fontes elétricas (3.ª atividade, mostrada na Figura 4), para que no segundo encontro pudéssemos trabalhar com as características das associações de resistores (4.ª atividade, exibida na Figura 5) e finalmente a montagem de circuitos elétricos.

Figura 2 – Atividade sobre corrente elétrica

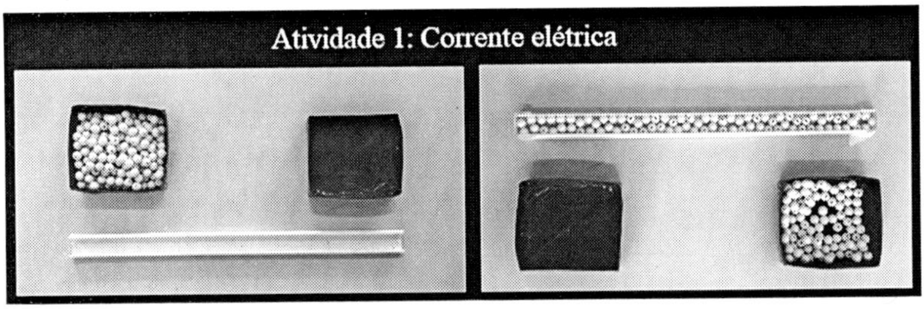

Fonte: Pimentel (2020)

Figura 3 – Atividade sobre resistência elétrica

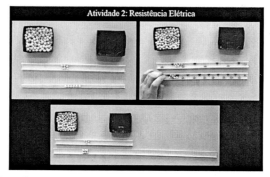

Fonte: Pimentel (2020)

Figura 4 – Atividade sobre fontes de tensão

Fonte: Pimentel (2020)

Figura 5 – Atividade sobre associação de resistores

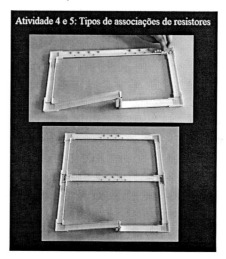

Fonte: Pimentel (2020)

O *kit* completo (mostrado na Figura 6) trabalha com o aspecto dinâmico da Eletricidade, chamado de Eletrodinâmica, e contém materiais de baixo custo e fácil acesso, de modo a se transformarem em trechos de um circuito elétrico tateável para que favoreça o processo de entendimento e argumentação durante as aulas. Buscando-se, assim, aproximar os estudantes de um assunto em que se faz necessária uma maior abstração de raciocínio.

Figura 6 – Versão final do *kit* composto por canaletas de PVC de diferentes tamanhos e miçangas plásticas

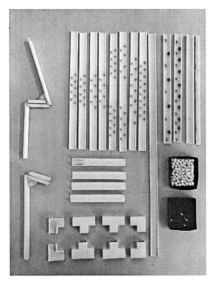

Fonte: Pimentel (2020)

É importante salientar que para essa atividade foram considerados apenas circuitos elétricos de corrente contínua, e que não foi utilizado um roteiro impresso para que os alunos respondessem às perguntas.

Ao desenvolver propostas como essas, temos o intuito de privilegiar um modelo em que o aluno faz parte do processo de ensino. Nesse tipo de atividade investigativa, os professores também passam de avaliadores para avaliados, pois são continuamente forçados a pensar, montar diferentes estratégias de aulas e devem estar sempre prontos para situações-problema, pelas quais ainda não haviam passado. Mesmo que inicialmente o público-alvo tenha sido o de estudantes com deficiência visual, a atividade se mostrou capaz de ser acessível a todas e todos, tornando-se uma atividade de caráter verdadeiramente inclusivo, de modo que todo e qualquer aluno pode ter acesso ao conhecimento do conteúdo de circuitos elétricos.

Convertendo a Radiação Solar em Energia Elétrica

A energia solar é o aproveitamento da energia da luz do sol visando transformá-la em outras formas de energia. Considerando que nossa estrela ainda tem alguns bilhões de anos de vida podemos considerá-la idealmente como uma fonte inesgotável de energia. O Sol é, portanto, a nossa fonte de energia mais promissora para o futuro e a que recebe mais investimentos. Além disso, esse tipo de geração de energia é dos mais simples de serem implantados em estabelecimentos que desejam reduzir suas emissões de CO_2. A sequência didática apresentada neste trabalho foi pensada para ser aplicada ao longo de quatro aulas (CORREIA, 2019).

Problematizando a matriz energética: o primeiro dia de atividades tem como objetivo motivar os alunos a conhecerem mais sobre a matriz energética brasileira. Utilizando vídeos, imagens e perguntas abertas, um problema envolvendo a utilização de fontes de energias renováveis e não renováveis é lançado para a turma, que, dividida em grupos e por meio de um júri simulado, decide a forma mais adequada de distribuir investimentos em diferentes áreas de energia dentro do território nacional.

Investigação usando forno solar: no segundo encontro, o professor explora a fonte de energia solar – como essa energia chega até nós? Como atravessa a nossa atmosfera? É possível converter essa energia em energia elétrica? Qual o rendimento desse processo? Nessa etapa, os alunos recebem um roteiro com situações para serem discutidas. Os grupos recebem um forno solar construído utilizando material de baixo custo (Figura 7). Os estudantes precisam listar os materiais utilizados na construção do forno, suas funções e utilizarem o forno para aquecer uma certa massa de água, assar uma banana ou grelhar um pão.

Figura 7 – Forno solar produzido com materiais de baixo custo

Fonte: Correia (2019)

Radiação ultravioleta: nessa etapa da sequência, a proposta é chamar atenção para os riscos que a radiação solar pode trazer para nossa saúde, caso alguns cuidados não sejam tomados. Com mais uma sequência de perguntas investigativas, os alunos trabalhando em grupos, e um experimento utilizando protetores solares, pedaços de tecidos e folhas de jornal, a turma explora os efeitos da radiação ultravioleta em determinadas superfícies, com e sem a utilização de protetores solares. As perguntas que acompanham o experimento visam verificar as observações dos alunos em relação ao experimento, se é possível levantar hipóteses e prever resultados, de modo que possam propor estratégias e precauções para que possamos nos proteger da radiação ultravioleta do Sol.

Efeito fotoelétrico: no último encontro da sequência, o professor deve abordar o efeito fotoelétrico, por meio da discussão sobre o painel fotovoltaico, trabalhando assim com o fenômeno físico responsável pela conversão da luz em energia elétrica. O roteiro ainda leva para sala de aula discussões que envolvem os seguintes conceitos: espectro de absorção e rendimento dos painéis solares, função Trabalho, e as transformações de energia presentes no fenômeno. Nessa última etapa há uma matematização simples, análise de gráficos e textos a serem interpretados, de modo que sejam respondidas questões como, por exemplo, em qual comprimento de onda há maior absorção de energia em um dado painel fotovoltaico.

Discutindo a Física das Marés como Proposta para Crise de Energia Elétrica

Essa proposta, desenvolvida em duas atividades, faz uma discussão sobre a matriz energética nacional e sobre as crises hídricas que o país passou, para chegar à discussão do conceito de força gravitacional a partir da análise do efeito das marés (FERREIRA, 2016).

Na primeira atividade, com o auxílio de reportagens antigas, o professor aborda o assunto do apagão ocorrido durante o ano de 2001, e a crise na produção de energia hidroelétrica que ocorreu nos anos 2012/2013, fator que influenciou o governo federal a adotar alternativas como o uso de termoelétricas. Por meio de uma análise da matriz energética nacional, tábuas de marés, mapas e textos de apoio, o professor apresenta uma proposta de utilização de usinas maremotrizes, um recurso de grande potencial energético e pouco utilizado.

Na proposta, situações-problema são criadas de modo a abordar o que são as marés, por que elas acontecem, se é possível prever esse efeito, e se podemos de alguma forma aproveitar esse fenômeno para produzir energia elétrica. Na segunda atividade, a proposta é investigar os fatores que influenciam e geram as marés, apresentando assim esse fenômeno, como também as relações entre a maré na Terra com a Lua e o Sol.

Esse roteiro conta com dois recursos, o primeiro é um trecho do filme "Todo Poderoso" da *Universal Studios* de 2003, no qual o personagem principal aproxima a Lua da Terra para criar uma situação romântica com sua esposa, mas como consequência causa um desastre natural, que o repórter, no vídeo, descreve como: "onda de maré atípica". O segundo recurso usado são imagens de mangás escritas por Masashi Kishimoto, nas quais uma personagem, Nagato Pain, cria uma esfera negra de grande poder atrativo, que puxa para si os corpos ao seu redor: rochas, pessoas e árvores.

Após introdução do tema, utilizando-se do vídeo e das imagens, e de um levantamento das variáveis envolvidas no fenômeno das marés por parte dos alunos, o professor inicia o processo de desenvolvimento teórico envolvendo a lei da gravitação universal de Newton e de que modo essa lei pode ser utilizada para explicar o efeito das marés, estimulando então os estudantes a se indagarem e debaterem se é viável investir na geração de energia a partir dessa fonte renovável, a maremotriz.

Superchefes: Uma Sequência de Atividades Investigativas Sobre Termologia

Nesse trabalho, que foi desenvolvido para apresentar e avaliar conceitos trabalhados em Termologia, o autor além de valorizar atividades investigativas ao longo de dois roteiros, complementa utilizando metodologia de *gamificação* visando tornar o processo mais lúdico e estimulante para os alunos. Uma das vantagens almejadas por essa metodologia seria o aumento no engajamento e motivação dos estudantes, que deve vir de mecânicas e estruturas presentes nas atividades, estas similares às de jogos propriamente ditos, que (quando bem-feitos e planejados) conseguem obter grande imersão por parte de seus jogadores (ALMEIDA, 2019).

Na primeira aula o professor inicia com uma etapa experimental, desafiando os alunos a trabalharem de forma básica, utilizando um termômetro para medir a variação de temperatura de quatro diferentes amostras de água e óleo. A turma é dividida em equipes e cada uma ganha o seu *kit Superchefe*: grelha ou grade de fogão, caneca de metal, termômetro científico e tigela de metal para álcool que será utilizado como combustível para o aquecimento. As equipes têm então disponíveis massas diferentes de água e óleo, e termômetros para medir como a temperatura varia com o fornecimento de calor. Os conceitos de capacidade térmica do corpo e calor específico do material podem ser extraídos dessas observações.

Os trechos citados a seguir foram retirados do roteiro de atividades, elaborado para utilização dos estudantes – são exemplos de situações-problema que devem ser resolvidas pelos alunos:

> Você já observou o preparo de alimentos pelo processo de cozimento? E através da fritura? Alguma vez você notou o quão rápido o óleo aquece? O cozimento é uma das técnicas culinárias mais antigas e importantes para o preparo de carnes, massas e legumes. Enquanto a fritura é uma das mais utilizadas no preparo rápido de comida para o dia-a-dia sendo presente em pratos desde carnes de boi, frango e peixe até de produtos industrializados como quibes, nuggets, hambúrgueres, entre outros. Mas, para aumentarmos a eficácia de tais técnicas, é bom entendermos um pouco melhor como se dá o aquecimento da água na qual cozinhamos os alimentos e do óleo usado nas nossas frituras. Será que eles são iguais?

Observe uma das questões levantadas em um dos roteiros dessa atividade:

> Desta vez, usando o óleo, como você acha que se dará o aquecimento das amostras, uma vez que elas também são aquecidas pelo mesmo fogo? Terão as amostras de óleo comportamento igual ou diferente do observado com as amostras de água?

Uma vez que os alunos podem perceber, por intermédio das medições realizadas, as relações entre a variação de temperatura da amostra e sua massa, mais à frente o roteiro avança inserindo conceitos de Física Térmica.

Outra etapa da atividade *Superchefe* tem relação com o fator social da atividade, que além dos conceitos de Física desenvolvidos ao longo das aulas, valoriza a redução de consumo de combustíveis fósseis, fomenta a discussão entre as equipes sobre a maneira correta de se aquecer uma panela em um fogão, a quantidade adequada de água que devemos utilizar para evitar o desperdício e também em relação aos utensílios utilizados para mexer os conteúdos das panelas enquanto estão no fogo.

O autor (ALMEIDA, 2019) chama atenção para o quanto economizar é importante não só pelo aspecto financeiro, mas também pelo aspecto ambiental, pois com um menor consumo de combustíveis como o gás de cozinha, menores são os danos causados à natureza que se dão pela liberação de gases como o dióxido e o monóxido de carbono durante a queima, e por toda a infraestrutura que sustenta o consumo energético.

As questões a seguir, abertas e de caráter investigativo, são lançadas ao final das aulas e para respondê-las as equipes devem colocar em prática a discussão de todas as etapas anteriores:

> Pensando nas dicas mencionadas acima, pode-se estabelecer uma relação entre consumo de gás e o tempo necessário para esquentar diferentes tamanhos de panela e quantidades de água? Se numa situação colocarmos duas panelas idênticas

com água para fazer macarrão, sendo uma com mais água do que a outra, qual delas vai demorar mais para entrar em fervura? Por quê?

Ao final da atividade *Superchefe*, o estudante terá tido contato com o conceito de capacidade térmica e será capaz de relacioná-lo com a economia de gás de cozinha e seus desdobramentos sociais, econômicos e ambientais. Assim como conhecer melhor o conceito de calor específico e sua associação com a capacidade térmica, tornando-se capaz de compreender as escolhas cotidianas no modo de preparo dos alimentos.

Considerações Finais

Neste capítulo foram apresentadas atividades desenvolvidas pelo grupo Proenfis, formado por professores, pesquisadores, e alunos de graduação e pós-graduação do Programa de Pós-Graduação em Ensino de Biociências e Saúde da Fiocruz e do Programa de Pós-Graduação em Ensino de Física do Instituto de Física da UFRJ.

Tais atividades, de caráter investigativo, foram elaboradas com conteúdos de diferentes áreas da Física e com a proposta de dialogar com o cotidiano dos estudantes, numa perspectiva de enfoque CTS e com aplicações realizadas em escolas da rede de Educação Básica do Rio de Janeiro. Ao aplicarem as atividades em salas de aula, os participantes do grupo coletaram dados por meio de gravações em áudio e/ou vídeo, analisaram os resultados e os interpretaram segundo indicadores de Alfabetização Científica.

De modo a retratar uma visão de como essas propostas são desenvolvidas pelo Grupo Proenfis, foram destacadas cinco atividades que envolvem diferentes temas e metodologias: energias renováveis, com destaque para as energias solar e maremotriz, uma proposta de ensino inclusivo envolvendo circuitos elétricos, e o processo de *gamificação* aplicado à Física térmica e ao ensino de radiação com foco em rejeitos radioativos e meio-ambiente.

Pretendemos, dessa forma, estimular que as aulas de Física se tornem ambientes agradáveis e consistentes com as realidades dos estudantes, despertando seu interesse pela construção de conhecimento científico por meio de investigações, diálogos, debates, aprendizagem contextualizada e engajamento coletivo.

Referências

AIKENHEAD, G. Humanistic Perspectives in the Science Curriculum. *In:* ABELL, S. K.; LEDERMAN, N. G. (org.). *Handbook of Research on Science Education*. EUA: Lawrence Erlbaum Associates, 2007. p. 881-910.

AIKENHEAD, G.; SOLOMON, J. *STS Education:* International Perspectives on Reform. New York: Teachers College Press, 1996.

ALMEIDA, A. C. C. *Coleta Certa*: jogo de tabuleiro moderno como ferramenta para o ensino do conceito de meia-vida para o decaimento radioativo. 2020. 84 f. Trabalho de Conclusão de Curso (Licenciatura em Física) – Instituto de Física, Universidade Federal do Rio de Janeiro, Rio de Janeiro/RJ, 2020.

ALMEIDA, R. G. *Superchefes*: sequência de atividades investigativas gamificadas. 2019. 90 f. Dissertação (Mestrado Profissional em Física) – Programa de Pós-Graduação em Ensino de Física, Instituto de Física Universidade Federal do Rio de Janeiro, Rio de Janeiro/RJ, 2019.

AZEVEDO, M. C. P. S. Ensino por investigação: problematizando as atividades em sala de aula. *In:* CARVALHO, A. M. P. (org.). *Ensino de Ciências* – Unindo a Pesquisa e a Prática. São Paulo: Cengage Learning, 2004. p. 19-33.

BRASIL. *Parâmetros Curriculares Nacionais para o Ensino Médio (PCNEM)* – área de Ciências da Natureza, Matemática e suas Tecnologias. Brasília/DF: Ministério da Educação, 2002.

BRASIL. *Base Nacional Comum Curricular*: Ensino Médio. Brasília/DF: Ministério da Educação, 2018.

CORREIA, F. *Convertendo a radiação solar em energia elétrica*. 2019. 205 f. Dissertação (Mestrado Profissional em Física) – Programa de Pós-Graduação em Ensino de Física, Instituto de Física Universidade Federal do Rio de Janeiro, Rio de Janeiro/RJ, 2019.

CRUZ, S. M. S. C.; ZYLBERSZTAJN, A. O enfoque ciência, tecnologia e sociedade e aprendizagem centrada em eventos. *In:* PIETROCOLA, M. (org.). *Ensino de Física*. Florianópolis: Ed. da UFSC, 2001. p. 171-196.

FERREIRA, J. C. *Discutindo a Física das Marés como proposta para a crise de energia elétrica*. 2016. 146 f. Dissertação (Mestrado em Saúde) – Programa de Pós-Graduação em Ensino em Biociências e Saúde, Fundação Oswaldo Cruz, Instituto Oswaldo Cruz, Rio de Janeiro/RJ, 2016.

FREIRE, P. *Pedagogia do Oprimido*. 14. ed. Rio de Janeiro: Paz e Terra, 1985.

HAMARI, J. Gamification. *In:* RITZER, G.; RITZER, C. (ed.). *The Blackwell Encyclopedia of Sociology*. Oxford: John Wiley & Sons, 2019.

HUIZINGA, J. *Homo Ludens*: o jogo como elemento da cultura. 9. ed. São Paulo: Perspectiva, 2019.

KRASILCHIK, M. Ensinando ciências para assumir responsabilidades sociais. *Revista de Ensino de Ciências*, n. 14, p. 8-10, 1985.

LATOUR, B. *Ciência em ação*: como seguir cientistas e engenheiros sociedade afora. 2. ed. São Paulo: Unesp, 2011.

PIMENTEL, A. G. *Circuitos elétricos*: uma proposta investigativa inclusiva. 2020. Trabalho de Conclusão de Curso (Licenciatura em Física) – Instituto de Física, Universidade Federal do Rio de Janeiro, Rio de Janeiro/RJ, 2020.

SANTOS, W. L. P.; MORTIMER, E. F. Abordagem de aspectos sócio-científicos em aulas de ciências: possibilidades e limitações. *Investigações em Ensino de Ciências*, Porto Alegre/RS, v. 14, n. 2, p. 191-218, 2009.

SASSERON, L. H.; CARVALHO, A. M. P. Almejando a alfabetização científica no ensino fundamental: a proposição e a procura de indicadores do processo. *Investigações em Ensino de Ciências*, Porto Alegre/RS, v. 13, n. 3, p. 333-352, 2008.

VIANNA, D. M.; BERNARDO, J. R. R. *Temas para o ensino de Física com abordagem CTS (Ciência, Tecnologia e Sociedade)*. Rio de Janeiro: Bookmakers, 2012.

ZÔMPERO, A. F.; LABURÚ, C. E. Atividades investigativas no ensino de Ciências: aspectos históricos e diferentes abordagens. *Ensaio*: Pesquisa em Educação em Ciências, Belo Horizonte, v. 13, n. 3, p. 67-80, 2011.

Experimentos de Baixo Custo em Mudanças Climáticas: Teste Dentro da Caixa e Pense Fora Dela

Ana Márcia Suarez-Fontes, Juliana Almeida-Silva, Guilherme Santos Cunha, Sheila Suarez Fontes, Sarah Cristina Santos Silva, Marcos André Vannier-Santos

Introdução

Em geral, a maioria dos estudantes não gosta da escola (WILLINGHAM, 2021). Muitas vezes é difícil para profissionais de destaque no meio acadêmico enumerar entre seus muitos professores, desde a escola à universidade, aqueles que deixaram sua marca pela qualidade do ensino (VARELLA; NICOLELIS; DIMENSTEIN, 2014). É lícito inferir que grande parte dos alunos não gosta da escola, uma vez que esta ainda emprega metodologias muito obsoletas e pouco empolgantes. Tal inferência encontra apoio no fato de que, havendo atividades interessantes, os estudantes mostram-se empolgados e consideravelmente engajados.

As aulas práticas podem ser vistas como uma forma de promover a empolgação e engajamento dos estudantes com respeito aos temas científicos, dinamizando o aprendizado, mas estas nem sempre são efetivas (ABRAHAMS; MILLAR, 2008; HODSON, 1991). Uma estratégia relevante reside no ensino teórico-prático e na resolução de tarefas, criando motivação, a qual pode ter impactos emocionais desejáveis, possivelmente promovendo a autoestima (FITA; TAPIA, 2015). A ideia de resolução de problemas não é nova (CAMILLER; POPPER, 2013), mas seu emprego pode ser inovador. Existem várias obras internacionais abordando *Problem-Based Learning* (COOPER; MURPHY, 2016; PIERATT, 2019) ou *Project-Based Learning* (SMITH, 2018), além de um livro bastante ilustrativo produzido por educadores da Fiocruz (LOPES; SILVA FILHO; ALVES, 2019). Embora o sistema PBL constitua uma estratégia educacional relevante, alguns autores apontam limitações (KIRSCHNER; SWELLER; CLARK, 2006) e a retenção de respostas pode não ser muito produtiva no aprendizado (ZHANG, 2019). O fundamento básico que move as ações no modelo de ensino PBL nasce no questionamento a partir da observação e reflexão sobre problemas, i.e., problematização, gerando o chamado ciclo da indagação ou aprendizado experiencial (Figura 1; BEARD, 2010; KOLB, 2014) ou o arco de Maguerez (BERBEL, 2012) etc. Nossa equipe vem atuando na Rede Nacional Leopoldo de Meis de Educação e Ciência (RNEC – http://educacaoeciencia.org/), cujos membros ministram cursos nos quais professores e alunos são incentivados a fazer perguntas, que motivam projetos experimentais.

Figura 1 – Ciclo do aprendizado experiencial ou ciclo da indagação

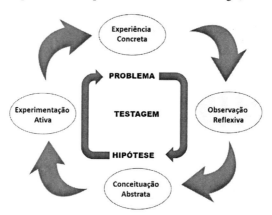

Fonte: adaptado de Kolb (2014)

A educação ambiental vem tendo limitado sucesso no estímulo à adoção de medidas de conservação ambiental (SAYLAN; BLUMSTEIN, 2011). Esse insucesso é devido, ao menos em parte, ao processamento cerebral de riscos. Nossas mentes evoluíram para responder rapidamente a perigos iminentes, mas têm pouca efetividade em riscos lentos e complexos como as mudanças climáticas (CASPER, 2010). Seguindo o pensamento do filósofo chinês Confúcio (c.551 a.C. – 479 a.C.): "O que eu ouço, eu esqueço. O que eu vejo, eu lembro. O que eu faço, eu entendo". Logo o desenvolvimento do aprendizado pode ser promovido por atividades práticas ("hands-on" ou "La main à la pâte"). Blumstein e Saylan (2007) defendem que o cidadão precisa ter capacidade de avaliar informações complexas e fazer questionamentos e a participação do tipo "hads-on" em projetos ambientais pode trazer empolgação a professores e comunidades (SAYLAN; BLUMSTEIN, 2011). Esses autores indicam que os estudantes precisam ter envolvimento ativo, para que o aprendizado teórico seja efetivo. Assim sendo, é interessante desenvolver estratégias de educação ambiental, empregando materiais de baixo custo e simples execução, utilizando pouca infraestrutura, e obter respostas claras, em pouco tempo. Recentemente nossa equipe vem contribuindo nesse sentido na área de mudanças climáticas (SUAREZ-FONTES et al., 2022).

No presente relato apresentamos uma prática de ensino não formal, que permite reproduzir mudanças climáticas, utilizando caixas plásticas e simulando o efeito estufa, a precipitação atmosférica, desertificação, poluição etc. Essa atividade pode constituir estratégia inequivocamente transdisciplinar, reunindo professores de diferentes áreas, proporcionando um recurso paradidático dinâmico e empolgante.

Material e Métodos

Nessa atividade foram empregadas caixas plásticas usadas para transporte e armazenamento de bolos e tortas, visando simular a perda de energia da radiação solar ao atravessar a atmosfera (Figura 2). Ao atravessar a caixa plástica a luz solar é convertida em radiação de maior comprimento de onda, gerando um efeito estufa fac-símile. As caixas plásticas descartáveis (aprox. 38,5 x 28 x 10 cm) foram tanto reaproveitadas como adquiridas em casas de comércio especializadas.

Figura 2 – Experimentos realizados em ambiente doméstico avaliando papel do CO_2 liberado, temperatura e umidade e sistemas aberto e fechado com vegetação

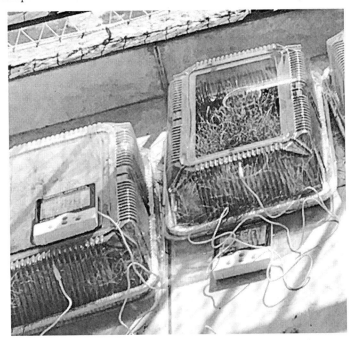

Fonte: os autores

Os experimentos foram realizados em um domicílio no município de Niterói, RJ, no ano de 2021, durante a pandemia de COVID-19. Foram empregados materiais reutilizados, como frascos, garrafas, balança de cozinha etc. Alguns materiais foram improvisados, como funis confeccionados cortando-se, com faca de cozinha, garrafas plásticas (Figura 3). As medidas de temperatura foram realizadas utilizando termômetros analógicos convencionais e termo-higrômetros digitais (Figura 4).

Para intensificar o efeito estufa simulado e seu papel nas mudanças climáticas, foram empregados 2 béqueres ou copos plásticos descartáveis (preferível para uso em escolas) com 50/100 mL de água contendo um comprimido efervescente (antiácido), funcionando como fonte de dióxido de carbono (CO_2). Para a execução do experimento, o sistema precisa ser exposto à luz solar. Em caso de realização à noite ou dias chuvosos, lâmpadas podem ser usadas. Para simular o papel da vegetação o experimento foi realizado após o plantio de sementes de alpiste (*Phalaris canariensis* L.) em terra humificada nas caixas, com cerca de 30 dias de antecedência (dependendo das condições ambientais).

Resultados e Discussão

A prática aqui apresentada pode ser realizada empregando lâmpadas incandescentes ou fluorescentes (CARSON, 2007; STRICKHOUSER *et al.*, 2017), mas isso demandaria alguma infraestrutura, incluindo uma pequena instalação elétrica, o que não é necessário em um país tropical como o Brasil, no período diurno. O uso da irradiação solar é interessante porque mais se aproxima da realidade na geração do efeito estufa. Vale salientar que deixar a sala de aula para uma atividade no pátio da escola tem um forte apelo emocional, relevante em estratégias de ensino não formal, ações estão ligadas às emoções (ALVES, 2019) e estas, por sua vez, à neurobiologia da cognição e aprendizado (IMMORDINO-YANG, 2015; TYNG *et al.*, 2017; FREY; FISHER; SMITH, 2019).

É importante salientar que a realização de atividades de baixo custo, empregando materiais facilmente obtidos da cozinha de qualquer escola, a qual muitas vezes não conta com um laboratório minimamente preparado, permite a reprodução dos experimentos não apenas em instituições de ensino de áreas de baixa renda, como até mesmo no ambiente doméstico (Figuras 3-4), como ocorreu neste estudo, durante o isolamento imposto por ocasião da pandemia de COVID-19. Foi mensurado o efeito da liberação de CO_2 no derretimento do gelo (Figura 3), na evapotranspiração por plantas na caixa (Figura 4), comparando, inclusive, sistemas abertos e fechados, evidenciando o papel da camada atmosférica na geração do efeito estufa. O sistema, apresentado no modelo da Figura 5, é versátil, permitindo numerosas variações como fumaça, para simular a poluição etc.

Esse recurso vai ao encontro de iniciativas valiosas que propõem a realização de experimentos em casa, envolvendo a família (SHERMER, 2011; BROWN, 2014; JAMES, 2015; URBAN, 2019), incluindo climatologia (NOONAN, 2022), o que pode ajudar a promover a empatia pela atividade científica e, até a identificação de vocações acadêmicas.

Figura 3 – Os experimentos foram realizados na varanda de um domicílio no município de Niterói, RJ (A), durante o período de pandemia de COVID-19. Foram empregados materiais reutilizados, como frascos, garrafas etc. (B, C). Alguns materiais foram improvisados, como funis confeccionados cortando-se, com faca de cozinha, garrafas plásticas (C, D). As caixas plásticas descartáveis foram tanto reaproveitadas como adquiridas para esse fim (E). Para a mensuração da massa de gelo sob ação do efeito estufa, foram empregados pegador multiuso e balança de cozinha (E, F)

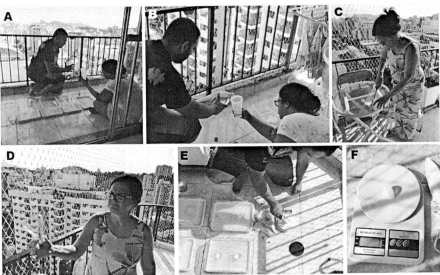

Fonte: os autores

As mudanças de temperatura foram verificadas em menos de uma hora, logo podem se realizar no período regular de uma aula no ensino médio, *i.e.* 50 min. É importante ressaltar que as vias de processamento de informações pelo sistema nervoso central são diferentes para diversos estímulos. O processamento de respostas a riscos iminentes é rápido, levando a respostas imediatas. Por outro lado, o cérebro processa lentamente os riscos complexos e não iminentes, como as mudanças climáticas (CASPER, 2010; MARSHALL, 2015). Assim sendo, a realização de uma atividade de ensino não formal, capaz de simular, de forma fidedigna e facilmente visualizável os princípios científicos subjacentes às mudanças climáticas, pode ter grande relevância educacional, presumivelmente promovendo adoção de medidas pró-ambientais.

Figura 4 – Caixas montadas com os termo-higrômetros (à esquerda), registrando, à sombra, as medidas no experimento sob o sol (A). "Minifloresta" ou plantação feita na caixa usando alpiste (B). Floresta/plantação usada no experimento (C) e gotículas de água evaporada no interior da caixa, simulando a formação de nuvens ("*inset*")

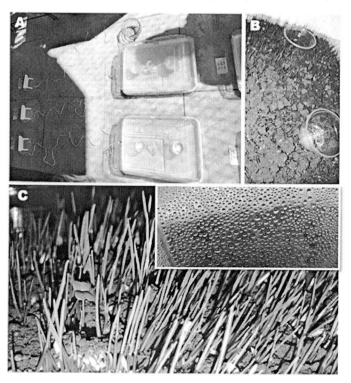

Fonte: os autores

Vivemos em uma era em que as redes sociais e outros recursos via internet podem propagar fatos inverídicos, "factoides" ou "fake ews", e isso pode dificultar o entendimento dos estudantes acerca de questões polêmicas. Simulações digitais de alterações climáticas poderiam, facilmente, ser fraudadas ou forjadas e os estudantes sabem, muitas vezes, reconhecer imagens alteradas em "softwares" específicos. Recursos como "deep fake" tornam esse reconhecimento mais difícil.

Conhecimento sobre meio ambiente e problemas ambientais tem potencial importante, mas não, necessariamente, leva à adoção de comportamentos comprometidos com a preservação do meio ambiente (KRASNY, 2020). Nesse sentido é relevante estimular a realização de experimentos no ensino de temas como ecologia/ciências ambientais (WALKER; WOOD, 2010a, 2010b) e fenômenos climáticos (WALKER; WOOD, 2009).

Figura 5 – Modelo e recursos do sistema na caixa plástica para demonstração de efeito estufa pela liberação de CO_2, por meio de comprimidos efervescentes. O experimento permite demonstrar o aumento da temperatura, evapotranspiração pela vegetação, bem como simular os efeitos de fumaça, i.e., poluição, reproduzindo os fundamentos dos mecanismos envolvidos nas mudanças climáticas

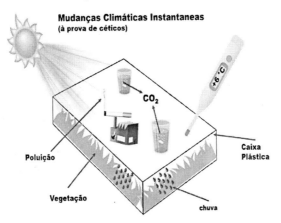

Fonte: os autores

Nossa equipe há bastante tempo busca estimular atividades práticas no ensino médio (DECCACHE-MAIA et al., 2010, 2012), bem como fazer promoção da saúde pela popularização de ciência (SUAREZ-FONTES et al., 2018; ARAÚJO-JORGE et al., 2021). Na RNEC e no Programa de Pós-Graduação em Ensino em Biociências e Saúde do Instituto Oswaldo Cruz (PGEBS/IOC/Fiocruz) temos realizado cursos para o desenvolvimento de atividades experimentais no ensino médio, empregando a formulação de questionamentos e execução de experimentos de baixo custo pelos estudantes. Fala-se muito em colocar em prática (acepção ambígua) a educação ambiental sobre mudanças climáticas (VALENTÍN et al., 2015), mas as publicações raramente trazem enfoque prático per se (HUNG, 2014). A educação sobre mudanças climáticas pode ser feita como investigação com jovens e crianças (CUTTER-MACKENZIE; ROUSELL, 2018), o que pode promover o engajamento e o aprendizado tanto de alunos como de professores (SIEGNER, 2018). Por essa razão é promissora a abordagem que adotamos na RNEC.

O impacto da atividade sobre o comportamento ou aprendizado ainda não foi mensurado, mas a observação de que alguns estudantes solicitaram a nossa permanência na escola a fim de que pudessem retornar após as aulas para verificar o que ocorria nas caixas do experimento e o frequente retorno, bem como a detida e entusiástica participação representam evidências episódicas ou anedotais, indicativas da empolgação e, presumivelmente, efetividade dessa intervenção educacional junto ao público escolar.

Referências

ABRAHAMS, I.; MILLAR, R. Does practical work really work? A study of the effectiveness of practical work as a teaching and learning method in school science. *International journal of science education*, v. 30, n. 14, p. 1945-1969, 2008.

ALVES, M. A. *Cognição, emoções e ação*. São Paulo: UNESP, 2019.

ARAUJO-JORGE, T. C. *et al.* "Chagas Express XXI": A new ArtScience social technology for health and science education – A case study in Brazilian endemic areas of Chagas disease with an active search of chronic cases. *PLoS Neglected Tropical Diseases*, v. 15, n. 7, p. e0009534, 2021.

BEARD, C. *The experiential learning toolkit: Blending practice with concepts*. Kogan Page Publishers, 2010.

BERBEL, N. A. N. *A metodologia da problematização com o Arco de Maguerez:* uma reflexão teórico-epistemológica. SciELO-EDUEL, 2012.

BLUMSTEIN, D. T.; SAYLAN, Charlie. The failure of environmental education (and how we can fix it). *PLoS Biology*, v. 5, n. 5, p. e120, 2007.

BROWN, R. F. *Gardening Lab for Kids:* 52 Fun Experiments to Learn, Grow, Harvest, Make, Play, and Enjoy Your Garden. Lab for Kids, 2014.

CAMILLER, P.; POPPER, K. *All life is problem solving*. Routledge, 2013.

CARSON, M. K. *Weather Projects for Young Scientists:* Experiments and Science Fair Ideas. Chicago Review Press, 2007.

CASPER, J. K. *Climate management:* Solving the problem (Global Warming Facts on File). Infobase Publishing, 2010.

COOPER, R.; MURPHY, E. *Hacking project based learning:* 10 easy steps to PBL and inquiry in the classroom. Times 10 Publications, 2016.

CUTTER-MACKENZIE, A.; ROUSELL, D. Education for what? Shaping the field of climate change education with children and young people as co-researchers. *Children's Geographies*, v. 17, n. 1, p. 90-104, 2019.

DECCACHE-MAIA, E. *et al.* Estimulando as Aulas Práticas: uma experiência de formação de professores de ciências. *In: Anais [...]* IV Colóquio Internacional Educação e Contemporaneidade, 2010.

DECCACHE-MAIA, E. *et al.* Aulas Práticas como Estímulo ao Ensino de Ciências: Relato se uma Experiência de Formação de Professores. *Cadernos IAT*, 2012.

FITA, E. C.; TAPIA, J. A. *A motivação em sala de aula:* o que é, como se faz. São Paulo: Loyola, 2015. p. 148.

FREY, N.; FISHER, D.; SMITH, D. *All learning is social and emotional:* Helping students develop essential skills for the classroom and beyond. Ascd, 2019.

HODSON, D. Practical work in science: Time for a reappraisal. *Studies in Science Education*, v. 19, p. 175-184, 1991.

HUNG, C. C. *Climate change education:* Knowing, doing and being. Routledge, 2nd ed. edição 2022.

IMMORDINO-YANG, M. H. *Emotions, learning, and the brain: Exploring the educational implications of affective neuroscience* (the Norton series on the social neuroscience of education). WW Norton & Company, 2015.

JAMES, C. *The Garden classroom: Hands-on activities in math, science, literacy, and art.* Shambhala Publications, 2015.

KIRSCHNER, P. A.; SWELLER, J.; CLARK, R. E. Why minimal guidance during instruction does not work: An analysis of the failure of constructivist, discovery, problem-based, experiential, and inquiry-based teaching. *Educational psychologist*, v. 41, n. 2, p. 75-86, 2006.

KOLB, D. A. *Experiential learning:* Experience as the source of learning and development. FT press, 2014.

KRASNY, M. E. *Advancing environmental education practice.* Cornell University Press, 2020.

LOPES, R. M.; SILVA FILHO, M. V.; ALVES, N. G. Características Gerais da Aprendizagem Baseada em Problemas. *In: Aprendizagem Baseada em Problemas: fundamentos para a aplicação no ensino médio e na formação de professores.* Rio de Janeiro, 2019. Publiki p. 47-74.

MARSHALL, G. *Don't even think about it:* Why our brains are wired to ignore climate change. Bloomsbury Publishing USA, 2015.

NOONAN, J. *Professor Figgy's Weather and Climate Science Lab for Kids*: 52 Family--Friendly Activities Exploring Meteorology, Earth Systems, and Climate Change. Quarry Books, 2022.

PIERATT, J. *Keep It Real With PBL, Elementary: A Practical Guide for Planning Project--Based Learning.* Corwin, 2019.

SAYLAN, C.; BLUMSTEIN, D. *The failure of environmental education (and how we can fix it).* Univ of California press, 2011.

SHERMER, M. *Ensine Ciência a Seu Filho e Torne a Ciência Divertida Para Vocês Dois.* JSN, 2011.

SMITH, A. *Project Based Learning Made Simple:* 100 Classroom-Ready Activities That Inspire Curiosity, Problem Solving and Self-Guided Discovery. Ulysses Press, USA, 2018.

SIEGNER, A. B. Experiential climate change education: Challenges of conducting mixed-methods, interdisciplinary research in San Juan Islands, WA and Oakland, CA. *Energy research & social science*, v. 45, p. 374-384, 2018.

STRICKHOUSER, N. *et al.* Teaching Informed by Conceptual Difficulties with Understanding the Greenhouse Effect. *In:* SHEPARDSON, D. P.; ROYCHOUDHURY, A.; HIRSCH, A. S. (org.). *Teaching and Learning About Climate Change.* London: Routledge, 2017. p. 12.

SUAREZ-FONTES, A. M. *et al.* Health Promotion through Scientific Literacy: The Experience of the "Science on the Road" Program. *Revista Ciência & Saberes Facema*, v. 4, n. 21, p. 929-940, 2018.

SUAREZ-FONTES, A. M. *et al.* Climate Changes: Factor or Fake? Low-Cost Hands-On Experiments to Verify It. *Creative Education*, V.13 n.11, p. 3642- 3662, 2022.

TYNG, C. M. *et al.* The influences of emotion on learning and memory. *Frontiers in psychology*, p. 1454, 2017.

URBAN, S. *The Dad Lab: 50 Awesome Science Projects for Parents and Kids.* Tarcherperigee, 2019.

VALENTÍN, B. *et al. Not just hot air: Putting climate change education into practice.* Paris: Organización de las Naciones Unidas para la Educación, la Ciencia y la Cultura (UNESCO), 2015.

VARELLA, D.; NICOLELIS, M.; DIMENSTEIN, G. *Prazer em conhecer:* a aventura da ciência e da educação. Papirus Editora, 2014.

WALKER, P.; WOOD, E. *Weather and Climate Experiments.* Infobase Publishing, 2009.

WALKER, P.; WOOD, E. *Ecology Experiments (Facts on File Science Experiments).* Facts on File, 2010a.

WALKER, P.; WOOD, E. *Environmental Science Experiments (Facts on File Science Experiments).* Facts on File, 2010b.

WILLINGHAM, D. T. *Why don't students like school?: A cognitive scientist answers questions about how the mind works and what it means for the classroom.* John Wiley & Sons, 2021.

ZHANG, L. "Hands-on" plus "inquiry"? Effects of withholding answers coupled with physical manipulations on students' learning of energy-related science concepts. *Learning and Instruction*, v. 60, p. 199-205, 2019.

Alterações Climáticas: Faça Você Mesmo e Comprove

Mariana Torres Vannier, Sheila Suarez Fontes, Guilherme Santos Cunha, Juliana Almeida-Silva, Ana Márcia Suarez-Fontes, Marcos André Vannier-Santos

Introdução

As mudanças climáticas representam uma das maiores emergências ambientais da atualidade. Vivemos um momento crítico e isso se deve, em grande parte, à maneira insustentável com que nos relacionamos com o meio ambiente. As atividades antrópicas impactam, de forma tão intensa e severa o planeta, afetando a terra, o oceano e a atmosfera, que se a humanidade não assumir urgentemente um compromisso de agir a favor do meio ambiente, estará colocando em risco a vida de muitas espécies, incluindo a nossa e das futuras gerações (MONASTERSKY, 2015; MASSON-DELMOTTE *et al.*, 2021).

De acordo com o relatório divulgado pelo Painel Intergovernamental sobre Mudanças Climáticas (IPCC), em 2021, se os países não cumprirem com as metas do acordo de Paris, firmado na COP21, limitando as emissões dos gases do efeito estufa (GEE) para garantir que o aquecimento global não ultrapasse um aumento de 1,5°C, os cenários esperados serão catastróficos (MAR *et al.*, 2022; IPCC, 2018; MASSON-DELMOTTE *et al.*, 2021). Estima-se que os eventos climáticos e os impactos ambientais se tornem cada vez mais extremos conforme se intensifiquem as emissões dos GEE, evidenciando os efeitos das mudanças climáticas globais (MASSON-DELMOTTE *et al.*, 2021). Dentre os muitos desafios enfrentados é possível citar o aquecimento global, a degradação dos solos, a acidificação dos oceanos, os impactos nos sistemas hídricos e as consequentes crises socioambientais, pandemias e desastres ambientais (ARTAXO, 2020; MASSON-DELMOTTE *et al.*, 2021).

Apesar de o gás carbônico (CO_2) ser considerado como o principal gás do efeito estufa, sendo o gás emitido em maior quantidade, o metano (CH_4) é também um dos mais importantes. O CH_4 tem o potencial de promover o efeito estufa aproximadamente 30 vezes maior do que o CO_2, sendo que nos primeiros 20 anos a partir da sua emissão chega a ter um potencial desse efeito 80 vezes maior (MAR *et al.*, 2022; O'NEILL, 2022). A diferença é que a maior parte do CH_4 é eliminada da atmosfera em algumas décadas, ao passo que o CO_2 continua agindo por centenas ou milhares de anos (O'NEILL, 2022). Além disso, o CH_4 também contribui para a formação do ozônio ao nível do solo (O_3), um perigoso poluente do ar (MING *et al.*, 2022).

As emissões e as concentrações de CH_4 na atmosfera têm aumentado consideravelmente, nas últimas décadas e continuam crescendo, chamando atenção para a necessidade de se adotar medidas de controle e mitigação, além de ações de conscientização (MAR et al., 2022; IPCC, 2018). Dentre as fontes antrópicas emissoras de CH_4 destacam-se a pecuária, a decomposição de matéria orgânica e o uso de combustíveis fósseis (DWIVEDI, 2022). Em 2021, na COP26, mais de 100 países assinaram o Compromisso Global de Metano, visando reduzir as emissões globais do gás em 30% até 2030 (DWIVEDI, 2022).

Dessa maneira, é evidente que são necessárias medidas urgentes para mitigar e atender às urgências das mudanças climáticas. Nesse contexto, a pesquisa e a educação se revelam como importantes aliadas. Ações educacionais que abordam essa problemática e contribuam com a formação de agentes de transformação críticos e responsáveis capazes de atuar de forma criativa frente a esses desafios são cada vez mais necessárias para a manutenção e o equilíbrio da vida em nosso planeta.

Por meio de experimentos é possível despertar a curiosidade dos estudantes e os engajar em uma atividade investigativa e significativa de aprendizagem (SASSERON, 2015). Ao se propor resolver uma problemática, relacionada com a realidade e com os desafios socioambientais atuais, mediante uma atividade experimental, educadores e estudantes recebem a chance de contribuir com um modelo mais horizontal de ensino, no qual os estudantes atuam de forma criativa e como protagonistas de seu processo de aprendizagem (CARVALHO, 2013, 2018).

Este estudo tem como principal objetivo apresentar um experimento didático, de baixo custo, abordando as urgências relacionadas com as mudanças climáticas, fomentando a discussão sobre os impactos ambientais causados pela emissão dos GEE, como o CH_4 e o CO_2. Bem como compartilhar o material dessa atividade experimental, de forma que esta possa ser facilmente replicada em outras situações de ensino-aprendizagem no entendimento das mudanças climáticas.

Desenho Experimental

Foram utilizados materiais de baixo custo, de forma que essa atividade possa ser replicada em diferentes ambientes de aprendizagem, como na própria residência ou em escolas e feiras, contribuindo com processos significativos de investigação. O experimento consiste em analisar e comprovar os possíveis impactos dos principais GEE, nesse caso, o CH_4 e o CO_2, para o equilíbrio ecossistêmico, contribuindo com as discussões sobre a emergência das mudanças climáticas. Foram simulados cinco cenários diferentes, como indicado na Figura 1, e durante uma hora, a cada intervalo de cinco minutos, foram realizadas medições de temperatura e umidade em cada um.

Cada cenário foi representado dentro de uma caixa plástica, e cada caixa simboliza todo um sistema. Foram utilizadas caixas plásticas reaproveitadas, nas quais foi realizado um pequeno furo na lateral das tampas para encaixar o termômetro (Figura 1A-E) que medirá a temperatura e umidade do sistema. Nas três primeiras caixas foi adicionado material orgânico de composteira doméstica que denominamos de "composto" (Figura 1A- C), e nas duas últimas foi adicionada lama (Figura 1D-E). Apenas a primeira caixa teve uma abertura cortada na tampa (Figura 1A), representando a ausência da camada de ozônio, já as outras caixas permaneceram todas fechadas ao longo do experimento. Na terceira e na quinta caixa, além de composto e lama, respectivamente, também foi adicionado gás carbônico (CO_2), gerado por meio da reação de dois comprimidos efervescentes de antiácido, fornecedor de CO_2, colocado em um copo plástico com água no centro da caixa, no início do experimento (Figuras 1C, 1E).

Figura 1 – Desenho experimental preparado na fase de planejamento do experimento. (A) A primeira caixa possui uma abertura na parte superior da tampa e foi completada por composto; (B) A segunda caixa possui a tampa fechada e composto em seu interior; (C) A terceira caixa possui composto e CO_2; (D) A quarta caixa continha lama; (E) A quinta caixa continha lama e CO_2

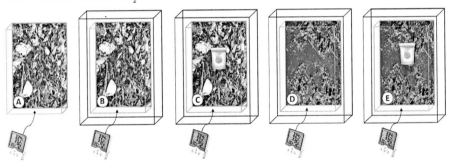

Fonte: os autores

Resultados e Discussão dos Experimentos Realizados

As caixas plásticas recicláveis com um termo-higrômetro acoplado, dispostas uma ao lado da outra (Figura 2B-C), com o composto que foi retirado de uma composteira doméstica (2D-E), apresentavam certo odor, e acredita-se possuir uma maior quantidade de CH_4, o que não ocorria com a lama. Dessa maneira, as caixas onde foram colocados esses materiais representam sistemas com emissões de CH_4. Já a lama foi preparada a partir da mistura de terra com água, de forma a representar um terreno inundado (Figura 2A). Ambos os elementos, tanto o composto quanto a lama, foram pesados antes de serem adicionados às caixas. Foi utilizado 2,0kg de lama (Figura 2A) por caixa e aproximadamente 1,8kg de composto (Figura 2F).

Figura 2 – Análise da alteração de temperatura em função do tempo sob diferentes condições ambientais. (A) Terra com água, representando lama. (B) Foram utilizadas caixas plásticas de bolo reutilizadas com termo-higrômetros acoplados. (C) Dispostas uma ao lado da outra. (D-E) O material orgânico utilizado denominado de composto foi retirado de uma composteira doméstica. (F) Pesado em uma balança comum de cozinha. (G) Composto adicionado às caixas plásticas. (H) Junto ao copo com água para receber o comprimido efervescente fornecedor de CO_2 ao sistema

Fonte: os autores

O experimento foi iniciado às 12:50h e a temperatura ambiente era de 32°C nessa área (Figura 2A). Foram medidas a temperatura e a umidade no tempo zero de cada uma das caixas e, em seguida, adicionados dois comprimidos efervescente fornecedores de CO_2, na terceira e na quinta caixa, contendo composto e lama, respectivamente (Figura 2G e 2H). Os comprimidos foram colocados dentro dos copos plásticos contendo água adicionados nas caixas. É importante ressaltar que as caixas ficaram algum tempo ao sol enquanto o experimento era preparado. A Figura 2B apresenta como a caixa estava montada e preparada nos momentos que precederam o início do experimento. Para melhor observar os efeitos do experimento, este deve ser realizado em um dia com condições climáticas favoráveis, com poucas nuvens e com elevada temperatura.

Figura 3 – Formação de gotículas de água observadas após 10 minutos iniciais do experimento sob diferentes condições experimentais. Detalhes observados no quadro superior da figura

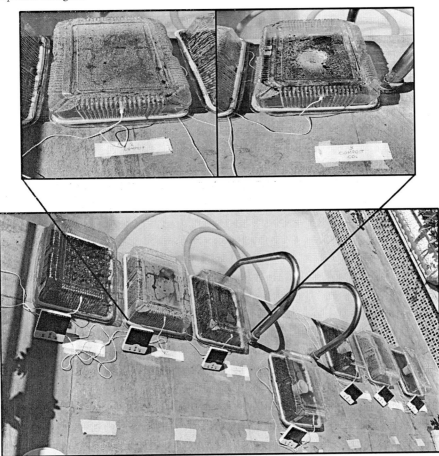

Fonte: os autores

A atividade teve duração de uma hora, e ao longo desse período foram mensuradas temperatura e umidade de cada caixa, a intervalos de 5 minutos. Na Figura 3 podemos observar a condensação de gotículas de água na face interna das tampas das caixas, evidenciando evapotranspiração, o que simula a formação de nuvens, sendo indicador de aumento da umidade em função da temperatura. O aumento do vapor d'água no interior do sistema pode interferir no aumento da temperatura, por ser esse um importante gás do efeito estufa.

Figura 4 – Resultados observados nos experimentos. Variações de temperatura (A) e umidade (B) aferidas por termo-higrômetros digitais em função do tempo sob diferentes condições experimentais

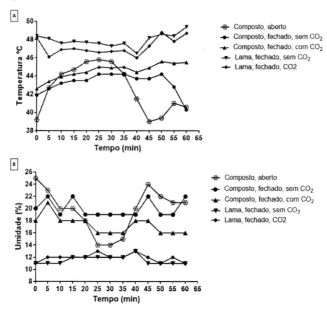

Fonte: os autores

A primeira caixa que apresentou a maior variação de temperatura (Figura 4A) e de umidade (Figura 4B) ao longo do experimento, contendo composto e com a parte superior da tampa aberta, o que pode estar relacionado ao fato de a abertura na tampa representar a falta da camada de ozônio, consequentemente reduzindo a simulação do efeito estufa. Esse efeito é um fenômeno natural essencial para existência da vida na terra. Assim, esse cenário contribui com o processo de investigação e formação de pensamento crítico dos estudantes acerca dessa temática, permitindo a possibilidade de refletir acerca de algumas perguntas norteadoras como: "O que é o efeito estufa?"; "Como o efeito estufa influencia na temperatura e umidade do planeta?"; "Qual a importância do efeito estufa para a manutenção da vida na Terra?".

Além disso, os cenários que apresentaram as temperaturas mais elevadas foram aqueles que continham a lama (Figura 4). Essa lama utilizada no experimento foi preparada a partir da mistura de terra com água, de forma que esses cenários possuíam uma maior quantidade de água no sistema, simulando um terreno inundado. É importante ressaltar que o vapor d'água desempenha um papel vital nas mudanças climáticas do planeta, e por ser naturalmente o mais abundante na atmosfera, é um dos gases que mais contribuem para o efeito estufa (IPCC, 2013; BARBOSA, 2014). O vapor d'água atmosférico é altamente variável no espaço e no tempo, e é o principal absorvedor da radiação solar e terrestre, qualquer aumento de sua concentração resulta no aumento do efeito estufa natural, levando à maior elevação da temperatura do ar da superfície, pelo menos a nível regional (SALAMALIKIS; VAMVAKAS; GUEYMARD, 2021; IPCC, 2013). Assim, observar as variações do vapor d'água na atmosfera é muito importante para o entendimento sobre as mudanças climáticas (POTTER; COLMAN, 2003; YUAN et al., 2021).

Por outro lado, as menores taxas de umidade também foram registradas nas caixas contendo lama, presumivelmente, em função da cumulativa nucleação de gotículas de água na face interna da tampa da caixa, possivelmente simulando a formação de nuvens de chuva, pela fusão/ confluência das gotas (POTTER; COLMAN, 2003). A umidade relativa do ar é um indicador físico que representa o grau de saturação do vapor d'água atmosférico, é expresso como a razão entre a pressão real de vapor d'água e a pressão de vapor d'água de saturação, ou seja, é expressa como a razão entre a atual pressão do vapor de água e a saturação em relação à água à mesma temperatura. Se houver um aumento na temperatura, a pressão de saturação também aumentará, e como resultado a umidade relativa do ar diminuirá mesmo se for mantida a mesma quantidade de teor de vapor d'água na atmosfera (WEI et al., 2021; IPCC, 2013; POTTER; COLMAN, 2003). Com o aumento da temperatura ocorre o aumento da evaporação e consequentemente o aumento de precipitação.

O cenário da terceira caixa experimental fechada, contendo composto, com CO_2, apresentou temperaturas um pouco mais elevadas do que a segunda caixa, que não continha CO_2, apenas sistema fechado, acredita-se que a liberação de CO_2 no sistema implicou nesse aumento da temperatura (MASSON-DELMOTTE et al., 2021), ao passo que esse cenário da terceira caixa também apresentou menores taxas de umidade se comparado com a segunda caixa, indicando que a confluência das gotículas nucleadas na tampa, como indicado pela presença de gotículas de diâmetros superiores, simulou a precipitação, influenciando também no aumento de temperatura observado. Além disso, o cenário da segunda caixa, contendo composto e sem CO_2, que apresentou os maiores valores de umidade dentre os cenários com a tampa fechada, apresentou uma redução mais acentuada de temperatura, diferentemente dos demais no final do experimento.

No intervalo dos 40 minutos todos os sistemas apresentaram juntos uma pequena queda na temperatura, isso pode ter ocorrido graças ao avançar do horário e de uma possível queda de temperatura ambiente.

Esses cenários corroboram as informações divulgadas em 2021 pelo Painel Intergovernamental sobre mudanças climáticas no relatório do clima, sobre os impactos provocados no planeta devido ao aumento das emissões dos gases de efeito estufa (GEE), como o metano e o CO_2 (MASSON-DELMOTTE *et al.*, 2021). Dessa forma, é possível discutir com os participantes outras questões norteadoras como: "Como as ações humanas e as mudanças climáticas estão relacionadas?"; "Quais são as principais atividades humanas que emitem GEE"; "Quais são os principais GEE e qual a relação deles com as alterações climáticas?"; "Como o aquecimento global vai afetar o Brasil? E o mundo?"; "O que a Humanidade deve fazer para buscar reverter essa problemática?".

As ações antrópicas, como as emissões de gases do efeito estufa, impactam o meio ambiente de forma tão intensa que suas drásticas consequências já podem ser percebidas em eventos extremos como o aquecimento global, a degradação dos solos e as pandemias (ARTAXO, 2020; MASSON-DELMOTTE *et al.*, 2021). O metano é um dos mais importantes gases do efeito estufa, apresentando um potencial de aquecimento global até 30 vezes maior do que o gás carbônico. Além disso, as emissões antrópicas de metano e suas concentrações na atmosfera vêm aumentando, significativamente, nas últimas décadas, confirmando a urgência e necessidade de se adotar medidas capazes de mitigar esses eventos de alterações climáticas e promover a conscientização a respeito dessa problemática (IPCC, 2018; MASSON-DELMOTTE *et al.*, 2021; MAR *et al.*, 2022).

Com a pandemia do coronavírus novos desafios foram revelados, dentre eles observamos grandes impactos na saúde e na educação. Uma das principais medidas para conter o avanço do vírus foi o distanciamento social e, assim, grande parte da população do planeta se encontrou vivendo em isolamento social e diversas redes de ensino suspenderam suas atividades presenciais, sendo necessário buscar novas alternativas para o ensino. Dessa maneira, intensificou-se o uso de recursos digitais em redes de aprendizagem como o Ensino on-line ou remoto e o Ensino a Distância (EaD) (ARAUJO; PIMENTEL, 2020). Nesse contexto, em situações em que os docentes se encontram diante da necessidade de alterar e inovar suas práticas pedagógicas, atividades práticas experimentais como essa apresentada neste estudo são de extrema relevância, já que os materiais utilizados são de baixo custo, de fácil acesso aos estudantes, sendo possível reproduzir esse experimento em casa ou em outros ambientes não formais de aprendizagem.

Considerações Finais

Atualmente, nossa sociedade se vê diante da necessidade de enfrentar os impactos causados por desastres naturais e crises socioambientais e na saúde associados às mudanças climáticas. Para garantir a possibilidade de um futuro viável e sustentável é preciso transformar positivamente a forma com que a humanidade se relaciona com o planeta. É preciso que nos reinventemos, exigindo comprometimento e um agir consciente.

A educação se revela uma importante aliada no entendimento das alterações climáticas, com potencial de formar cidadãos conscientes e críticos capazes de atuar frente a esses desafios e transformar a realidade na qual estão inseridos. Especialmente as atividades experimentais e investigativas podem ter importante papel nessa missão, despertando a curiosidade e criatividade dos envolvidos e motivando os jovens a participarem de forma ativa de seus processos de aprendizagem.

Esperamos que esse experimento possa contribuir com o ensino das ciências e com as discussões a respeito das mudanças climáticas, dentro e fora das salas de aula, e motivando outras pessoas a se aventurarem no universo das experimentações, mostrando que ciência pode ser realizada em outros lugares que não só a sala de aula ou o laboratório, como em casa, no quintal ou em uma praça. Assim, esperamos incentivar e contribuir com a prática investigativa a respeito das mudanças climáticas.

Referências

ARAUJO, R. M.; PIMENTEL, M. Fique em Casa, mas se mantenha ensinando-aprendendo: algumas questões educacionais em tempos de pandemia. *SBC Horizontes*, p. 2175-9235, 2020.

ARTAXO, Paulo. As três emergências que nossa sociedade enfrenta: saúde, biodiversidade e mudanças climáticas. *Estudos Avançados*, v. 34, p. 53-66, 2020.

BARBOSA, H. M. J. Vapor de água na atmosfera: do efeito estufa às mudanças climáticas. *Revista USP*, n. 103, p. 67-80, 2014.

CARVALHO, A. M. P. *Ensino de ciências por investigação*: condições para implementação em sala de aula. São Paulo: Cengage learning, 2013.

DE CARVALHO, A. M. P. Fundamentos teóricos e metodológicos do ensino por investigação. *Revista Brasileira de Pesquisa em Educação em Ciências*, v. 18, n. 3, p. 765-794, 2018.

DWIVEDI, Y. K. *et al.* Climate change and COP26: Are digital technologies and information management part of the problem or the solution? An editorial reflection and call to action. *International Journal of Information Management*, v. 63, p. 102-456, 2022.

IPCC. *Global Warming of 1.5 °C, an IPCC special report on the impacts of global warming of 1.5 °C above pre-industrial levels and related global greenhouse gas emission pathways, in the context of strengthening the global response to the threat of climate change, sustainable development, and efforts to eradicate poverty.* Coordinating Lead Authors: ALLEN *et al.*, 2018.

IPCC. Climate change 2013: the physical science basis. *Contribution of working group I to the fifth assessment report of the intergovernmental panel on climate change*, v. 1535, 2013.

MAR, K. A. *et al.* Beyond CO_2 equivalence: The impacts of methane on climate, ecosystems, and health. *Environmental Science & Policy*, v. 134, p. 127-136, 2022.

MASSON-DELMOTTE, V. *et al.* Climate change 2021: the physical science basis. *Contribution of working group I to the sixth assessment report of the intergovernmental panel on climate change.* 2021. v. 2.

MING, T. *et al.* Perspectives on removal of atmospheric methane. *Advances in Applied Energy*, v. 5, p. 100085, 2022.

MONASTERSKY, R. The human age. *Nature*, v. 519, n. 7542, p. 144, 2015.

O'NEILL, S. Climate change action alights on satellite detection of methane. *Engineering*, 2022.

POTTER, T. D.; COLMAN, B. R. (ed.). *Handbook of weather, climate, and water: dynamics, climate, physical meteorology, weather systems, and measurements.* John Wiley & Sons, 2003.

SALAMALIKIS, V. *et al.* Atmospheric water vapor radiative effects on shortwave radiation under clear skies: A global spatiotemporal analysis. *Atmospheric Research*, v. 251, p. 105418, 2021.

SASSERON, Lúcia Helena. Alfabetização científica, ensino por investigação e argumentação: relações entre ciências da natureza e escola. *Ensaio Pesquisa em Educação em Ciências*, Belo Horizonte, v. 17, p. 49-67, 2015.

WEI, Q. *et al.* Indicators for evaluating trends of air humidification in arid regions under circumstance of climate change: relative humidity (rh) vs. actual water vapour pressure (ea). *Ecological Indicators*, v. 121, p. 107043, 2021.

YUAN, P. *et al.* Feasibility of ERA5 integrated water vapor trends for climate change analysis in continental Europe: An evaluation with GPS (1994–2019) by considering statistical significance. *Remote Sensing of Environment*, v. 260, p. 112416, 2021.

Atividade Educacional Prática de Baixo Custo Sobre a Função Ocular: *Veja Dentro da Caixa e Pense Fora Dela*

*Ana Márcia Suarez-Fontes, Deyvison Rhuan Vasco-dos-Santos,
Juan Matheus Pereira Fernandes, Juliana Almeida-Silva, Júlia Barbosa de Mendonça,
Luiz Felippe Santólia-Oliveira, Marcos André Vannier-Santos*

You can't depend on your eyes when your imagination is out of focus.
(Mark Twain)

Introdução

O olho humano foi referido em diferentes citações como: "janelas da alma" (William Shakespeare; Edgar Allan Poe; Thomas Phaer), "A candeia do corpo são os olhos; de sorte que, se os teus olhos forem bons, todo teu corpo terá luz" (Mt 6, 22), além de intérpretes (CÍCERO 106-43 a.C. *Ut imago est animi voltus sic indices oculi*[8]), "espelhos" ("Les yeux sont le miroir de l'âme") e "lâmpada do corpo, de modo que se adoece, o corpo também adoecerá" (Lc 11, 34-36).

Muito além da identificação biométrica, usada em sistemas de segurança, o contato visual (*"eye contact"*) sinaliza afeição (HIETANEN, 2018), atenção (WOHLTJEN; WHEATLEY, 2021), empatia (COWAN; VANMAN; NIELSEN, 2014), quantificação (CASTALDI *et al.*, 2021), culpa (YU; DUAN; ZHOU, 2017) e possibilita a sincronização interpessoal pupilar e neural (LUFT *et al.*, 2022), altamente relevante no processo ensino-aprendizado (ZHANG *et al.*, 2022b).

Estima-se que 80% das informações sensoriais processadas nas vias cerebrais são visuais (JENSEN; MCCONCHIE, 2020). Uma vez que a visão é o canal majoritário de captação de informações, seu papel nas ciências é fundamental. A ciência avançou, significativamente, por meio da visão, tanto pelos olhos de Galileo Galilei ao telescópio, observando o distante e grandioso (PICCOLINOAND; WADE, 2014), como pelo olhar curioso de Antoni van Leeuwenhoek em microscópios que ele mesmo confeccionava para escrutinar o minúsculo e próximo (ROBERTSON *et al.*, 2016).

A relevância da visão para uma população cada vez mais acostumada à rápida comunicação via internet e redes sociais, que levou uma geração de

---
[8] "Assim como a face da mente é uma imagem, os sinais do olho também o são."

estudantes a receber a alcunha de "Eye Generation" em uma obra destinada a promover o engajamento dos alunos em sala de aula (RIDDLE, 2009). O comprometimento desse sentido pode gerar impactos negativos na vida de indivíduos e comunidades, a exemplo do baixo desempenho profissional e escolar. Assim sendo, a saúde visual está ligada a vários objetivos de desenvolvimento sustentável (ZHANG *et al.*, 2020; BURTON *et al.*, 2021).

A pobreza e a saúde visual parecem estar, intimamente, ligadas (JAGGERNATH *et al.*, 2014), uma vez que a falta de recursos ocasiona precária saúde visual e esta, por sua vez, dificulta a qualificação profissional, levando à redução do poder aquisitivo, assim, perenizando ou até agravando (NAIDOO *et al.*, 2015) esse ciclo vicioso entre falta de saúde e pobreza. A carência de recursos humanos para assistência à saúde visual é, ao menos em parte, envolvida nesse problema em nações como aquelas da África subsaariana (PALMER *et al.*, 2014). Análises de saúde visual revelaram variações de acordo com determinantes sociais, evidenciando desigualdades, *i.e.*, inequidades importantes no que tange aos níveis educacionais e de renda (WILLIAMS; SAHEL, 2022). Assim sendo, o diagnóstico precoce e a intervenção de distúrbios visuais podem ajudar a reduzir as diferenças sociais.

Estima-se que aproximadamente 3 bilhões de pessoas apresentem deficiência visual, principalmente erros de refração, como miopia, e cerca de 90% desses casos ocorrem em nações de baixa a média renda, acentuando os níveis de pobreza, o que dificulta ainda mais o acesso aos serviços de saúde (JAGGERNATH *et al.*, 2014; OPAS, 2021; OMS, 2022). Em função da relevância da visão, o renomado periódico Lancet criou uma Comissão Internacional de Saúde Ocular ("The Lancet Global Health Commission on Global Eye Health"). Felizmente aproximadamente 90% dos casos de deficiência podem ser tratados com relação custo/benefício muito favorável (BURTON *et al.*, 2021).

A complexidade e a evolução dos sistemas visuais são intrigantes (GLAESER; PAULUS, 2015) e polêmicas. Os olhos dos vertebrados e sobretudo dos mamíferos são "vistos" tanto em favor (PALEY, 1802) como contra o desenho inteligente (DAWKINS, 1986) e causavam "calafrios" a Charles Darwin (STONE, 2012). Curioso que seu avô Erasmus Darwin (1731-1802) já era fascinado com a câmara obscura (HAMMOND, 1981). A invenção da Câmera Obscura foi atribuída a Leonardo da Vinci (1452-1519), mas esse dispositivo havia sido construído pelo físico e matemático árabe Alhazen (Abu Ali Haçane ibne Alhaitame; 965-1040 d.C.) no Séc. X e antes deste, por Aristóteles (384- 322 a.C.), no Séc. IV, o 1.º a compreender o comportamento da luz nesse dispositivo. O reconhecimento do funcionamento análogo da câmara obscura e do olho humano foi também atribuído a Da Vinci (HAMMOND, 1981), mas a obra do cientista árabe também aborda o funcionamento da visão.

Neste capítulo propomos a confecção *"hands-on"*, de baixo custo, de câmeras obscuras para ensino de ciências, particularmente nas áreas de Física e Biologia. Uma vez que o dispositivo permite o deslocamento da tela da projeção luminosa pode ser feita a focalização e simulação de distúrbios como miopia e hipermetropia, podendo ser feita a correção por lentes divergentes e convergentes, respectivamente. Dessa forma o público leigo, particularmente o infanto-juvenil, pode, rapidamente, vivenciar o funcionamento da visão, incluindo distúrbios prevalentes. Assim sendo, pode-se inferir melhor compreensão e, portanto, maior adesão aos testes e ao uso de órteses, quando necessárias.

Materiais e Métodos

Foram confeccionadas câmeras obscuras empregando caixas de sapatos com orifícios de um lado e do outro, telas de papel vegetal (manteiga) afixadas em molduras ou caixas de papelão menores, permitindo o deslocamento destas (Figura 1), e, portanto, a focalização da imagem. O kit para ensino de erros refrativos (miopia e hipermetropia) foi denominado "STOP and See" (S&S), sendo o acrônimo "STOP": "Start Treating Optical Problems", uma vez que a atividade visa, além da divulgação científica, promover a saúde visual estimulando a adesão do público infantojuvenil à terapêutica oftalmológica.

A câmara obscura foi construída a partir de caixas de sapatos com uma fenda aberta na parte lateral (Figura 1 A, B) ou inferior (Figura 1 C). Essa fenda permite deslocar a tela de papel manteiga sustentada por uma estrutura similar à moldura feita em papelão ou palitos de picolé, em que a imagem é projetada. Todas as estruturas são fixadas com cola de papel ou cola quente. Um orifício, de aproximadamente 2 mm de diâmetro, foi feito na frente da caixa para entrada de luz e exibição do objeto. Na parte posterior podem ser recortados semicírculos nas faces superior e inferior para adaptação da cabeça do observador, a qual pode ser recoberta com tecido preto, a fim de reduzir a entrada de "luz parasita", permitindo melhor visualização, logo o efetivo funcionamento da caixa. Para a construção dessa atividade foram utilizados materiais acessíveis, de baixo custo, recicláveis ou de reuso.

Figura 1 – Confecção da câmara obscura "STOP ('Start Treating Optical Problems') and See" (S&S), empregando caixa de sapatos (A, B), com orifício para entrada de luz e contendo uma caixa menor ou moldura (C) de papel, onde se encontra uma tela de papel vegetal (papel manteiga). Observar que a tela pode ser deslocada, alterando o foco na imagem produzida no papel vegetal. O desenho esquemático (C) ilustra a observação pelo lado oposto à captação de luz

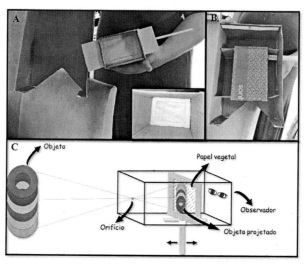

Fonte: os autores

Para a construção da versão maior do "S&S", caixas de sapatos foram abertas com auxílio de tesoura e a parte interna pintada com tinta guache preta (Figura 2 A), para torná-la mais escura. Essa etapa é indispensável para garantir a melhor formação da imagem. Em seguida, a caixa foi fechada, cortada ao meio e montada com cola quente, ficando com 16 x 11 x 10 cm (Figura 2 C). A parte externa foi pintada com tinta guache branca, mas os estudantes podem usar outras cores e até customizar o dispositivo com estruturas do globo ocular (Figura 2B, G). Em uma das laterais da caixa, realizou-se um recorte retangular de 9 x 19 cm e com cola branca foi fixado um pedaço de papel manteiga de mesma dimensão (Figura 2 D). Na outra lateral, foram abertos orifícios circulares de 5 cm ou 9 cm de diâmetro (Figura 2 E) para inserção do tubo (Figura 2 F). Este foi confeccionado com cartolina dupla face preta, com 26 x 5 ou 9 cm e fixado com fita isolante.

Posteriormente, lentes de 5 e 9 cm de diâmetro de lupas manuais foram retiradas dos suportes plásticos e coladas nos tubos de cartolina com cola quente. Hemisférios de isopor foram revestidos com papel toalha e cola branca e no centro destes foram feitos orifícios circulares com os diâmetros supracitados (Figura 2 E). Em seguida, os tubos foram fixados com cola quente nos hemisférios de isopor e inseridos nas caixas (Figura 2 G e Figura 3). Da mesma forma que o s&s (versão menor), o S&S (maior) pode empregar lentes externas para melhorar imagens desfocadas (Figura 3). Esse material, reunido com as lentes corretivas (Figura 2 G, inset), compõe o kit "S&S" acondicionado em caixa de MDF (Medium Density Fiberboard), forrada com feltro branco (Figura 2 H).

Figura 2 – Confecção do "STOP and See" (S&S) pelos doutorandos DRVS (A) e JM (B). Pintura da parte interna e externa da caixa de sapatos (A, C), onde são feitos cortes para aberturas nas laterais (D, E). Fixação da lente da lupa no tubo (F) e inserção do tubo na abertura circular de mesmo diâmetro (G) e lentes corretoras são adaptadas em suportes de lupas (inset); Hemisférios de isopor perfurados e revestidos com papel toalha e cola branca podem ser usados para caracterizar o globo ocular (G). Esse material compõe o kit "S&S" (H)

Fonte: os autores

Figura 3 – Esquema da versão expansível do recurso S&S, mostrando a imagem desfocada (parte superior) e a correção da imagem, usando uma lente externa (parte inferior)

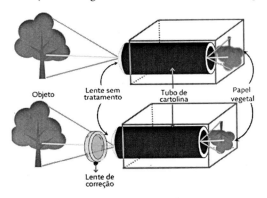

Fonte: os autores

Resultados

O dispositivo educacional elaborado neste trabalho foi confeccionado de diferentes formas e tamanhos, precisamente para valorizar a criatividade e capacidade de improvisação. Estes são marcos importantes de nossas ações na RNEC (Rede Nacional Leopoldo de Meis de Educação e Ciência) e na PGEBS (Programa de Pós-graduação em Ensino em Biociências e Saúde) (*vide* capit. 9). O dispositivo mais simples, o "s&s" (Figura 1), pode ser confeccionado no tempo de uma aula de ciências/arte. A produção de imagens invertidas, com cor e movimento, é, significativamente, empolgante para crianças (Figura 4 A), jovens e adultos (Figura 4 B). O deslocamento da tela de papel vegetal simula a variação da distância entre a pupila e a retina, podendo ser feita a correção por lentes externas divergentes e convergentes para terapia da miopia e hipermetropia, respectivamente. Assim pode-se simular a correção produzida pelas órteses (Figura 4 C).

Figura 4 – O dispositivo educacional "s&s" (menor), câmera obscura de foco ajustável, ajuda a ilustrar a formação de imagens de forma similar ao olho humano aguça a curiosidade de crianças (A), jovens e adultos (B e C). A possibilidade de desfocar a imagem permite a correção com o uso de lentes (C)

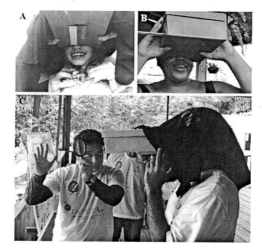

Fonte: os autores

A versão expansível do dispositivo (S&S – Figuras 2 e 3) permite a visualização simultânea de imagens por vários alunos há cerca de um metro de distância deste, permitindo uso coletivo mais dinâmico para turmas de estudantes. O dispositivo é particularmente efetivo se posicionado à sombra, mas voltado na direção de maior iluminação. Ambas as versões podem ser empregadas em kits para ensino de erros refrativos, empregando lentes corretoras (Figuras 3-5).

Figura 5 – No dispositivo "STOP and See" maior, as imagens (invertidas) podem ser observadas até a um metro de distância (A). Podem ser usados mais de um dispositivo (B), observados por vários estudantes simultaneamente (C, D). Nota-se o empenho das crianças em observar as imagens. O dispositivo pode, ainda, ser empregado com lentes corretivas de miopia ou hipermetropia (E)

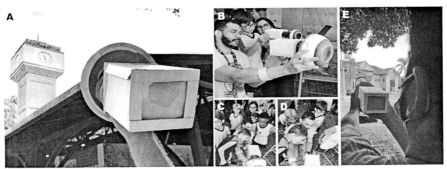

Fonte: os autores

Sugestões para a Intervenção na Escola

Nossa equipe vem atuando na Rede Nacional Leopoldo de Meis de Educação e Ciência (http://educacaoeciencia.org/), que preconiza a elaboração de atividades experimentais no ensino de ciências. As atividades são desenhadas pelos docentes e discentes nas escolas e/ou instituições parceiras, *e.g.*: UFRJ, Fiocruz etc. Como a presente atividade representa um recurso didático (de baixo custo), foram incluídas algumas sugestões de aplicação do dispositivo. Para utilização do "S&S", é necessária a atuação de um mediador (*e.g.*: professor), que poderá fazer uso dos "flashcards" mostrados na Figura 6. O S&S pode ser usado associando docentes de ciências, física e biologia de forma cooperativa e transdisciplinar, vendo na caixa, mas pensando fora desta.

Sendo aceita a sugestão de desenvolver o trabalho em equipe, o mediador poderá pedir aos discentes para que se organizem em equipes com no mínimo três componentes. Estes irão dividir as seguintes funções: manuseio do modelo, registro fotográfico e anotações dos fenômenos observados. Após a prática, o mediador poderá estimular a discussão, de forma questionadora, sobre como é formada a imagem no olho humano.

Após a construção apresentará o recurso e discutirá com os alunos os fundamentos da anatomia do olho humano e a função de cada estrutura (Figura 6 A). Posteriormente, o professor poderá conduzir os discentes para uma área aberta, a exemplo do pátio da escola, e orientá-los para um melhor aproveitamento da prática, utilizando o "S&S" em um local sombreado e direcioná-lo para um objeto em local iluminado.

A formação da imagem na câmera obscura é muito semelhante ao mecanismo em funcionamento no olho humano (Figura 6 B). O globo ocular aqui é representado pela caixa de sapato, que tem função de capturar a luz refletida por um determinado objeto. O feixe de luz vai passar por um orifício central localizado na frente da caixa, que representa a pupila, sendo projetada, de forma invertida, no papel manteiga, a estrutura representa a retina. A mudança da posição da tela ou a movimentação do tubo frontal no dispositivo expandido simulam a variação do eixo óptico nos olhos com miopia ou hipermetropia. A luz refletida pelo objeto passará por um orifício, alcançando então a moldura com o papel manteiga. A imagem é projetada de forma invertida, podendo ser observada pela parte posterior da caixa pelo observador. A estrutura em papel manteiga é móvel, podendo ajustar a distância de foco do objeto. Assim sendo, pode ser simulada a função ocular na miopia e hipermetropia e como estas podem ser corrigidas por lentes divergentes e convergentes, respectivamente (Figura 6 C-D). Uma outra possível atividade interativa e lúdica é discutida, ainda (*vide infra*).

Figura 6 – "Flashcards". Ilustrando as principais estruturas do olho humano, a ser preenchido por estudantes (A). Correlação em comparação entre o olho humano saudável e o S&S (B). Formação da imagem em olho humano com miopia em comparação com o S&S e a correção de refração por lentes divergentes, que deslocam o ponto focal para a retina ou a tela de papel, respectivamente (C). Formação da imagem em olho humano com hipermetropia em comparação com o S&S e a correção de refração por lentes convergentes, que deslocam o ponto focal para a retina ou a tela de papel, respectivamente (D)

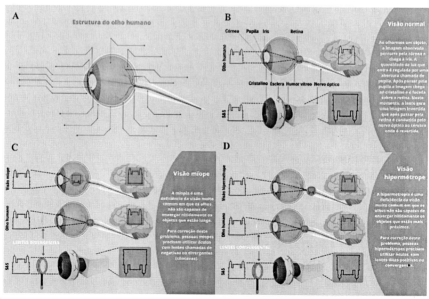

Fonte: os autores

Discussão

A miopia pode ser considerada uma epidemia emergente (MORGAN; OHNO-MATSU; SAW, 2012; DOLGIN, 2015) ou, até, pandemia (XIANG; ZOU, 2020; LANDRENEAU; HESEMANN; CARDONELL, 2021), chegando a 90% a prevalência entre crianças e jovens na China (WANG *et al.*, 2020) e em 2050 poderão ser afetadas globalmente, aproximadamente, 5 bilhões de pessoas (HOLDEN *et al.*, 2016) tanto em função do uso prolongado de dispositivos eletrônicos portáteis, assim como smartphones (FOREMAN *et al.*, 2021), quanto pela permanência em ambientes fechados, o que foi, profundamente, acentuado durante o período da pandemia de COVID-19 (WANG *et al.*, 2021a; ZHANG *et al.*, 2022c), no qual o aprendizado remoto deteriorou as condições de saúde visual de estudantes (CORTÉS-ALBORNOZ *et al.*, 2022). O fechamento das escolas foi profundamente prejudicial ao alunado (SPITZER, 2021), mas até mesmo o número de anos de escolaridade também constitui fator de risco para a miopia (ZHANG *et al.*, 2022b). Por esse motivo a permanência ao ar livre (FRENCH *et al.*, 2013; SHERWIN *et al.*, 2021) e a realização exercícios físicos (YIN *et al.*, 2022) constituem medidas profiláticas e vêm sendo utilizadas na reforma de estratégias pedagógicas nas escolas da China (MORGAN; JAN, 2022). Nesse sentido, a presente atividade pode ser realizada fora de sala de aulas, em que os estudantes podem "olhar na caixa e pensar fora dela".

O sentido da visão pode estar envolvido em 70 (NARAYANASAMY *et al.*, 2016) a 80% (HELLERSTEIN *et al.*, 2001; GARZIA, 2006; WALLINE; CARDER, 2012) do aprendizado em sala de aula. Assim sendo, avaliar a saúde visual dos estudantes tem grande importância no rendimento escolar (ALVAREZ-PEREGRINA *et al.*, 2020) bem como na saúde mental dos estudantes (GUAN *et al.*, 2018). Somente em áreas urbanas da China acredita-se que 143,6 milhões de pessoas apresentem miopia, ocasionando, além do desconforto, custos/perdas econômicas anuais estimados em US$ 26,3 bilhões (MA *et al.*, 2022). Em termos globais, as perdas ocasionadas pela miopia não corrigida superam US$ 240 bilhões (XIANG; ZOU, 2020).

Com o advento da pandemia de COVID-19 (OMS, 2020), os danos à saúde visual de crianças e adolescentes aumentaram, devido à mudança para aulas remotas e consequente diminuição do tempo ao ar livre e maior tempo de exposição às telas (WANG *et al.*, 2021a). Estas impactam na progressão da miopia e constituem fatores de risco para agravos como o olho seco (KOH; RHEE, 2021), degeneração macular e distúrbios de sono (BAHKIR; GRANDEE, 2020; BHATTACHARYA; SALEEM; SINGH, 2020; GANNE *et al.*, 2021). Além disso, podem comprometer a permanência, engajamento e participação dos discentes nas aulas, bem como causar problemas emocionais (HUANG *et al.*, 2019; ZHAO *et al.*, 2020).

Estudos realizados no Brasil mostram alta prevalência de déficit na acuidade visual entre estudantes de escolas públicas (GIANINI *et al.*, 2004) e esse fato pode estar relacionado ao baixo rendimento escolar (TOLEDO *et al.*, 2010). Em estudo realizado em Botucatu SP, de 4.623 crianças triadas, cerca de 8% precisaram de exame oftalmológico completo, levando quase a metade (3,9%) desse contingente de estudantes a receber prescrição de óculos, pois apresentaram erros refracionais (OLIVEIRA *et al.*, 2009). De acordo com Schellini *et al.* (1987), essa prevalência foi de 4,39%. Esses dados indicam, inequivocamente, a demanda de levantamentos acerca da saúde visual nas escolas. Um estudo realizado com distúrbios oculares entre crianças da rede pública de ensino Municipal de Piracicaba revelou a ocorrência de ametropias em 70,34% dos estudantes com astigmatismo hipermetrópico e hipermetropia simples com prevalências de 49,6 e 32,9% respectivamente (GAIOTTO *et al.*, 2002). Esses dados demonstram a indubitável e premente demanda de triagens extensas e sistemáticas, a fim de que grande contingente de nossos estudantes não tenha comprometimento de rendimento escolar e, portanto, de qualidade de vida.

Assim sendo, os exames oftalmológicos, abordando diferentes distúrbios, particularmente em escolas de ensino fundamental, são de grande relevância, considerando a relação custo/benefício (ASARE *et al.*, 2022). Vale salientar que a triagem pode ser, adequadamente, realizada por enfermeiros (SCHUMAHER; GASPARETTO, 2016), acadêmicos de enfermagem (MOURA; BRAGA, 2000; COELHO *et al.*, 2010) ou professores previamente treinados (FELDER; WILHELMSEN; SCHNEIDERS, 2021; WILHELMSEN; FELDER, 2021), os quais têm importante papel na detecção precoce da maior parte dos estudantes com possíveis distúrbios visuais, que podem ser percebidos pelo comportamento dos alunos (ARMOND; TEMPORINI; ALVES, 2001; RODRIGUES JUNIOR *et al.*, 2017), podendo, dessa forma, encaminhá-los à intervenção terapêutica (KRUMHOLTZ, 2004). Entretanto, essa capacidade de detecção pode ser insuficiente (OSTADIMOGHADDAM *et al.*, 2012), havendo, portanto, a necessidade de exames feitos por profissionais médicos.

A recente análise sistemática da literatura revela que a hipermetropia (MAVI *et al.*, 2022) e a miopia (DU *et al.*, 2022) podem levar a perdas significativas na performance escolar, sobretudo em comunidades de baixa-renda. Logo, a correção dos erros de refração por óculos pode reverter tal déficit (HARK *et al.*, 2020) e reduzir as reprovações em cerca de 44% (HANNUM; ZHANG, 2012). A revisão sistemática e meta-análise sobre adesão ao uso de óculos para correção de erros refratários entre crianças revelou que, de forma global, esta pode estar expressa em cerca de 40% da população variando entre 9,8 até 78,5% das crianças (DHIRAR *et al.*, 2020). Intervenções educativas podem promover a adesão ao tratamento, incluindo o uso de óculos por estudantes no ensino fundamental (ZHANG *et al.*, 2021). A educação constitui importante ferramenta na promoção da saúde visual (HUBLEY; GILBERT, 2006). Diante do exposto, intervenções educativas, lúdicas e interativas, demonstrando a ação de lentes corretoras, sobretudo de baixo custo e simples execução, que possam ajudar a melhorar a adesão ao tratamento no público infantil, poderão ser de grande valia na promoção da saúde visual com relevantes impactos socioeconômicos, principalmente nas populações de baixa renda, promovendo inclusão social e equidade.

Assim sendo iniciativas como a que ocorre na China (ZHANG et al., 2021) e o projeto "Escolhares" no Brasil (https://escolhares.com), que levam às escolas profissionais para triagens e exames oftalmológicos, bem como realizam a doação das órteses, são de grande valia para a saúde visual das populações de baixa renda. Nesse sentido é fundamental o estabelecimento de parcerias com instituições como a Fiocruz, que conta com o PGEBS, já havendo parceria com a iniciativa do Instituto Oswaldo Cruz, IOC + Escolas.

Entre escolares, pesquisas realizadas na China (GUO et al., 2016; XIE et al., 2020), Somália (AHMED; ALRASHEED; ALGHAMDI, 2020), Arábia Saudita (AL BAHHAWI et al., 2018), Vietnã (PAUDEL et al., 2014), Gana (NTIM-AMPONSAH; OFOSU-AMAAH, 2007) e Brasil (ESTACIA et al., 2007) constataram que a miopia e a hipermetropia são os principais problemas visuais e estão associados ao uso de telas por tempo prolongado. Tanto as condições nutricionais, sobretudo em crianças, pouco tempo ao ar livre, como a exposição por longos períodos a diferentes telas, incluindo televisões e outros dispositivos eletrônicos, podem comprometer a acuidade visual de escolares (KERR; TAPPIN, 2002) e adultos (JACKSON et al., 1997).

A construção do recurso pedagógico apresentado neste trabalho foi feita a partir de outros modelos de câmera obscura descritos na literatura (CRIADO; DEL CID; GARCÍA-CARMONA, 2007; MUÑOZ FRANCO, 2018; CEPELINI, 2019; MORAES, 2020). Para tanto, foram utilizados materiais de baixo custo e reaproveitáveis, como caixas de papelão, que os discentes podem conseguir em suas casas ou em estabelecimentos comerciais. Além disso, optou-se pela elaboração de um dispositivo de simples confecção, que torna fácil a reprodução por discentes. Dentre os exemplos bem-sucedidos do uso de materiais de baixo custo, Sagcal, Valera e Maquiling (2017) demonstraram que a elaboração de kits para aulas laboratoriais de química aumentou, consideravelmente, as habilidades práticas e o domínio do conteúdo. No trabalho de Yeboah, Abonyi e Luguterah (2019), a utilização de materiais reutilizados (incluindo resíduos sólidos) para a confecção de atividades práticas mostrou-se potencial para gerar recursos a serem aplicados em várias disciplinas.

Nosso grupo vem buscando desenvolver atividades experimentais "hands-on" para o ensino de ciências (SUAREZ-FONTES et al., 2021), visando dinamizar o aprendizado, com base no princípio de Confúcio: "Eu ouço e esqueço, eu vejo e me lembro, eu faço e compreendo". Esse princípio foi corroborado pala visão das neurociências sobre ação, emoção e aprendizado (IMMORDINO-YANG, 2015).

O dispositivo elaborado neste trabalho também favorece e estimula as atividades em equipe. Nas escolas, a aprendizagem cooperativa tem a capacidade de estimular a interação entre os discentes, intensificando sua aprendizagem ao atingir o objetivo proposto em grupo (TAQI; AL-NOUH, 2014). Dessa forma, a aplicação do S&S poderá promover tal interação dos alunos desde a construção do modelo, discussão entre eles sobre os fenômenos observados e aprendidos, até o fim da prática.

Uma vantagem adicional do S&S é a flexibilidade de planejamentos que podem garantir a aplicação, visando otimizar a carga horária. Caso não haja tempo para construção conjunta com os discentes, os professores podem preparar o material e em sala apenas aplicar. Além disso, a tela de papel manteiga na parte posterior permite a visualização das imagens por mais de um participante por vez, otimizando o tempo da prática e tornando-a exequível dentro de 50 min, mesmo com turmas de até 40 alunos. Afinal, um dos principais fatores que obstaculizam a realização de atividades práticas é a falta de tempo para o planejamento e realização. Esse desafio é um dos mais citados por professores, seguido pela dificuldade em manter os alunos organizados e a limitação de conhecimento para planejar as experiências (ANDRADE; MASSABNI, 2011).

Além dos aspectos já mencionados, o S&S pode ser trabalhado de forma transdisciplinar, envolvendo matemática, artes, física e biologia. Abordagens transdisciplinares são desenvolvidas em torno das questões dos alunos e suas preocupações, com potencial para aprimorar habilidades a serem empregadas no cotidiano, sendo de extrema importância que o aluno seja sujeito ativo da construção do conhecimento, com capacidade para fazer seus questionamentos e chegar às descobertas (HELMANE; BRIŠKA, 2017). O S&S, por exemplo, poderá ajudar a entender como ocorre a formação de imagem no olho humano com e sem erros refrativos, bem como a maneira que os óculos de grau funcionam, dentre outros aspectos que podem estar relacionados ao cotidiano, construindo novos conhecimentos e um maior entendimento das experiências da vida real.

Com relação ao público-alvo, em ambientes formais, o 8.º ano do ensino fundamental e 1.º ano do ensino médio se apresentam como séries estratégicas, por abordarem no conteúdo programático os sistemas do corpo humano, incluindo o sensorial. Contudo, a atividade pode ainda ser aplicada em outros espaços como praças públicas, e envolver o público em geral.

Considerações Finais

Suscitar essa discussão em ambiente escolar pode ser muito relevante, por meio do empoderamento da população para aquisição de hábitos e práticas para uma melhor qualidade de vida. Desse modo, ações de promoção à saúde ocular entre estudantes são essenciais, pois ajudam a reduzir os riscos de deficiências e cegueira, além de melhorar o conhecimento, atitudes e práticas das crianças sobre o tema.

A elaboração de estratégias educacionais que fomentem o debate sobre a estrutura, funcionamento e saúde do olho ainda é necessária para a difusão correta de informações sobre a visão e seus cuidados. Práticas pedagógicas como essa podem contribuir para discussão disseminação de informações que podem promover a saúde visual e a aprendizagem das crianças, bem como de seus familiares, uma vez que escolares possuem alta capilaridade nos meios em que estão inseridos.

Referências

AHMED, Z. A.; ALRASHEED, S. H.; ALGHAMDI, W. Prevalence of refractive error and visual impairment among school-age children of Hargesia, Somaliland, Somalia. *Eastern Mediterranean Health Journal*, v. 26, n. 11, p. 1362-1370, 2020.

ALVAREZ-PEREGRINA, C.; SÁNCHEZ-TENA, M. Á.; ANDREU-VÁZQUEZ, C.; VILLA-COLLAR, CALVAREZ-PEREGRINA, C. Visual health and academic performance in school-aged children. *International Journal of Environmental Research and Public Health*, v. 17, n. 7, p. 2346, 2020.

ANDRADE, M. L. F.; MASSABNI, V. G. O desenvolvimento de atividades práticas na escola: um desafio para os professores de ciências. *Ciência & Educação*, v. 17, n. 4, p. 835-854, 2011.

ARMOND, J. E.; TEMPORINI, E. R.; ALVES, M. R. Promoção da saúde ocular na escola: percepções de professores sobre erros de refração. *Arquivos Brasileiros de Oftalmologia*, v. 64, p. 395-400, 2001.

ASARE, A. O.; WONG, A. M.; MAURER, D.; KULANDAIVELU, Y.; SAUNDERS, N.; UNGAR, W. J. Economic evaluations of vision screening to detect amblyopia and refractive errors in children: a systematic review. *Canadian Journal of Public Health*, v. 113, n. 2, p. 297-311, 2022.

AL BAHHAWI, T.; MAKEEN, A. M.; DAGHREERI, H. H.; TOBAIGY, M. F.; ADAWI, A. M.; GUHAL, F. M.; AKKUR, M. A.; ALOTAYFI, M. J.; OTAYF, M. M.; BAJONED, M. S.; MAHFOUZ, M. S. Refractive error among male primary school students in Jazan, Saudi Arabia: prevalence and associated factors. *The Open Ophthalmology Journal*, v. 12, p. 264, 2018.

BAHKIR, F. A.; GRANDEE, S. S. Impact of the COVID-19 lockdown on digital device-related ocular health. *Indian Journal of Ophthalmology*, v. 68, n. 11, p. 2378, 2020.

BHATTACHARYA, S.; SALEEM S. M.; SINGH, A. Digital eye strain in the era of COVID-19 pandemic: An emerging public health threat. *Indian journal of ophthalmology*, v. 68, n. 8, p. 1709-1710, 2020.

BÍBLIA. Lucas. Português. *In*: Bíblia Sagrada edição pastoral. Tradução, introduções e notas de Ivo Storniolo e Euclides Martins Balancin. São Paulo: Paulos, 1990. Cap. 11, vers. 34-36.

BÍBLIA. Mateus. Português. *In*: Bíblia Sagrada edição pastoral. Tradução, introduções e notas de Ivo Storniolo e Euclides Martins Balancin. São Paulo: Paulos, 1990. Cap. 6, vers. 22.

BURTON, M. J. *et al.* The lancet global health commission on global eye health: vision beyond 2020. *The Lancet Global Health*, v. 9, n. 4, p. e489-e551, 2021.

CASTALDI, E.; POMÈ, A.; CICCHINI, G. M.; BURR, D.; BINDA, P. The pupil responds spontaneously to perceived numerosity. *Nature communications*, v. 12, n. 1, p. 5944, 2021.

CAPELINI, L. F. O funcionamento do olho humano: uma sequência didática para o ensino de óptica geométrica no ensino médio. 2019. Dissertação (Mestrado em Educação) – Universidade Tecnológica Federal do Paraná, Paraná, 2019.

COELHO, A. D. C. O.; MARTA, D. D. C.; DIAS, I. M. Á. V.; SALVADOR, M.; REIS, V. N. D.; PACHECO, Z. M. L. Olho vivo: analisando a acuidade visual das crianças e o emprego do lúdico no cuidado de enfermagem. *Escola Anna Nery Revista de Enfermagem*, v. 14, n. 2, p. 318-323, 2010.

CORTÉS-ALBORNOZ, M. C.; RAMÍREZ-GUERRERO, S.; ROJAS-CARABALI, W.; DE-LA-TORRE, A.; TALERO- GUTIÉRREZ, C. Effects of remote learning during the COVID-19 lockdown on children's visual health: a systematic review. *BMJ open*, v. 12, n. 8, p. e062388, 2022.

COWAN, D. G.; VANMAN, E. J.; NIELSEN M. Motivated empathy: the mechanics of the empathic gaze. *Cognition and Emotion*, v. 28, n. 8, p. 1522-1530, 2014.

CRIADO, A. M.; DEL CID, R.; GARCÍA-CARMONA, A. La cámara oscura en la clase de ciencias: fundamento y utilidades didácticas. *Revista Eureka sobre enseñanza y divulgación de las ciencias*, v. 4, n. 1, p. 123-140, 2007.

DAWKINS, Richard. *The blind watchmaker: Why the evidence of evolution reveals a universe without design*. WW Norton & Company, 1986.

DHIRAR, N.; DUDEJA, S.; DUGGAL, M.; GUPTA, P. C.; JAISWAL, N.; SINGH, M.; RAM, J. Compliance to spectacle use in children with refractive errors- a systematic review and meta-analysis. *BMC ophthalmology*, v. 20, n. 1, p. 1-11, 2020.

DOLGIN, E. The myopia boom. *Nature*, v. 519, n. 7543, p. 276, 2015.

DU, K.; WANG, H.; MA, Y.; GUAN, H.; ROZELLE, S. Effect of Eyeglasses on Student Academic Performance: What Matters? Evidence from a randomized controlled trial in China. *International Journal of Environmental Research and Public Health*, v. 19, n. 17, p. 10923, 2022.

ESTACIA, P.; STRAMARI, L. M.; SCHUCH, S. B.; NEGRELLO, D.; DONATO, L. Prevalência de erros refrativos em escolares da primeira série do ensino fundamental da região Nordeste do Rio Grande do Sul. *Revista Brasileira de Oftalmologia*, v. 66, p. 297-303, 2007.

FELDER M.; WILHELMSEN G. B.; SCHNEIDERS, K. Developing "Vision-for-Learning" Competencies among teachers in Tanzania—an innovative higher education initiative. *Creative Education*, v. 12, p. 82-102, 2021.

FOREMAN, J.; SALIM, A. T.; PRAVEEN, A.; FONSEKA, D.; TING, D. S. W.; HE, M. G.; BOURNE, R. R. A.; CROWSTON, J.; WONG, T. Y.; DIRANI, M. Association between digital smart device use and myopia: a systematic review and meta-analysis. *The Lancet Digital Health*, v. 3, n. 12, p. e806-e818, 2021.

FRENCH, A. N.; ASHBY, R. S.; MORGAN, I. G.; ROSE, K. Time outdoors and the prevention of myopia. *Experimental eye research*, v. 114, p. 58-68, 2013.

GAIOTTO, P. C.; PASSOS JÚNIOR, W.; SCHELLINI, S. A.; SHIRATORI, C. A.; PADOVANI, C. R. Afecções oculares em crianças de 2 a 8 anos da rede pública municipal de Piracicaba – SP. Repositório Institucional UNESP, 2002. *Medicina*, Ribeirão Preto, v. 35, n. 4, p. 487-491, 2002.

GANNE, P.; NAJEEB, S.; CHAITANYA, G.; SHARMA, A.; KRISHNAPPA, N. C. Digital eye strain epidemic amid COVID-19 pandemic – a cross-sectional survey. *Ophthalmic epidemiology*, v. 28, n. 4, p. 285-292, 2021.

GARZIA, R. P. The relationship between visual efficiency problems and learning. In: SCHEIMAN, M.; ROUSE, M. (ed.). *Optometric management of learning-related vision problems*. St Louis: Mosby-Elsevier, 2006. p. 209-235.

GIANINI, R. J.; MASI, E. D.; COELHO, E. C.; ORÉFICE, F. R.; MORAES, R. A. D. Prevalence of low visual acuity in public school's students from Brazil. *Revista de Saúde Pública*, v. 38, p. 201-208, 2004.

GLAESER G.; PAULUS H. F. *The Evolution of the Eye*. Springer International, 2015.

GUAN, H.; WANG, H.; DU, K.; ZHAO, J.; BOSWELL, M.; SHI, Y.; QIAN, Y. The effect of providing free eyeglasses on children's mental health outcomes in China: a cluster-randomized controlled trial. *International Journal of Environmental Research and Public Health*, v. 15, n. 12, p. 2749, 2018.

GUO, L.; YANG, J.; MAI, J.; DU, X; GUO, Y.; LI, P.; YUE, Y.; TANG, D.; LU, C.; ZHANG, W. H. Prevalence and associated factors of myopia among primary and middle school--aged students: a school-based study in Guangzhou. *Eye*, v. 30, n. 6, p. 796-804, 2016.

HAMMOND J. H. *The Camera Obscura* – A Chronicle. Adam Hilger, 1981.

HANNUM, E.; ZHANG, Y. Poverty and proximate barriers to learning: vision deficiencies, vision correction and educational outcomes in rural northwest China. *World development*, v. 40, n. 9, p. 1921-1931, 2012.

HARK, L. A.; THAU, A.; NUTAITIS, A.; MAYRO, E. L.; ZHAN, T.; DABBISH, N.; TRAN, J.; SIAM, L.; POND, M.; RICE, A. R.; LEVIN, A. V. Impact of eyeglasses on academic performance in primary school children. *Canadian Journal of Ophthalmology*, v. 55, n. 1, p. 52-57, 2020.

HELLERSTEIN, L. F.; DANNER, R.; MAPLES, W.; PRESS, L.; SCHNEEBECK, J.; MILLER, S. Optometric guidelines for school consulting. *Journal of Optometric Vision Development*, v. 32, p. 56-75, 2001.

HELMANE I.; BRIŠKA I. What is developing integrated or interdisciplinary or multidisciplinary or transdisciplinary education in school? *Journal of Pedagogy and Psychology "Signum Temporis"*, v. 9, n. 1, p. 7-15, 2017.

HIETANEN, J. K. Affective eye contact: an integrative review. *Frontiers in psychology*, v. 9, p. 1587, 2018.

HOLDEN, B. A.; FRICKE, T. R.; WILSON, D. A.; JONG, M.; NAIDOO, K. S.; SANKARIDURG, P.; WONG, T. Y.; NADUVILATH, T. J.; RESNIKOFF, S. Global prevalence of myopia and high myopia and temporal trends from 2000 through 2050. *Ophthalmology*, v. 123, n. 5, p. 1036-1042, 2016.

HUANG, L.; KAWASAKI, H.; LIU, Y.; WANG, Z. The prevalence of myopia and the factors associated with it among university students in Nanjing: A cross-sectional study. *Medicine*, v. 98, n. 10, 2019.

HUBLEY, J.; GILBERT, C. Eye health promotion and the prevention of blindness in developing countries: critical issues. *British journal of ophthalmology*, v. 90, n. 3, p. 279-284, 2006.

IMMORDINO-YANG M. H. *Emotions, Learning, and the Brain*: Exploring the Educational Implications of Affective Neuroscience. Norton & Company, 2015.

JACKSON, A. J.; BARNETT, E. S.; STEVENS, A. B.; MCCLURE, M.; PATTERSON, C.; MCREYNOLDS, M. J. Vision screening, eye examination and risk assessment of display screen users in a large regional teaching hospital. *Ophthalmic and Physiological Optics*, v. 17, n. 3, p. 187-195, 1997.

JAGGERNATH, J.; ØVERLAND, L.; RAMSON, P.; KOVAI, V.; CHAN, V. F.; NAIDOO, K. S. Poverty and eye health. *Health*, v. 2014, 2014.

JENSEN, E.; MCCONCHIE, L. *Brain-Based Learning: Teaching the Way Students Really Learn*. 3. ed. Revised. Corwin Publishers, 2020.

KERR, C. M.; TAPPIN, D. M. Do poor nutrition and display screens affect visual acuity in children? *British journal of community nursing*, v. 7, n. 2, p. 80-89, 2002.

KOH, S.; RHEE, M. K. Covid-19 and dry eye. *Eye & Contact Lens*, v. 47, n. 6, p. 317-322, 2021.

KRUMHOLTZ, I. Educating the educators: increasing grade-school teachers' ability to detect vision problems. *Optometry*, v. 75, n. 7, p. 445-451, 2004.

LANDRENEAU, J. R.; HESEMANN N. P.; CARDONELL M. A. Review on the myopia pandemic: epidemiology, risk factors, and prevention. *Missouri medicine*, v. 118, n. 2, p. 156-163, 2021.

LUFT, C. D. B.; ZIOGA I.; GIANNOPOULOS, A.; BONA, D.; BINETTI, N.; CIVILINI, A.; LOTARA, V.; MARESCHAL, I. Social synchronization of brain activity increases during eye-contact. *Communications Biology*, v. 5, n. 1, p. 1-15, 2022.

MA, Y.; WEN, Y.; ZHONG, H.; LIN, S.; LIANG, L.; YANG, Y.; JIANG, H.; CHEN, J.; HUANG, Y.; YING, X.; RESNIKOFF, S.; LU, L.; ZHU, J.; XU, X.; HE, X.; ZOU, H. Healthcare utilization and economic burden of myopia in urban China: A nationwide cost-of-illness study. *Journal of Global Health*, v. 12, 2022.

MAVI, S.; CHAN, V. F.; VIRGILI, G.; BIAGINI, I. C.; CONGDON, N.; PIYASENA, P.; YONG, A. C.; CINER, E. B.; KULP, M. T.; CANDY, T. R.; COLLINS, M.; BASTAWROUS, A.; MORJARIA, P.; WATTS, E.; MASIWA, L. E.; KUMORA, C.; MOORE, B.; LITTLE, J. The impact of hyperopia on academic performance among children: A systematic review. *Asia-Pacific Journal of Ophthalmology*, v. 11, n. 1, p. 36-51, 2022.

MORAES, J. D. *Luz, cores, ação:* uma sequência didática sobre visão. 2020. Dissertação (Mestrado em Educação) – Universidade Federal de Uberlândia, Minas Gerais, 2020.

MORGAN, I. G.; JAN, C. L. China turns to school reform to control the myopia epidemic: a narrative review. *The Asia-Pacific Journal of Ophthalmology*, v. 11, n. 1, p. 27-35, 2022.

MORGAN, I. G.; OHNO-MATSUI K.; SAW S.M. Myopia. *The Lancet*, v. 379, n. 9827, p. 1739-1748, 2012.

MOURA, M. A.; BRAGA, M. F. C. O exame da acuidade visual como medida preventiva: relato de experiência de alunos da graduação. *Escola Anna Nery Revista de Enfermagem*, v. 4, n. 1, p. 37-45, 2000.

FRANCO, G. M. *La cámara oscura como recurso en la enseñanza de la ciencia por indagación:* análisis de su efectividad didáctica. 2018. Tese (Doutorado em Educação) – Universidad de Sevilla, 2018.

NAIDOO, K. S.; CHINANAYI, F.; JAGGERNATH, J.; RAMSON, P.; OVERLAND, L.; ZHUWAU, T. The prevalence of self-reported vision difficulty in economically disadvantaged regions of South Africa. *African Journal of Disability*, v. 4, n. 1, p. 1-11, 2015.

NARAYANASAMY, S.; VINCENT, S. J.; SAMPSON, G. P.; WOOD, J. M. Visual demands in modern Australian primary school classrooms. *Clinical and Experimental Optometry*, v. 99, n. 3, p. 233-240, 2016.

NTIM-AMPONSAH, C. T.; OFOSU-AMAAH, S. Prevalence of refractive error and other eye diseases in schoolchildren in the greater Accra Region of Ghana. *Journal of Pediatric Ophthalmology & Strabismus*, v. 44, n. 5, 2007.

OLIVEIRA, C. A. S.; HISATOMI K. S.; LEITE, C. P.; SCHELLINI, S. A.; PADOVANI, C. R.; PADOVANI, C. R. P. Erros de refração como causas de baixa visual em crianças da rede de escolas públicas da regional de Botucatu – SP. *Arquivos Brasileiros de Oftalmologia*, v. 72, n. 2, p. 194-198, 2009.

OMS – Organização Mundial de Saúde. *WHO Director-General's opening remarks at the media briefing on COVID-19* – 11 March 2020. Disponível em: https://www.who.int/director-general/speeches/detail/who-director-general-s-opening-remarks-at-the-media-briefing-on-covid-19---11-march-2020. Acesso em: 16 fev. 2022.

OMS – Organização Mundial de Saúde. *Blindness and vision impairment.* Disponível em: https://www.who.int/news-room/fact-sheets/detail/blindness-and-visual-impairment. Acesso em: 16 fev. 2022.

OPAS – Organização Pan-Americana da Saúde. *Prevention of Blindness and Eye Care.* Disponível em: https://www3.paho.org/hq/index.php?option=com_content&view=article&id=244:prevention-blindness-eye-care-home&Itemid=42437&lang=pt. Acesso em: 16 fev. 2022.

OSTADIMOGHADDAM, H.; FOTOUHI, A.; HASHEMI, H.; YEKTA, A.; HERAVIAN, J. GHALANDARABADI, M.; REZVAN, F.; JAFARZADEHPUR, E.; ABDOLAHI-NIA, T.; KHABAZKHOOB, M. Validity of vision screening tests by teachers among school children in Mashhad, Iran. *Ophthalmic epidemiology*, v. 19, n. 3, p. 166-171, 2012.

PALEY, W. *Natural Theology.* New York: American Tract Society, 1802.

PALMER, J. J.; CHINANAYI, F.; GILBERT, A.; PILLAY, D.; FOX, S.; JAGGERNATH, J.; NAIDOO, K.; GRAHAM, R.; PATEL, D.; BLANCHET, K. Trends and implications for achieving VISION 2020 human resources for eye health targets in 16 countries of sub-Saharan Africa by the year 2020. *Human resources for health*, v. 12, n. 1, p. 1-15, 2014.

PAUDEL, P.; RAMSON, P.; NADUVILATH, T.; WILSON, D.; PHUONG, H. T.; HO, S. M.; GIAP, N. V. Prevalence of vision impairment and refractive error in school children in Ba Ria – Vung Tau province, Vietnam. *Clinical and Experimental Ophthalmology*, v. 42, p. 217-226, 2014.

PICCOLINOAND, M.; WADE, N. J. *Galileo's Visions Piercing the spheres of the heavens by eye and mind*. Oxford University Press, 2014.

RIDDLE, J. *Engaging the Eye Generation:* Visual Literacy Strategies for the K-5 Classroom. Stenhouse Publisher, 2009.

ROBERTSON, L.; BACKER, J.; BIEMANS, C.; DOORN, J. V.; KRAB, K.; REIJNDERS, W.; SMIT, H.; WILLEMSEN, P. *Antoni van Leeuwenhoek Master of the Minuscule*. Brill, 2016.

RODRIGUES, J. C.; REBOUÇAS, C. B. D. A.; CASTRO, R. C. M. B.; OLIVEIRA, P. M. P. D.; ALMEIDA, P. C. D.; PAGLIUCA, L. M. F. Construção de vídeo educativo para a promoção da saúde ocular em escolares. *Texto e Contexto Enfermagem*, v. 21, n. 2, p. 1-11, 2017.

SAGCAL, R. R.; VALERA, N. S.; MAQUILING, J. T. Development and evaluation of context-based laboratory activities in chemistry using low-cost kits for junior public high school. *Kimika*, v. 28, n. 2, p. 30-41, 2017.

SCHELLINI, S. A.; SHIMODA, G. A.; HISANO, C.; UTYAMA, L. A. C.; SILVA, M. R. B. M. Estudo da prevalência das afecções oculares nos pré-escolares da cidade de Botucatu (São Paulo). *Revista Brasileira de Oftalmologia*, v. 46, n. 2, p. 21-26, 1987.

SCHUMAHER, M. L. N.; GASPARETTO, M. E. R. F. Saúde ocular de escolares: atuação de enfermeiros. *Revista Enfermagem* UERJ, v. 24, n. 6, p. 15108, 2016.

SHERWIN, J. C.; REACHER, M. H.; KEOGH, R. H.; KHAWAJA, A. P.; MACKEY, D. A.; FOSTER, P. J. The association between time spent outdoors and myopia in children and adolescents: a systematic review and meta-analysis. *Ophthalmology*, v. 119, n. 10, p. 2141-2151, 2012.

SPITZER, M. Open schools! Weighing the effects of viruses and lockdowns on children. *Trends in neuroscience and education*, v. 22, p. 100151, 2021.

STONE J. V. *Vision and brain how we perceive the world*. Massachusetts Institute of Technology Press, 2012.

SUAREZ-FONTES, A. M.; SILVA, J. A.; SILVA, S. C. D. S.; SOUZA, L. S. A. D.; SOUZA, D. B. D.; LIMA, C. S. F. D. A.; VANNIER-SANTOS, M. A. Microbe / Bug-Busters Visit the Interactive House: An Itinerant Scenographic Device for Health Education. *Open Journal of Animal Sciences*, v. 11, p. 333-353, 2021.

TAQI, H. A.; AL-NOUH, N. A. Effect of Group Work on EFL Students' Attitudes and Learning in Higher Education. *Journal of Education and Learning*, 2014, v. 3, n. 2, p. 52-65, 2014.

TOLEDO, C. C.; PAIVA, A. P.; CAMILO, G. B.; MAIOR, M. R. S.; LEITE, I. C. G.; GUERRA, M. Early detection of visual impairment and its relation to academic performance. *Revista da Associação Médica Brasileira*, v. 56, n. 4, p. 415-9, 2010.

WALLINE, J. J.; CARDER, E. D. J. Vision problems of children with individualized education programs. *Journal of behavioral optometry*, v. 23, n. 4, p. 87-93, 2012.

WANG, J.; LI, Y.; MUSCH, D. C.; WEI, N.; QI, X.; DING, G.; LI, X.; LI, J.; SONG, L.; ZHANG, Y.; NING, Y.; ZENG, X.; HUA, N.; LI, S.; QIAN, X. Progression of myopia in school-aged children after COVID-19 home confinement. *JAMA ophthalmology*, v. 139, n. 3, p. 293-300, 2021a.

WANG, J.; YING, G.; FU, X.; ZHANG, R.; MENG, J.; GU, F.; LI, J. Prevalence of myopia and vision impairment in school students in Eastern China. *BMC ophthalmology*, v. 20, p. 1-10, 2020.

WANG, W.; ZHU L.; ZHENG, S.; JI, Y.; XIANG, Y.; LV, B.; XIONG, L.; LI, Z.; YI, S.; HUANG, H.; ZHANG, L.; LIU, F.; WAN, W.; HU, K. Survey on the progression of myopia in children and adolescents in Chongqing during COVID-19 pandemic. *Frontiers in public health*, v. 9, p. 646770, 2021b.

WILHELMSEN, G. B.; FELDER, M. Learning is visual: why teachers need to know about vision. In: WALLER, S.; WALLER, L.; MPOFU, V.; KUREBWA, M. *Education at the Intersection of Globalization and Technology*. London: IntechOpen, 2021. p. 252.

WILLIAMS A. M.; SAHEL, J. Addressing Social Determinants of Vision Health. *Ophthalmology and Therapy*, v. 11, n. 4, p. 1371-1382, 2022.

WOHLTJEN S.; WHEATLEY T. Eye contact marks the rise and fall of shared attention in conversation. *Proceedings of the National Academy of Sciences*, v. 118, n. 37, p. e2106645118, 2021.

XIANG, Z. Y.; ZOU, H. D. Recent epidemiology study data of myopia. *Journal of ophthalmology*, v. 2020, p. 1-12, 2020.

XIE, Z.; LONG, Y.; WANG, J.; LI, Q.; ZHANG, Q. Prevalence of myopia and associated risk factors among primary students in Chongqing: multilevel modeling. *BMC ophthalmology*, v. 20, n. 1, p. 1-8, 2020.

YEBOAH, R.; ABONYI, U. K.; LUGUTERAH, A. W. Making primary school science education more practical through appropriate interactive instructional resources: A case study of Ghana. *Cogent Education*, v. 6, n. 1, p. 1-14, 2019.

YIN, Y.; QIU, C.; QI, Y. Myopia in chinese adolescents: its influencing factors and correlation with physical activities. *Computational and Mathematical Methods in Medicine*, v. 2022, 2022.

YU, H.; DUAN, Y.; ZHOU, X. Guilt in the eyes: eye movement and physiological evidence for guilt-induced social avoidance. *Journal of Experimental Social Psychology*, v. 71, p. 128-137, 2017.

ZHANG, C.; LI, L.; JAN, C.; LI, X.; QU, J. Association of school education with eyesight among children and adolescents. *JAMA Network Open*, v. 5, n. 4, p. e229545-e229545, 2022a.

ZHANG, J. H.; RAMKE, J.; MWANGI, N.; FURTADO, J.; YASMIN, S.; BASCARAN, C.; OGUNDO, C.; JAN, C.; GORDON, I.; CONGDON, N.; BURTON, M. J. Global eye health and the sustainable development goals: protocol for a scoping review. *BMJ open*, v. 10, n. 3, p. e035789, 2020.

ZHANG, L.; XU, X.; LI, Z.; CHEN, L.; FENG, L. Interpersonal neural synchronization predicting learning outcomes from teaching-learning interaction: a meta-analysis. *Frontiers in Psychology*, v. 13, p. 835147, 2022b.

ZHANG, X.; CHEUNG, S. S. L.; CHAN, H.; ZHANG, Y.; WANG, Y. M.; YIP, B. H.; KAM, K. W.; YU, M.; CHENG, C-Y.; YOUNG, A. L.; KWAN, M. Y. W.; IP, P.; CHONG, K. K; THAM, C. C.; CHEN, L. J.; PANG, C; YAM, J. C. S. Myopia incidence and lifestyle changes among school children during the COVID-19 pandemic: a population-based prospective study. *British Journal of Ophthalmology*, v. 106, n. 12, p. 1772-1778, 2022c.

ZHANG, Y.; GUAN, H.; DU, K.; ZHAO, J.; SHI, Y.; WANG, H.; WANG, D. Effects of vision health education and free eyeglasses on knowledge of vision and usage of spectacles among primary school students: evidence from gansu and shaanxi provinces in China. *Risk Management and Healthcare Policy*, p. 1449-1464, 2021.

ZHAO, Y.; GUO, Y.; XIAO, Y.; ZHU, R.; SUN, W.; HUANG, W.; LIANG, D.; TANG, L.; ZHANG, F.; ZHU, D.; WU, J. The effects of online homeschooling on children, parents, and teachers of grades 1-9 during the COVID-19 pandemic. *Medical science monitor*, v. 26, p. e925591, 2020.

Jogos e Divulgação Científica

Marcelo Simão de Vasconcellos, Flávia Garcia de Carvalho

Introdução

O Campo da Divulgação Científica

As atividades de divulgação científica vêm se expandindo e se diversificado continuamente no Brasil, apesar de limitações que persistem e de alguns retrocessos pontuais. Entre suas diversas formas, nos anos mais recentes houve um grande crescimento do uso da internet e suas redes sociais, como o Facebook e Twitter, além de publicação de conteúdos em vídeos em plataformas como o YouTube. Ao mesmo tempo, persistem as atividades de divulgação científica em suas formas mais tradicionais, como as que utilizam as mídias de massa, como revistas, cadernos de jornais, programas de TV, noticiários, e os museus de ciências. Esses últimos, a despeito de serem os mais tradicionais representantes da divulgação da ciência, seguem se multiplicando e modernizando suas práticas (MASSARANI; MOREIRA, 2021).

Essas atividades ocorrem segundo modelos de compreensão pública da ciência. O modelo mais antigo seria o chamado Modelo de Déficit, muito criticado por se basear na ideia de que existem lacunas no conhecimento sobre ciência da população e que simplesmente preencher tais lacunas com conhecimentos científicos seria suficiente, não atentando para a sua contextualização. Outro modelo, chamado de Modelo Contextual, como o próprio nome indica, entende que as pessoas processam informações de acordo com seus contextos de vida. Esse modelo foi pensado para superar as limitações das iniciativas alinhadas com o primeiro modelo. Entretanto, também recebe críticas por não ser considerado tão diferente do Modelo de Déficit e ser destinado a cumprir objetivos que não necessariamente se alinham aos da população (BROSSARD; LEWENSTEIN, 2021).

Avançando na superação das lacunas do Modelo de Déficit, o Modelo de Conhecimento Leigo parte das práticas da comunidade e enfatiza a importância do conhecimento de outros sistemas sociais que não o da ciência moderna. Por isso, seus críticos o acusam de ser "anticiência", pois apesar de os conhecimentos desses outros sistemas serem importantes e valiosos, não se enquadram exatamente no que se entende por "Campo da Ciência". Por fim, o Modelo de Engajamento Público seria o que orienta uma série de atividades que visam aumentar a participação pública nas discussões sobre políticas de ciência. Este se relaciona com a transferência de poder de uma elite científica e política para a população, a fim de democratizar a ciência por meio do empoderamento e engajamento político para a ciência. Esses quatro modelos de compreensão identificados podem apresentar fronteiras porosas entre eles e as iniciativas de divulgação científica frequentemente podem se enquadrar em mais de um modelo ao mesmo tempo (BROSSARD; LEWENSTEIN, 2021).

Nesse movimento para a democratização do conhecimento científico, diversas estratégias adotam a mediação do conhecimento especializado, a fim de torná-lo acessível para a população. Nesse processo de mediação, a DC lança mão de diferentes mídias, abraçando novas tendências capazes de enriquecer seus métodos e técnicas. Uma dessas novas mídias, que vem sendo progressivamente mais presente na DC, é a dos jogos, tanto digitais quanto analógicos, e é essa articulação que focaremos neste capítulo, tentando destacar de forma preliminar suas particularidades e potenciais.

Jogos

Os jogos acompanham a humanidade desde seus primórdios e alguns jogos como o Senet (GREEN, 2008) ou o Jogo Real de Ur (GREEN, 2008) têm milênios de idade. Huizinga (2000), reconhecido como um dos teóricos fundadores do campo acadêmico dos Estudos de Jogos, argumenta que a atividade de jogar pode ser anterior à formação das primeiras culturas humanas e provavelmente foi o que possibilitou o surgimento da própria cultura. Apesar disso, os jogos vinham historicamente recebendo menos pesquisas que outras formas culturais como a prosa, a poesia e mesmo o cinema. Isso começa a mudar no final do século XX, quando a enorme popularização dos jogos digitais, ultrapassando o faturamento da indústria cinematográfica já em 2007, contribuiu para atrair maior atenção da sociedade como um todo (BANGEMAN, 2008). Hoje, jogos digitais são parte vital da indústria cultural e, além de terem fomentado um campo de pesquisa próprio para mídias digitais, acabaram contribuindo também para impulsionar a pesquisa e o desenvolvimento dos jogos de tabuleiro, ou jogos analógicos, até há pouco tempo aparentemente limitados ao público infanto-juvenil.

Na verdade, o que chamamos de jogos pode ser entendido como um conjunto diversificado de mídias difícil de delimitar, ou ainda como um fenômeno transmidiático, uma vez que muitos meios (ou ferramentas) diferentes podem ser usados para se criar e jogar os jogos (JUUL, 2019). Em relação a outras mídias, os jogos se diferenciam por serem ao mesmo tempo objetos e processos de maneira indissociada, uma vez que eles não podem simplesmente serem lidos ou assistidos, mas também devem ser experimentados. Um jogo só acontece com a participação de pelo menos um jogador (AARSETH, 2001) e enquanto não ocorre tal participação, um jogo é apenas um conjunto de regras e dispositivos aguardando o envolvimento de pessoas (CALLEJA, 2011).

Na literatura sobre jogos podemos encontrar uma série de definições diferentes, como as de Huizinga (2000), Caillois (1990), Salen e Zimmerman (2004) e Suits (1967). Podemos notar que cada uma dessas definições varia em função dos elementos que o seu criador deseja pôr em destaque e também conforme o contexto em que foram criadas. Isso porque o que chamamos de jogo se transforma ao longo do tempo e sempre será possível encontrar jogos que desafiem definições vigentes. Dessa maneira, em vez de tentarmos chegar a uma definição essencialista para todo e qualquer jogo, podemos eleger uma definição que contemple características que consideramos importantes em um jogo ou conjunto de jogos tendo em vista o contexto da pesquisa (CALLEJA, 2011).

Assim, na perspectiva deste capítulo, recorreremos à definição proposta por Jesper Juul, desenvolvida a partir de um trabalho de avaliação das várias definições anteriores e que busca abarcar características dos jogos para uma maior abrangência. Ao contrário das definições propostas por Suits e Huizinga, esta é também uma definição que leva em conta os jogos digitais:

> Um jogo é um sistema baseado em regras com um resultado variável e quantificável, no qual a diferentes resultados são designados diferentes valores, o jogador exerce esforço para influenciar o resultado, o jogador se sente emocionalmente conectado com o resultado e as consequências da atividade são negociáveis (JUUL, 2019, p. 45).

A despeito de sua popularidade, os jogos digitais, ou videogames, são relativamente recentes e o seu surgimento coincide com o desenvolvimento e popularização dos primeiros computadores (DONOVAN, 2010).

Além disso, de certa forma os jogos digitais também estão interligados com a ciência e a divulgação científica desde seu início. O *Tennis for Two*, considerado por muitos como o primeiro jogo eletrônico da história, foi criado em 1958 para ser parte de uma exposição anual do Laboratório Nacional de Brookhaven, dedicado à pesquisa em áreas da Física. Foi desenvolvido em um computador destinado a pesquisas governamentais e que simulava trajetórias com a resistência do vento. A visualização acontecia em um osciloscópio representando uma quadra de tênis vista de lado, enquanto o público que visitava a exposição podia jogar ajustando o ângulo de suas raquetadas e acompanhando a trajetória da bola virtual. Sua exibição foi um grande sucesso e centenas de visitantes faziam fila para ver o jogo durante seus três dias de exibição. No ano seguinte, o jogo repetiu o sucesso voltando a ser exibido em uma versão aprimorada e que também simulava diferentes níveis de gravidade, como se a partida de tênis pudesse ser realizada em outros planetas (DONOVAN, 2010).

Posteriormente, outros jogos foram sendo criados de modo semelhante, como parte das atividades de universidades e centros de pesquisa, usando-se computadores mantidos por essas instituições, os quais eram inacessíveis para o público em geral. Somente em 1972, com o barateamento e a redução dos tamanhos dos componentes eletrônicos, foi lançado o Magnavox Odyssey, o primeiro console de videogame doméstico, marcando o momento em que pela primeira vez jogos digitais eram produzidos em larga escala para consumo do público (DONOVAN, 2010). Com essa popularização dos dispositivos eletrônicos, seus respectivos jogos acabam se descolando do vínculo inicial com a Divulgação Científica e começa a surgir uma indústria de jogos de entretenimento que hoje é um fenômeno global ainda em acelerado crescimento.

Relações Entre Jogos e DC

Um fenômeno paralelo, provocado pela enorme popularização dos jogos digitais, foi o surgimento de jogos digitais com objetivos educacionais, espelhando uma prática que já existia em relação a jogos analógicos elaborados para fins educativos. A princípio, muitos desses jogos abordavam temas disciplinares, mas logo foram se espalhando para outras áreas como saúde e treinamento. O termo "jogos educativos" já não dava conta de tal diversidade, sendo que também se encontrava desgastado em função da quantidade de jogos de pouca efetividade lançados, os quais sacrificavam as qualidades mais estéticas e engajantes dos jogos para sobrecarregá-los com textos disciplinares (VASCONCELLOS; CARVALHO; ARAUJO, 2018). Apesar disso, a articulação entre jogos e aprendizado ainda era vista como uma iniciativa de potencial relevante, o que levou a comunidade de pesquisadores e desenvolvedores a buscar uma nomenclatura mais ampla.

"Jogos sérios" (*serious games*) são jogos criados com outros objetivos além do mero entretenimento. Trata-se de uma categoria guarda-chuva, que se diferencia dos jogos para fins comerciais e de entretenimento. Assim como o termo "jogos", o termo "jogos sérios" também não tem uma definição absolutamente consensuada e frequentemente recebe críticas por juntar dois elementos aparentemente contraditórios, como se os jogos fossem uma categoria oposta à ideia de seriedade. Por essa razão, ao longo do tempo outras nomenclaturas têm sido propostas, como jogos de impacto ou jogos aplicados. Entretanto, seguimos usando o termo "jogos sérios" por ser a escolha mais difundida em trabalhos acadêmicos na atualidade, sendo que ela pode ser aplicada tanto a jogos digitais quanto a não digitais ou analógicos (VASCONCELLOS; CARVALHO; ARAUJO, 2018).

Um termo recente que pode causar confusão é gamificação. Frequentemente o termo é usado para iniciativas que aplicam jogos sérios, porém, nesses casos, o termo é adotado sem fundamentação teórica adequada. Na literatura sobre pesquisa e desenvolvimento de iniciativas gamificadas, predomina a definição de Deterding e autores, de que "'*Gamificação*' *é o uso de elementos de game design em contextos que não são jogos.*" (DETERDING *et al.*, 2011). Outros pesquisadores estão convergindo para a essa definição, no entendimento de que a gamificação envolve proporcionar experiências e processos capazes de fomentar emoções positivas, expressão pessoal e produzir recompensas virtuais, aplicando técnicas de game design a sistemas, produtos e plataformas que não são jogos, com o intuito de torná-los mais interessantes e atraentes, ampliando a adesão e a fidelização de usuários (VASCONCELLOS; CARVALHO; ARAUJO, 2018).

Como mencionamos antes, os jogos são um conjunto extenso e diversificado de objetos e atividades, que podem ser aplicados a inúmeros fins. Dessa forma, existem diversos jogos sérios que funcionam efetivamente como estratégias de divulgação científica. Um exemplo é o *Jogo do Acesso Aberto*, desenvolvido pela Fundação Oswaldo Cruz (Fiocruz) para mostrar ao público leigo a importância do acesso aberto para os resultados de pesquisas científicas, em particular no campo da saúde. No jogo, um pesquisador busca pelo cenário artigos que estejam disponíveis em acesso aberto para que ele possa descobrir como deter uma epidemia (VASCONCELLOS; CARVALHO; MONTEIRO, 2016). É um jogo curto e simples, jogado no próprio navegador, mas apresenta ao final links para que o jogador aprenda mais sobre o tema, funcionando assim como uma forma atraente e divertida para introduzir um assunto relevante, mas que em outros formatos poderia parecer muito pouco tangível ao leigo.

O *Jogo do Acesso Aberto* é um exemplo de *newsgame*, uma categoria de jogos sérios que visa fazer algum tipo de divulgação para o público. Geralmente empregados em sites noticiosos, os *newsgames* podem ser encarados como uma mescla de jornalismo e jogo, funcionando em complementaridade a uma matéria jornalística de modo similar a um infográfico, mas articulando interação dinâmica com a mídia do jogo a fim de ganhar a atenção do leitor e ampliar a sua compreensão sobre um assunto ou evento em particular (BOGOST; FERRARI; SCHWEIZER, 2010).

A *Superinteressante*, uma das mais conhecidas revistas de divulgação científica brasileiras, tem lançado uma série de *newsgames*. O primeiro deles foi *CSI – Ciência Contra o Crime* em 2008. O jogo era relacionado com a matéria de capa da edição da revista e colocava o jogador na pele de um cientista forense que deveria desvendar um assassinato. O jogo mais célebre lançado pela revista parece ser *Science Kombat*, uma clara paródia ao globalmente conhecido jogo *Mortal Kombat*. Em *Science Kombat* os lutadores são cientistas conhecidos na história, como Stephen Hawking, Charles Darwin, Albert Einstein, Marie Curie e Isaac Newton. Trata-se de um jogo de luta bem-humorado, em que os golpes especiais de cada personagem ilustram suas principais teorias.

Dessa forma, os *newsgames* podem também fazer parte do Jornalismo Científico, se relacionados a notícias sobre ciência. Uma questão importante para o campo de atuação do Jornalismo Científico é a superação de uma prática que parece simplesmente tomar informações da "autoridade científica" e transmiti-las para o público "leigo". Uma proposta para tanto seria o exercício do Enfoque Ampliado do Jornalismo Científico, uma abordagem que busca uma visão mais abrangente de ciência, incluindo argumentos sociais e políticos, levando em consideração as controvérsias científicas, valorizando a diversidade de atores e a promoção do debate (FIORAVANTI, 2013).

Jogos podem contribuir com essa abordagem ampliada, pois também podem ser usados para trazer à luz questões relevantes para a sociedade, apresentando por meio das suas regras, texto e imagens modelos dinâmicos que podem despertar a atenção do público e fomentar o debate sobre diferentes temas sociais (SICART, 2009). Esse é, por exemplo, o caso do *Uber Game*, produzido pelo *Financial Times* para acompanhar uma reportagem da revista que investigava as estratégias que motoristas de Uber têm que desenvolver para conseguir sobreviver trabalhando na plataforma. O jogo tenta dar uma visão mais humana e contextualizada às realidades enfrentadas por esses profissionais e foi campeão na seleção *Online Journalism Awards* (HOOK, 2017).

Dada a importância histórica da infografia para o jornalismo científico, um outro exemplo interessante é o jogo *Homo Machina*, que homenageia os infográficos criados nos anos 1920 por Fritz Kahn, pioneiro da infografia e divulgador científico (EXPERIENCE, 2018). Nesse jogo, os infográficos de Kahn ganham vida e o jogador deve controlar o corpo humano, que é comparado a uma enorme e complexa fábrica, cheia de sistemas que controlam diferentes funções. *Homo Machina* acaba sendo um belo e divertido jogo, que, apesar de se apresentar como um jogo voltado para o entretenimento, também pode ser entendido como um meio de Divulgação Científica.

Um tema relevante entre as pesquisas sobre Divulgação Científica é a ciência cidadã, um termo usado para designar ações que promovem a contribuição de não cientistas em atividades e projetos de pesquisa científica, com a vantagem não somente de melhorar a qualidade dos resultados ou reduzir custos, mas também de ampliar o engajamento público na ciência, dar protagonismo a não cientistas e contribuir com novas abordagens participativas nos modos de fazer ciência (ALBAGLI; ROCHA, 2021).

Nesse sentido, para auxiliar iniciativas envolvendo ciência cidadã, já existe uma série de instrumentos entendidos como jogos, ou como dispositivos gamificados, em funcionamento de forma on-line. O mais conhecido deles parece ser o *Foldit*, um jogo em que os participantes competem para resolver *puzzles* baseados em dobras de proteínas seguindo regras bioquímicas. As proteínas criadas e submetidas pelos jogadores como solução para os *puzzles* são então avaliadas pelos pesquisadores responsáveis pelo jogo e as mais promissoras são testadas em laboratório, potencialmente originando novos fármacos e compostos (COOPER *et al.*, 2010). Entre as publicações geradas pelas pesquisas que usam o jogo, alguns jogadores de destaque figuram entre os coautores. *Foldit* ilustra como um jogo pode se utilizar do modelo de *crowdsourcing*, promovendo o engajamento e potencializando a participação de jogadores na produção de conhecimento científico, caracterizando assim uma aplicação de jogos para a ciência cidadã.

A fim de entender melhor esse campo, empreendemos dois estudos exploratórios, visando compreender a articulação dos jogos com a divulgação científica. O primeiro trabalho faz um levantamento dos principais periódicos destinados a pesquisas no campo da Divulgação Científica e busca neles publicações sobre jogos. Entre as conclusões, destacamos que as pesquisas em divulgação científica começaram a incorporar os jogos em suas abordagens somente a partir da década de 2010. No geral, o interesse das pesquisas recai basicamente nos jogos sérios, explorando seu potencial como ferramentas de divulgação científica. A ciência cidadã costuma ser um tema muito associado aos jogos sérios, relacionando o engajamento público para a ciência com as possibilidades de engajamento que os jogos podem proporcionar. Por outro lado, encontramos uma lacuna de estudos que abordem questões relacionadas aos jogos de entretenimento (SILVA; CARVALHO; VASCONCELLOS, 2021).

Por uma perspectiva oposta, o segundo trabalho investigou os anais do maior evento acadêmico sobre jogos da América Latina, o Simpósio Brasileiro de Jogos e Entretenimento Digital – SBGames –, a fim de levantar a quantidade e a forma como os trabalhos apresentados nesse evento abordavam os temas relacionados à Divulgação Científica. A partir do levantamento, percebemos uma ausência de trabalhos que tratassem da Divulgação Científica como uma área de conhecimento ou como campo de prática a ser discutido. Inclusive, um grupo de trabalhos não mencionava o termo "divulgação científica", mas apresentava trabalhos sobre iniciativas que podem ser identificadas como Divulgação Científica. Mesmo nos trabalhos que reconheciam o termo, não percebemos uma exploração da diversidade de iniciativas que constituem a Divulgação Científica, nem uma discussão da sua importância para o contexto acadêmico ou para a sociedade, ou das reivindicações do campo. Nossa análise sugeriu que há uma lacuna nas iniciativas de pesquisa que discutam a Divulgação Científica como campo de práticas e saberes na interseção do campo de práticas e saberes sobre jogos (CODÁ *et al.*, 2022).

Potencial dos Jogos

Ao se avaliar o potencial dos jogos na sua articulação com a divulgação científica, é relevante focar principalmente em três aspectos da mídia: suas capacidades de representação e narrativa; o poder expressivo de suas mecânicas e regras; e o modo como permitem a interação com elas pelos jogadores, estimulando sua participação.

Representação e Narrativa

De modo geral, a grande maioria dos jogos ocorre em uma determinada ambientação, que ancora a experiência do jogo a um contexto ficcional. Isso pode ocorrer de modo sutil, como no xadrez, que representa uma batalha entre exércitos, ou no Senet, que se relaciona com a passagem da alma pelo pós-vida, ou de modo mais explícito, nos jogos que simulam batalhas como o War (*Risk*) ou mercado de imóveis, como o Banco Imobiliário (*Monopoly*). Para representar essa ambientação, há toda uma gama de peças, cartas, mapas e outros elementos físicos que reforçam a relação do jogador com o jogo e podem ser muito férteis para representação de conceitos e temas próprios da divulgação científica. Muitas vezes esses aspectos ficcionais revestem as regras e mecânicas do jogo com um sentido narrativo a fim de tornar a experiência mais engajante. Por essa razão, Jesper Juul considera os jogos como objetos híbridos, compostos tanto de regras quanto de ficção (JUUL, 2019).

Mesmo jogos analógicos com poucos recursos materiais, como os *role-playing games* (RPGs), fazem uso intenso da ambientação e da narrativa. Nesse tipo de jogo em particular, a narrativa é operada de forma coletiva entre os jogadores, o que potencialmente permite a elaboração de histórias com temas científicos, capazes de, por exemplo, levar os jogadores a compreender de forma mais interativa o método de investigação científica ou mesmo refletir conjuntamente sobre o papel da ciência na sociedade.

Em relação aos jogos digitais, os aspectos de representação e narrativa são ainda mais marcantes. Parte de uma indústria em acelerada expansão, os jogos digitais não somente acompanham o desenvolvimento tecnológico global, mas também são um mercado que impulsiona esse desenvolvimento de maneira determinante. Isso permite que os jogos digitais usem de diversas técnicas avançadas de representação para contar histórias de forma mais elaborada que os jogos analógicos, mesclando aspectos de jogo e cinema.

Janet Murray (2003) tornou-se uma das primeiras pesquisadoras a defender os jogos digitais como parte da história do desenvolvimento das narrativas, levando-as para um formato livre da linearidade imposta pelos suportes tradicionais anteriores, como livros e filmes. Segundo ela, há quatro propriedades essenciais dos ambientes digitais que fazem deles poderosos veículos para a produção literária: ambientes virtuais são procedimentais, pela sua distinta capacidade de executar uma série de regras; participativos, reativos ou interativos, pois permitem que pessoas induzam seu comportamento; espaciais, pela capacidade de representar espaços navegáveis; e enciclopédicos, devido à alta capacidade de armazenamento e recuperação de informações.

Desde então, os jogos digitais se desenvolveram de forma acelerada, tanto enquanto dispositivo tecnológico quanto produto cultural. Já nos anos 2010, Juul (JUUL, 2019) defendia que, embora as regras definam o que são jogos e os diferenciem das demais mídias, os jogos digitais mais recentes vêm apresentando uma grande capacidade de contar histórias, a ponto de seus mundos ficcionais serem tão importantes de serem levados em consideração quanto suas regras.

Esse potencial para apresentar narrativas multimidiáticas de modo envolvente e imersivo pode representar um grande potencial para a divulgação científica, permitindo que jogadores explorem diferentes conceitos e campos científicos no seu próprio ritmo e de acordo com seus interesses. Além disso, os jogos passam a ser também um importante campo em que se propõem diferentes perspectivas sobre o mundo e a sociedade, incluindo aí os temas relacionados à ciência, tornando-se, por isso, um campo relevante de análise para a pesquisa em divulgação científica.

Um importante tema de pesquisas no campo de estudos da Divulgação Científica é o das representações da ciência e de cientistas em produções culturais relevantes, como cinema, séries e animações. Nas últimas décadas, houve um crescimento significativo de pesquisas acadêmicas sobre cinema no campo da Divulgação Científica. Isso pode ser atribuído ao reconhecimento de que a produção cultural de sentidos da ciência é influente para a percepção pública da ciência. Alguns autores chegam a especular que essa produção cultural deve ser ainda mais influente do que o próprio conhecimento científico. Por isso é considerado importante haver pesquisas sobre as representações da ciência no cinema, como essas representações foram se desenvolvendo ao longo do tempo, como as práticas dos criadores de filmes contribuem para essas representações e como essas representações impactam na ciência do nosso mundo real (KIRBY; OCKERT, 2021).

Frente ao crescimento dos jogos como indústria cultural e observando a capacidade de contar histórias dos videogames contemporâneos, estendemos também para os jogos essa relevância como objeto de pesquisa sobre as representações da ciência. Esse ainda é um campo pouco explorado e com muitas possibilidades de questões de pesquisa. Assim como no exemplo do cinema, há um grande potencial para pesquisas sobre representações da ciência em videogames, como essas representações foram se desenvolvendo ao longo do tempo, como as práticas dos criadores de videogames contribuem para essas representações e como essas representações impactam na ciência do nosso mundo real.

Podemos listar inúmeros exemplos de jogos cujos gêneros ficcionais se alinham com o gênero de ficção científica e que trazem questões sobre o impacto da ciência e da tecnologia na sociedade. Mesmo aqueles que podem ser ambientados em futuros ou planetas distantes, tratam de questões que despertavam o interesse da sociedade no momento em que aquelas histórias foram concebidas. Muitos desses jogos apresentam essas questões de forma complexa, sem deixar de lado as controvérsias científicas que podem estar envolvidas no respectivo tema. Apresentamos a seguir alguns exemplos interessantes a título de ilustração.

Fallout se passa em uma visão retrô de um futuro pós-apocalíptico após uma guerra nuclear. Os seres humanos vivem confinados em abrigos nucleares por gerações e a história começa com o protagonista sendo obrigado a sair do abrigo pela primeira vez em busca de uma peça para reparar o purificador de água da comunidade.

O jogo *Deus Ex: Humam Revolution* se passa em um futuro bem próximo, em 2027, quando as pessoas passam a ter amplo acesso a tecnologias de aprimoramento corporal e implantes cibernéticos, mas cujo custo aumenta a exclusão social na sociedade. O jogo traz uma discussão sutil da ideia de saúde como mercadoria e da ética científica em torno dos experimentos em seres humanos.

Já a história de *Horizon Zero Dawn* acontece em um futuro pós-apocalíptico em que os seres humanos se organizam de maneira tribal e robôs vagam por uma natureza verdejante como se fossem animais. Isso é consequência de um passado no qual a proliferação de robôs militares quase extinguiu a vida na terra. O ressurgimento da humanidade só ocorre graças ao esforço de uma equipe de cientistas que estabelece um programa automatizado secular para recuperação da biosfera e da vida terrestre.

Por fim, *Prey* se passa no futuro alternativo em uma estação espacial de uma empresa privada, em que cientistas lutam contra alienígenas mortais que podem invadir o planeta Terra. A narrativa do jogo traz em vários momentos questionamentos sobre a ética científica e experimentos em seres humanos.

Essa é apenas uma pequena amostra dos jogos de entretenimento que abordam diferentes representações da ciência. Esse é um tema ainda pouco estudado, mas cuja exploração pode ser muito rica para a Divulgação Científica.

Apesar de as histórias do gênero de ficção científica serem as mais célebres ao retratarem visões da ciência, outros gêneros ficcionais também podem ser ricos nesse aspecto. Em uma pesquisa sobre as representações da tecnociência em videogames, os resultados apontaram que o jogo em que os jogadores mais reconheceram essas representações foi *Call of Duty* (DUDO *et al.*, 2014), jogo ambientado na era atual.

Expressividade das Regras

Além das capacidades de representação e narrativa, os jogos têm elementos únicos, que são suas regras e mecânicas de funcionamento. Mais do que apenas estruturarem o jogo, essas regras em si expressam sentidos que por sua vez repercutem com os jogadores quando estes interagem com o jogo. Esse conceito, chamado de retórica procedimental, destaca o potencial das regras dos jogos para predispor o jogador a certas ações e estratégias (BOGOST, 2007). Por meio da análise das regras e como os jogadores interagem com elas, é possível identificar, por exemplo, uma mensagem capitalista de acumulação de recursos (dinheiro e propriedades) mesmo em um jogo simples como o *Banco Imobiliário* ou uma lógica expansionista e colonialista em detrimento do meio ambiente em jogos tão diversos como *Minecraft* e *Civilization*.

A retórica procedimental ocorre em todo o jogo em maior ou menor grau, mas é especialmente importante de ser considerada para os jogos sérios, pois é uma forma importante de apresentar sentidos ao jogador que, por querer vencer o jogo, busca compreender suas regras de forma mais plena a fim de orientar suas ações. Uma outra forma de compreender a retórica procedimental é a capacidade que jogos têm de representar processos do mundo real em metáforas procedimentais dinâmicas operadas em conjugação com as ações do jogador e com as relações de causa e efeito experimentadas no jogo (BOGOST, 2007).

Essa retórica procedimental ocorre tanto em jogos digitais quanto em jogos analógicos. E em muitos casos elas podem ser formas de aprofundar a compreensão do jogador sobre determinados aspectos da mensagem do jogo, incluindo aí temas caros à divulgação científica.

Nos jogos que mencionamos anteriormente, por exemplo, podemos comentar em como o *Fallout* relembra o jogador a todo momento que o meio ambiente está devastado pela guerra nuclear, por meio do medidor de radiação que deve ser continuamente monitorado, dos locais onde a única água para se beber tem traços radiativos e dos tabletes de tratamento de radiação, especialmente caros e difíceis de se obter.

Já em *Deus Ex: Human Revolution*, em determinado momento o jogador sofre um ataque remoto aos seus sistemas cibernéticos e perde acesso a seus implantes. Ao mesmo tempo, o jogador perde acesso aos respectivos controles de jogo e deve se adaptar a essa nova dificuldade para superar o próximo desafio. O jogo parece propor uma crítica à dependência extrema em dispositivos que por sua vez são produzidos por corporações privadas.

Em *Prey*, o jogador pode escolher se vai especializar suas capacidades em ciência e tecnologia ou em combate, sendo que no primeiro caso ele poderá estudar restos dos alienígenas hostis para compreender melhor suas habilidades e fraquezas. De modo similar, em *Horizon Zero Dawn*, a heroína tem a opção de examinar detalhadamente os robôs hostis, o que lhe permite descobrir a função de suas peças principais e quais delas são mais vulneráveis a ataques específicos como fogo, eletricidade e ácido.

Uma classe especial de jogos sérios cujas regras são especialmente planejadas para representar processos complexos merece ser destacada aqui. São os jogos de simulação, um campo conhecido no exterior como *Simulation/Gaming*, que ainda é pouco conhecido no Brasil, mas que está ativo desde a década de 1960 nos Estados Unidos e Holanda (DUKE, 2011). Os jogos produzidos por esses grupos geralmente envolvem grandes tabuleiros e complementos digitais, com temas relacionados à realidade da administração pública, como definição de sistemas de tráfego, elaboração de redes de fornecimento e desenvolvimento de políticas públicas similares. Sua proposta é que os especialistas envolvidos joguem um jogo complexo que simula os processos relacionados ao tema e, no processo de interação entre si e com o jogo, acabem descobrindo novas formas de cooperação para definição de políticas e processos mais eficientes (VASCONCELLOS; DIAS; MAYER, 2019). Embora seja um uso extremamente especializado dos jogos, esse tipo de simulação pode ser uma forma efetiva de lidar com problemas cuja solução não pode ser identificada de forma determinista, justamente por envolver diferentes atores humanos e institucionais.

Jogo como Participação

Além do poder expressivo das regras do jogo, explicitado no conceito da retórica procedimental (BOGOST, 2007), um aspecto essencial dos jogos é a intervenção do jogador. Embora essa intervenção tenha sido chamada com frequência de interação, alguns pesquisadores defendem que o termo se encontra desgastado devido ao seu marketing desde a virada do século, propondo no lugar o termo participação, entendendo que jogos não apenas exigem participação, mas são criados com a expectativa dela em sua essencialidade. De forma semelhante, a própria cultura que cerca os jogos tendem a ser participatória (RAESSENS, 2005).

A rigor, quando falamos de jogos como participação, estamos nos referindo ao processo operacional pelo qual o jogador intervém no jogo e o jogo por sua vez reconhece e incorpora sua atuação. Tanto os jogos analógicos quanto os digitais seriam caracterizados pela participação. O jogo pode ser entendido, nesse caso, como um sistema formal capaz de receber uma informação como entrada e ter seu estado alterado por ela. Esse ato é frequentemente chamado de reconfiguração, explicitando o modo como jogadores continuamente atuam conforme as regras do jogo para mudar a situação do jogo (VASCONCELLOS; CARVALHO; ARAUJO, 2017).

Embora a participação em um jogo se inicie como uma necessidade pragmática para que o jogo ocorra, essa ideia de intervir em um sistema para modificá-lo segundo objetivos específicos tem o potencial efeito secundário de tornar o usuário (ou jogador) mais consciente de seu papel ativo na operação desse sistema. Assim, segundo alguns autores, aos poucos, a prática com jogos não apenas fomentaria uma cultura participatória, mas poderia gerar uma expectativa de maior capacidade de atuação por parte do jogador (RAESSENS, 2005). E essa expectativa de atuação passa a não se restringir ao limite do jogo, mas se estender a outras áreas da vida, promovendo maior protagonismo do jogador na sociedade (VASCONCELLOS, 2013). Desse certo modo, esse processo detém uma similaridade com ideais da divulgação científica conforme vista na contemporaneidade.

Pesquisas indicam que a participação no jogo tende a promover uma maior identificação do jogador com ele, podendo também transbordar para fora do jogo, ou seja, a partir da experiência de participação no jogo, o jogador pode desenvolver novas perspectivas que seriam úteis no mundo "real" (YEE; BAILENSON, 2007). E essa migração da participação em jogo para participação em sociedade pode ocorrer de modo ainda mais intenso ao considerarmos os jogos on-line que permitem a participação de vários (às vezes milhares) jogadores simultaneamente, coexistindo em comunidades virtuais.

Nessas comunidades, os jogadores competem, cooperam, forjam diferentes tipos de laços sociais, que vão de eleições para líderes a casamentos encenados. Nesses ambientes, jogadores também criam conteúdo original, tornando-os potencialmente espaços de expressão pessoal e até mesmo de deliberação coletiva. Esse "transbordamento" de ações, associações e até expertises do mundo virtual para o mundo físico já não é visto como um evento fantástico, mas como uma extensão natural das afetividades e vida social dos jogadores (YEE; BAILENSON, 2007).

Considerações Finais

Os jogos, embora tendo uma história milenar, começaram a entrar em maior evidência na sociedade com a popularização dos jogos digitais, particularmente a partir do início do século XXI, quando as grandes produções começam a criar curiosidade para além das comunidades de jogadores. É também nesse período que se forma a primeira geração de pesquisadores a tomar jogos como objeto de pesquisa. A princípio focado nos jogos digitais, o campo dos Estudos de Jogos logo se expande para abarcar todo tipo de jogos e compreender suas particularidades e potenciais.

Esse potencial se manifesta de modo mais marcante em três dimensões que elencamos: suas capacidades expressivas e narrativas, que permitem contar histórias e reconstruir eventos de diferentes modos, criando relações pessoais com o jogador; a camada extra de expressividade provida pelas regras e funcionamento, que permite que os jogadores apreendam sentidos engendrados no projeto do jogo de forma dinâmica e intuitiva, ensaiando, praticando, perdendo e ganhando na operação com as regras; e o espaço que os jogos abrem para a participação do jogador, reconhecendo e respondendo às suas ações, combinando-as com as dos demais jogadores, continuamente se adaptando aos atos dos jogadores ao mesmo tempo que funcionam como um espaço social que permite o convívio sob regras distintas das regras sociais normalmente vigentes, gerando por isso tanto oportunidades de novas perspectivas de contato quanto fascinação por esses experimentos.

É ainda incipiente, entretanto, a reflexão sobre tal potencial sob a perspectiva da divulgação científica, uma tarefa que, conforme quisemos ilustrar aqui, parece-nos muito relevante, considerando tanto o potencial dos jogos para uma Divulgação Científica que pode se revelar inovadora e potente, quanto como representantes de novos espaços em que o público também se expõe a diferentes ideias do que seja ciência e forma seus conceitos, os quais merecem ser estudados e compreendidos. Jogos podem representar espaços promissores para se pensar novas formas de se conduzir a Divulgação Científica de forma mais participativa e dinâmica. Podem também ser ambientes para se avaliar temas importantes para a Divulgação Científica, como a imagem da ciência, da tecnologia e dos cientistas, bem como muitos outros temas relevantes à sociedade.

Referências

AARSETH, E. Computer Game Studies, Year One. *Game Studies*, v. 1, n. 1, 2001. Disponível em: http://www.gamestudies.org/0101/editorial.html. Acesso em: 19 out. 2011.

ALBAGLI, S.; ROCHA, L. Ciência cidadã no Brasil: um estudo exploratório. *In:* BORGES; A. M.; CASADO, E. S. (org.). *Sob a lente da ciência aberta*: olhares de Portugal, Espanha e Brasil. Coimbra: Imprensa da Universidade de Coimbra, 2021. p. 489-511.

BANGEMAN, E. Growth of gaming in 2007 far outpaces movies, music. *Ars Technica*, 2008. Disponível em: http://arstechnica.com/gaming/news/2008/01/growth-of-gaming-in-2007-far-outpaces-movies-music.ars. Acesso em: 7 jan. 2010.

BOGOST, I. *Persuasive Games:* The Expressive Power of Videogames. Kindle edition. Cambridge: The MIT Press, 2007.

BOGOST, I.; FERRARI, S.; SCHWEIZER, B. *Newsgames:* Journalism at Play. Cambridge: The MIT Press, 2010.

BROSSARD, D.; LEWENSTEIN, B. Uma avaliação crítica dos modelos de compreensão pública da ciência: usando a prática para informar a teoria. *In:* MASSARANI, L. M. I. (org.). *Pesquisa em Divulgação Científica*. Rio de Janeiro: Fiocruz / COC, 2021. p. 15-55.

CAILLOIS, R. *Os Jogos e os Homens*. Lisboa: Edições Cotovia, 1990.

CALLEJA, G. *In-Game:* From Immersion to Incorporation. Cambridge: The MIT Press, 2011.

CODÁ, V.; VASCONCELLOS, M. S.; CARVALHO, F. G.; MASSARANI, L. Jogos e Divulgação Científica: uma análise dos proceedings do SBGames. *In: Anais [...]* Simpósio Brasileiro de Jogos e Entretenimento Digital — SBGames 2021, Gramado. SBC, 2021. p. 1-4. Disponível em: https://www.sbgames.org/proceedings2021/CulturaShort/218980.pdf. Acesso em: 2 jul. 2022.

COOPER, S. *et al.* Predicting protein structures with a multiplayer online game. *Nature*, v. 466, n. 7307, p. 756-760, 2010. Disponível em: https://www.ncbi.nlm.nih.gov/pmc/articles/PMC2956414/. Acesso em: 2 jul. 2022.

DETERDING, S. *et al.* From Game Design Elements to Gamefulness: Defining "Gamification". *In: Proceedings of the 15th International Academic MindTrek Conference: Envisioning Future Media Environments*, 2011, Tampere, Finland. Tampere: ACM, 2011. p. 9-15.

DONOVAN, T. *Replay:* the history of video games. Lewes: Yellow Ant, 2010.

DUDO, A. *et al.* Portrayals of technoscience in video games: A potential avenue for informal science learning. *Science Communication*, v. 36, n. 2, p. 219-247, 2014.

DUKE, R. Origin and Evolution of Policy Simulation: A Personal Journey. *Simulation & Gaming*, v. 42, n. 3, p. 342-358, 2011. Disponível em: http://sag.sagepub.com/content/42/3/342.abstract. Acesso em: 10 jun. 2019.

EXPERIENCE, A. *Homo Machina*: Homo Machina Android, iOS, 2018.

FIORAVANTI, C. H. Um enfoque mais amplo para o Jornalismo Científico. *Intercom: Revista Brasileira de Ciências da Comunicação*, v. 36, p. 315-332, 2013.

GREEN, W. Big Game Hunter. *Time*, 2008. Disponível em: http://content.time.com/time/specials/2007/article/0,28804,1815747_1815707_1815665,00.html. Acesso em: 15 jun. 2017.

HOOK, L. Uber: The uncomfortable view from the driving seat. *Financial Times*, San Francisco, 2017. Disponível em: https://www.ft.com/content/c9a8b592-a81d-11e-7-ab55-27219df83c97. Acesso em: 12 fev. 2022.

HUIZINGA, J. *Homo Ludens*. São Paulo: Perspectiva, 2000.

JUUL, J. *Half-Real:* Videogames Entre Regras Reais e Mundos Ficcionais. Rio de Janeiro: Blucher, 2019.

KIRBY, D. A.; OCKERT, I. Science and technology in film: Themes and representations. *Routledge handbook of public communication of science and technology*. Routledge, 2021. p. 77-96.

MASSARANI, L.; MOREIRA, I. Divulgação científica no Brasil: algumas reflexões sobre a história e desafios atuais. *Pesquisa em divulgação científica – Textos escolhidos.* Rio de Janeiro: Fiocruz / COC, 2021. p. 107-132.

MURRAY, J. H. *Hamlet no holodeck*: o futuro da narrativa no ciberespaço. São Paulo: Editora Unesp, 2003.

RAESSENS, J. Computer games as participatory media culture. *In:* RAESSENS, J.; GOLDSTEIN, J. (org.). *Handbook of Computer Game Studies.* Cambridge, MA: The Mit Press, 2005. p. 373-389.

SALEN, K.; ZIMMERMAN, E. *Rules of play:* game design fundamentals. Cambridge: The MIT Press, 2004.

SICART, M. Newsgames: Theory and Design. *In:* STEVENS, S.; SALDAMARCO, S. (org.). *Entertainment Computing* – ICEC 2008. Springer Berlin Heidelberg, 2009. v. 5309. cap. 4, p. 27-33.

SILVA, E. F. N.; CARVALHO, F. G.; VASCONCELLOS, M. S. O papel dos jogos nos periódicos de divulgação científica. *In: Anais [...]* Simpósio Brasileiro de Jogos e Entretenimento Digital — SBGames, 2021, Gramado. SBC, 2021. Disponível em: https://www.sbgames.org/proceedings2021/CulturaShort/218902.pdf. Acesso em: 3 ago. 2022.

SUITS, B. What Is a Game? *Philosophy of Science,* v. 34, n. 2, p. 148-156, 1967.

VASCONCELLOS, M. S. *Comunicação e Saúde em Jogo:* os video games como estratégia de promoção da saúde. 2013. 293 f. Tese (Doutorado em Saúde) – Instituto de Comunicação e Informação Científica e Tecnológica em Saúde (Icict), Fundação Oswaldo Cruz, Rio de Janeiro, 2013.

VASCONCELLOS, M. S.; CARVALHO, F. G.; ARAUJO, I. S. Understanding Games as Participation: an analytical model. *Cibertextualidades,* n. 8, p. 107-118, 2017. Disponível em: http://hdl.handle.net/10284/6012. Acesso em: 2 jul. 2022.

VASCONCELLOS, M. S. *O Jogo como Prática de Saúde.* Rio de Janeiro: Fiocruz, 2018.

VASCONCELLOS, M. S. *et al.* Gamificação: uma investigação sobre o conceito no contexto do SBGames. *In: Anais [...]* Simpósio Brasileiro de Jogos e Entretenimento Digital — SBGames, 2018, Foz do Iguaçu. SBC, 2018. Disponível em: https://www.sbgames.org/sbgames2018/files/papers/CulturaFull/188285.pdf. Acesso em: 10 ago. 2021.

VASCONCELLOS, M. S.; CARVALHO, F. G.; MONTEIRO, J. P. "Jogo do acesso aberto": desenvolvendo um newsgame para a comunicação e saúde. *Revista Eletrônica de Comunicação, Informação e Inovação em Saúde,* v. 10, n. 1, 2016. Disponível em: https://www.reciis.icict.fiocruz.br/index.php/reciis/article/download/1073/pdf_1073. Acesso em: 10 jan. 2022.

VASCONCELLOS, M. S.; DIAS, C. M.; MAYER, I. Aproximando tradições: o campo dos Jogos e Simulações e suas contribuições para a pesquisa e elaboração de jogos sérios. *Proceedings of SBGames*. Rio de Janeiro: Sociedade Brasileira de Computação, 2019. p. 678-685. Disponível em: https://www.sbgames.org/sbgames2019/files/papers/CulturaFull/198275.pdf. Acesso em: 8 nov. 2019.

YEE, N.; BAILENSON, J. The Proteus Effect: The Effect of Transformed Self-Representation on Behavior. *Human Communication Research*, v. 33, p. 271-290, 2007.

Jogos de Tabuleiro Modernos no Ensino de Ciências e Biologia

Clever Gustavo de Carvalho Pinto, Ralph Ferraz Gomes,
Thaís Sanches Santos, Carolina Nascimento Spiegel

Os jogos de tabuleiro apresentam natural função lúdica, que permite a experimentação de prazer e diversão. Porém, podem também reservar função educativa, contribuindo para o aprendizado do indivíduo, desenvolvendo conhecimentos e compreensão do mundo. Para que essa função educativa aconteça, é fundamental que as situações lúdicas ocorram com planejamento e intencionalidade pelo professor (KISHIMOTO, 2011).

Quando se fala em jogos de tabuleiro pedagógicos, pode vir à mente alguns jogos tradicionais como os jogos de memória, de trilha ou de perguntas e respostas – conhecidos como *quiz*. Da mesma forma, se considerarmos os jogos de tabuleiro comerciais mais tradicionais no mercado, provavelmente surgirão os nomes "Monopoly" (lançado em 1935, traduzido no Brasil inicialmente como "Banco Imobiliário"), "Clue" (1949, "Detetive"), "Risk" (1959, "War") e "Game of Life" (1960, "Jogo da Vida"). Apesar de bem antigos, ainda são lembrados e permanecem como líderes de mercado até hoje. No entanto, analisando esses jogos, percebe-se a elevada influência da aleatoriedade representada principalmente pelo uso dos dados (ou roletas) que retira poder de decisão do jogador. Outros dois elementos característicos são o favorecimento da eliminação de jogadores e a imprevisibilidade do fim do jogo, criando, às vezes, partidas de duração muito longa.

Já há algum tempo, presenciamos um novo momento para os jogos de tabuleiro (NICHOLSON, 2008). Entre 2009 e 2010, esse momento encontrou escala global, catalisado pelo enorme sucesso do jogo de tabuleiro alemão "Catan" [Teuber, 1995]. Esse episódio contribuiu para uma renovação do interesse no mercado de jogos de tabuleiro (DONOVAN, 2022). A comunidade de jogadores passou a categorizar essa novidade como "jogos de tabuleiro modernos" (JTM). Wood (2012 *apud* SOUSA; BERNARDO 2019, p. 2) os definem como: "produtos comerciais, criados nas últimas cinco décadas, com autor ou autores identificáveis, com mecânica e design originais, com componentes de alta qualidade criados para um público específico". Nesses jogos, nota-se preocupação constante dos criadores (*game designers*) para que suas obras proporcionem boas experiências para os jogadores. A exemplo, percebe-se que esses jogos proporcionam alta rejogabilidade, característica que permite aos jogadores o desenvolvimento de diferentes estratégias e interações, tornando cada partida única. Cabe alertar que o termo JTM se trata de uma definição relativamente recente, não acadêmica, que, conforme Carvalho (2022), certamente será objeto de estudos acadêmicos posteriores em torno de sua definição. Alguns textos os consideram como "Jogos de Tabuleiro Contemporâneos".

Os *Eurogames* (ou jogos europeus) são uma subcategoria de JTM que se originou em um contexto da Alemanha pós-segunda guerra em que ações de conquista, dominação, ataque e eliminação eram evitadas nas atividades culturais e sociais (DONOVAN, 2022). Sousa e Bernardo (2019) listam algumas delas: (1) Não há eliminação de jogadores antes do fim da partida; (2) Vitória determinada pelo jogador que concluiu mais objetivos ou acumulou mais pontos de vitória; (3) Pontuação oculta entre jogadores, que não conseguem definir o vencedor antes da partida acabar – o que proporciona o engajamento contínuo dos jogadores; (4) Não há elementos de ataques diretos, privilegiando a competição indireta; (5) Baixa dependência da aleatoriedade, sendo jogos mais estratégicos; (6) Privilegia a simplicidade de regras e (7) Possibilidade para jogos cooperativos, em que todos os jogadores, juntos, podem vencer ou perder a partida.

A experiência do "jogar" é, em parte, definida pelo sistema de regras do jogo, constituído por um conjunto de mecânicas que impõem limitações e apresentam objetivos aos jogadores. Os JTM possuem mecânicas diversas e inovadoras que apresentam novos desafios aos jogadores e determinam a sequência ou conjunto de ações que podem ou devem ser realizadas durante o jogo. Hoje existe uma lista grande de mecânicas, as quais podem ser consultadas no site Board Game Geek (boardgamegeek.com), referência internacional para jogos de tabuleiro, ou no Ludopedia (ludopedia.com.br), referência no Brasil. Este último é relevante no contexto nacional por apresentar um amplo catálogo, em português, de jogos de tabuleiro.

Apresentamos algumas mecânicas listadas por Woods (2012) como mais comuns nos Eurogames, baseadas nas definições de Engelstein e Shalev (2019): **(1) Colocação de peças** – os jogadores têm acesso a peças que geralmente são fichas de formas geométricas planas que devem ser colocadas em uma grade (geralmente mapas) obedecendo a regras. Alguns jogos que apresentam esta mecânica são "Carcassonne" [Wrede, 2000], "Kingdomino" [Cathala, 2016] e "Azul" [Kiesling, 2017]; **(2) Leilão** – na qualidade de vendedores ou de compradores, os jogadores devem leiloar objetos, cartas, fichas e até mesmo pontos de vitória. Essa mecânica engaja os jogadores, inclusive permitindo a expressão de habilidades e cálculos matemáticos. Exemplos: "Modern Art" [Knizia, 1992], "No Thanks" [Gimmler, 2004] e "Power Grid" [Friese, 2004]; **(3) Troca** – consiste em permitir que os jogadores troquem itens entre si. Geralmente essas trocas são livres, mas pode haver restrições quanto ao momento em que elas são permitidas. Os jogadores podem testar suas habilidades de convencimento. O representante mais famoso dessa mecânica é "Catan" [Teuber, 1995]; **(4) Alocação de trabalhadores** – os jogadores têm à disposição no tabuleiro vários espaços que permitem vantagens aos jogadores. Cada espaço passa a ficar reservado para o jogador que colocou seu peão (ou trabalhador) nele. É uma mecânica desafiante, pois os jogadores podem se ver com poucos espaços ou com poucos peões à sua disposição. Essa mecânica permite o desenvolvimento da capacidade estratégica dos jogadores. Exemplos: "Stone Age" [Brunnhofer, 2008], "Viticulture" [Stegmaier e Stone, 2013] e "Cytosis" [Coveyou, 2017]; **(5) Coleção de componentes** – os jogadores são encorajados a coletarem peças, cartas ou outros elementos de modo a formar conjuntos que vão proporcionar pontos de vitória. Assim, ocorre uma competição indireta entre os jogadores para coletar o componente de seu interesse ou do interesse de outro jogador. Para avaliar a melhor decisão, é preciso exercitar um pensamento matemático. Tem como representantes: "7 Wonders" [Bauza, 2010], "Azul" [Kiesling, 2017] e "Wingspan" [Hargrave, 2019]; **(6) Controle de área** – os jogadores buscam possuir a maioria de peças em uma determinada área ou então serem os primeiros a colocarem suas peças em uma área. Assim, determina-se que aquela área está controlada e o jogador recebe os benefícios proporcionados por ela. "Carcassonne" [Wrede, 2000], "Small World" [Keyaerts, 2009] e "Blood Rage" [Lang, 2015] são alguns exemplos. Cabe notar que "Azul" e "Carcassonne" foram exemplos para duas mecânicas – evidenciando que muitos jogos são formados pelo conjunto de várias mecânicas.

Aplicação dos Jogos de Tabuleiro Modernos no Ensino de Ciências e Biologia

A iniciativa de utilizar JTM em um contexto de ensino de Ciências e Biologia contribui para o despertar do interesse e da curiosidade no estudante, aumentando seu engajamento nas atividades. Quast (2022) relata que a rica dinâmica dos jogadores com o jogo e entre si permite variadas possibilidades de aprendizado e desenvolvimento, sendo algumas delas a promoção da atenção, concentração, elaboração, teste de hipóteses e estratégias, além de tomada de decisões. A autora também cita o desenvolvimento de habilidades sociais como a empatia, comunicação, habilidade de perceber as intenções do outro e observar o mundo a partir de diferentes perspectivas. E ainda permite o desenvolvimento ético e moral, habilidade lógica, pensamento abstrato, autorregulação e autoavaliação. Muitos jogos tradicionais utilizam excessivamente elementos relacionados à aleatoriedade (p. ex. cartas e dados) que se tornam determinantes do resultado final da partida. Em contraposição, percebe-se que os JTM, e sobretudo os *Eurogames*, propiciam que o jogador exerça agência sobre seu desempenho durante a partida. Assim, constantemente, é preciso avaliar a situação na partida, buscar saídas, corrigir erros e reavaliar estratégias. Assim, o aluno se torna protagonista em um processo que pode favorecer o aprendizado, permitindo a construção de conceitos, reflexões e relações.

O professor interessado em utilizar jogos de tabuleiro no ensino precisa planejar esse uso dentro dos seus objetivos de ensino pretendidos. Ao escolher um jogo, o professor precisa ter claros os motivos dessa escolha – a exemplo, introduzir um conteúdo, promover reflexões, propor aplicabilidade a um conhecimento, trazer novas experiências para sala de aula, dentre outros. Prado (2018) alerta que o professor precisa conhecer em profundidade o jogo de tabuleiro a ser utilizado – desde possíveis maneiras em se abordar transversalmente temas de interesse, a compreensão do sistema de regras do jogo e a adequação do jogo ao público até a atividade pretendida. É necessário evitar se render à empolgação do momento. Isso porque ao apresentar para a classe um jogo de tabuleiro que não se domina totalmente, podem surgir experiências negativas tanto para os estudantes quanto para o professor.

Gonzalo-Iglesia *et al.* (2018a) indicam elementos a serem levados em consideração no uso e planejamento de jogos no ensino, como a complexidade das regras do jogo, tempo e espaço disponível, tamanho do grupo de estudantes e a própria acessibilidade de unidades do jogo de tabuleiro. Esses aspectos precisam ser analisados, de forma a determinar a viabilidade do uso de jogo de tabuleiro na sala de aula:

- **Quantidade de jogadores por jogo** – exerce influência direta sobre a dinâmica da sala de aula. Desse modo, jogos que contemplem poucos jogadores demandam uma atenção maior do professor, pois terão várias estações de jogo simultâneas. A realização de uma partida com a participação de toda a turma (quando o jogo permitir) certamente contribuirá para que o professor não corra o risco de perder o controle da atividade. Outra possibilidade seria a de requisitar ajuda de outros colaboradores da escola ou ainda instruir alguns alunos antecipadamente para atuarem como monitores na atividade.

- **Quantidade de jogos por turma** – é importante prever para que toda a turma seja contemplada e dependerá do tamanho da turma e da quantidade de participantes que um jogo permite. Nesse ponto, esbarra-se na questão financeira, pois a maioria dos JTM têm custo elevado e são vendidos por cerca de 200 a 500 reais. Vale ressaltar que há alternativas de jogos de cartas simples com custo em cerca de 50 reais. Ainda, há jogos que podem ser impressos que permitem o seu uso a custos bastante reduzidos.

- **Tempo total da partida** – em geral, professores dispõem de um a três tempos de 50 min de aula. Assim, o tempo da atividade necessita ser avaliado para que possa ser concluída. Desse modo, é importante que o professor conheça em profundidade a dinâmica do jogo e que faça partidas de teste com alguns alunos, permitindo que o tempo seja mais bem previsto. Eventualmente, pode-se desmembrar a atividade em dois momentos ou atuar em conjunto com outros professores, compartilhando os tempos de aula.

- **Tema e complexidade do jogo** – é importante levar em consideração a adequação às temáticas que estão sendo trabalhadas. O tema não precisa ser idêntico ao conteúdo abordado, e aproximações podem ser realizadas, utilizando o jogo como um vetor para a abordagem do assunto. Outro ponto relevante é compreender se a complexidade do jogo está de acordo com o desenvolvimento dos alunos. Assim, torna-se relevante ao professor ampliar o conhecimento acerca de jogos de tabuleiro para realizar boas escolhas.

- **Faixa etária** – a maioria dos jogos de tabuleiro apresenta indicações de faixas de idade. No entanto, é primordial que o professor conheça o jogo de tabuleiro em profundidade para considerar se ele está adequado para a realidade de sua turma. Assim, é recomendado partidas teste com grupos de alunos para verificar como eles interagem com a atividade.

Huizinga (2019) define jogos como atividade voluntária, fora da vida comum, "não séria", engajante, desprovida de interesse material, definida por regras. Ao se planejar o uso de jogos no ensino, é importante considerar que nem todos estão inclinados ou preparados para essas experiências e que essa atividade deve ser voluntária. Luckesi (2014) define que uma atividade lúdica só pode receber esse adjetivo caso a experiência subjetiva do indivíduo tenha sido interpretada como lúdica. Assim a brincadeira de "pular corda" pode ser ao mesmo tempo lúdica e não lúdica, caso algum integrante do grupo, por qualquer motivo, não esteja se divertindo. Dessa forma, ao passo que o professor empreenda esforços para estimular os alunos a se engajarem na atividade lúdica proposta, também é importante que ele disponha de atividades alternativas para algum aluno que porventura resista a essa abordagem.

Iniciativas de uso de jogos não se encontram restritas apenas ao ensino infantil, pois verificamos na literatura vários trabalhos envolvendo jogos de tabuleiro no ensino médio e superior. Como exemplo, observa-se Spiegel *et al.* (2008) utilizando o jogo de tabuleiro autoral "Célula Adentro" – voltado à investigação científica em citologia e biologia molecular – tanto no ensino médio como no ensino superior (ALVES *et al.*, 2009); Gonzalo-Iglesia *et al.* (2018b), que utilizaram jogos de tabuleiro comerciais, como "Cytosis" e "Peptide", no ensino superior, para refletir sobre comunicação e socialização de conhecimento científico; e Eisenack (2013), que produziu o jogo comercial "KeepCool" sobre mudanças climáticas relacionadas ao acúmulo de CO_2 atmosférico com estudantes de ensino médio e superior.

Além da realização de atividades com jogos de tabuleiro modernos no ensino em sala de aula, há outras abordagens possíveis de serem realizadas. Essas abordagens têm o potencial de envolver toda a escola, incluindo alunos, professores e técnicos para além do usual. Segue o relato de duas iniciativas que podem servir de exemplo:

Tabuleirando, no Instituto Federal do Amazonas (IFAM)

O projeto Tabuleirando no IFAM é uma iniciativa do campus Tefé, interior do Amazonas, e visa oferecer um espaço de socialização, educação e entretenimento por meio dos jogos de tabuleiro. Essa iniciativa foi exposta em 2020, de maneira remota devido à pandemia, na Feira de Jogos de Essen (*Internationale Spieltage Spiel*), que é a maior feira sobre jogos de tabuleiro do mundo e ocorre anualmente na Alemanha (PINTO, 2020).

A dinâmica do projeto ocorre por meio da realização de encontros, geralmente aos sábados das 14 às 18 horas, ocasionalmente em feriados e dias especiais. Nesses encontros, os alunos se encontram e jogam o que escolherem. Assim, os frequentadores têm a oportunidade de conhecer e se reconhecer nos colegas, desenvolvendo e fortalecendo laços de amizade e identidade com a instituição. Portanto, os jogos funcionam como uma plataforma de socialização em que os alunos se divertem, seja vencendo, perdendo, competindo ou cooperando.

Esse projeto é financiado com recursos da assistência estudantil, por meio de um edital específico de "Projetos Integrais". Com esses recursos foi possível montar a ludoteca, além de renová-la anualmente. Desde sua existência, em 2016, alunos frequentadores passaram a conhecer as regras de vários jogos, também atuando como monitores, os quais recebem bolsas de estudos. Esses alunos monitores recepcionam os colegas que visitam o projeto, propondo jogos cujo nível de complexidade seja compatível com a experiência do aluno frequentador. A diversidade de jogos da ludoteca se mostra importante por permitir que os monitores possam propor o jogo mais adequado para o momento, explicando-o e, por vezes, jogando junto aos alunos frequentadores.

O projeto apresenta uma boa aceitação por parte dos alunos. Cada encontro reúne cerca de 30 alunos – 10% dos alunos de ensino médio matriculados na instituição. No início do projeto, o número de participantes era baixo. No entanto, ao longo do desenvolvimento, esse público veio a aumentar. E assim, percebe-se o desenvolvimento de laços de amizade por meio da interação ocorrida entre os alunos durante o projeto. Por exemplo, alunos tímidos relatam que passaram a conhecer outros alunos – aumentando a satisfação em estar no ambiente escolar. A instituição como um todo ganhou com esse espaço de interação lúdica, aberto e horizontal, com alunos e professores.

Clube de Jogos na Escola

Outra alternativa que pode ser desenvolvida na educação básica é a criação de Clube de Jogos no contraturno das aulas. Essa proposta foi realizada por iniciativa de uma professora de Ciências, utilizando sua coleção particular de jogos, em uma escola privada em Maringá (PR). A partir da percepção do interesse manifestado pelos alunos quando comentava sobre jogos de tabuleiro, surgiu a ideia de formar um Clube de Jogos para apresentar esses jogos novos. Os encontros ocorriam semanalmente na biblioteca da escola e dispunham de uma hora de duração. Devido ao grande número de alunos que compareciam – cerca de 15 a cada encontro – eles eram separados em grupos menores para experimentarem propostas de jogos diferentes. A professora também jogava com os alunos e auxiliava nas explicações das regras.

O Clube de Jogos foi um espaço muito importante dentro do contexto em que se encontrava a escola, na qual estava ocorrendo o retorno às atividades presenciais pós-pandemia e a retomada desse convívio social. Inclusive, alunos puderam levar jogos para casa, com intuito de jogar com seus amigos e familiares.

Planejamento e Montagem de Ludotecas

A existência de um espaço reservado para os jogos de tabuleiro não é obrigatória para o desenvolvimento de atividades ou projetos lúdicos no ambiente escolar. Sem dúvidas, o ideal é que existam espaço e ludoteca destinados à finalidade da abordagem do lúdico e de jogos de tabuleiro. No entanto, por falta de apoio institucional e recursos, muitas ações são iniciadas isoladamente pelo professor e, à medida que o projeto é desenvolvido e obtém resultados, pode despertar o interesse da gestão escolar. Uma vez que a instituição se interesse e oferece apoio a projetos voltados ao lúdico, surge a oportunidade de montagem de uma ludoteca. Assim, é preciso propor dois questionamentos principais: quais os trâmites envolvidos na aquisição de jogos e quais jogos escolher.

- **Planejamento de compra** – varia de acordo com a natureza da instituição: pública ou privada. Assim, instituições privadas tendem a apresentar processos simplificados e menos burocráticos. Por sua vez, as instituições públicas são obrigadas, mediante legislação específica, a seguirem regulamentações quanto à aplicação do recurso financeiro. Há dois procedimentos principais. O pregão é o processo mais burocrático e demorado. Antes de iniciá-lo, é preciso ter o uso do recurso autorizado, seja por edital ou acordo interno com a instituição que oferece o fomento. Após isso, é preciso enviar o orçamento detalhado para o departamento de administração institucional a fim de iniciar o processo de confecção e lançamento do edital. Uma vez publicado, fornecedores podem manifestar interesse, comparecendo ao pregão na data agendada no edital e fazerem lances nos itens que serão comprados pelo menor preço. Caso os itens não recebam lance, geralmente é autorizada a realização da compra direta – essa com mecanismo simples, envolvendo pesquisa de preços, geralmente em três estabelecimentos diferentes, seguida de aquisição no fornecedor mais barato. Divulgar os editais de pregão pode ser importante, pois os JTM não são amplamente conhecidos no mercado brasileiro e os fornecedores que tradicionalmente participam de pregões podem não apresentar JTM em seu portfólio. E os lojistas especializados podem não acompanhar esses editais. Tanto para a divulgação do edital de pregão quanto para a pesquisa de preços, o site ComparaJogos (www.comparajogos.com.br) apresenta uma lista de vários lojistas especializados em JTM. Cabe considerar que cada instituição apresenta particularidades e, assim, as formas de aquisição não são fixas e variam dependendo da fonte do recurso financeiro e de seus regulamentos específicos.

Em caso de indisponibilidade de recursos financeiros para o desenvolvimento das atividades, há formas mais acessíveis de se utilizar jogos de tabuleiro no ensino. Há versões chamadas de *Print and Play* (PnP), traduzida como "Imprima e Jogue", além de jogos disponibilizados em plataformas digitais. Os jogos com versões PnP consistem em arquivos digitais, geralmente PDF, que podem ser reproduzidos em impressora doméstica e montados com materiais simples – por exemplo, com papelão para reforçar o que será o tabuleiro do jogo. Há muitos jogos com versões PnP disponíveis gratuitamente na internet. A grande vantagem desse material é seu custo bastante acessível, o que amplia a possibilidade de uso no ensino. Ainda, há plataformas digitais em que os jogos podem ser testados e jogados antes de serem adquiridos. As principais plataformas são a "Board Game Arena" (www.boardgamearena.com) e a "Tabletopia" (www.tabletopia.com).

- **Seleção dos jogos para ludoteca** – a curadoria dos jogos de tabuleiro para uma ludoteca precisa considerar aspectos como diversidade de jogos, tempo de duração da partida, complexidade e, sobretudo, o objetivo da ludoteca. Cabe destacar que é importante considerar as especificidades de cada instituição, as diferentes realidades, características e necessidades ao planejar quais jogos de tabuleiro serão adquiridos.

Assim, para decidir quais jogos irão compor a ludoteca, é preciso realizar um processo de reflexão sobre os objetivos da ação lúdica. Para uma ludoteca "livre", com objetivo de oportunizar interações lúdicas e socialização, tal qual o conduzido no "Tabuleirando no IFAM", é interessante disponibilizar diversidade de jogos, com diferentes temas e níveis de complexibilidades. Nesse caso, a variedade de jogos favorece o engajamento de uma maior quantidade de alunos, de diferentes interesses, propiciando o desenvolvimento da cultura de jogos de tabuleiro na escola. Para uma ludoteca de jogos voltada à sala de aula, com objetivos específicos para o ensino de algum conteúdo, é necessário escolha focada na temática e na complexibilidade adequada à turma. Nesse caso, a aquisição de várias unidades do mesmo jogo permitirá que todos os alunos de uma sala joguem simultaneamente.

Sugerimos alguns títulos de jogos que se relacionam à área de Ciências e Biologia que podem ser utilizados nas atividades de ensino. Essas sugestões se deram de acordo com a nossa experiência com esses jogos. Para auxiliar, classificamos as sugestões da seguinte maneira: grátis (GR), jogo comercial (JC), pouco complexo (PC), produzidos para o ensino (PE), versão em PnP (PP), em português (PT) ou apenas em inglês (IN). Destacamos que ainda há muitos outros JTM, um universo lúdico a ser explorado.

Sugestão de Jogos para Uso no Ensino de Ciências e Biologia

Atol (Jordy Adan | 2020 | Editora Grok Games | 10+ anos | 1-100 jogadores | 20 min. | Classificação: GR, JC, PC, PP, PT)

Link Ludopédia: www.ludopedia.com.br/jogo/atol

Link PnP: www.grokgames.com.br/atol

"Atol" é um jogo competitivo, relativamente simples. Nesse jogo, cada jogador representa um biólogo marinho catalogando as espécies existentes em um atol recém-descoberto. Ao final, o jogador que catalogar a maior quantidade de combinações previamente designadas será o vencedor. Permite abordar temáticas relacionadas a recifes de corais, ambientes marinhos, biodiversidade marinha, grupos de invertebrados, além de conceitos ecológicos, como diversidade de espécies, abundância e população.

Bandido Covid-19 (Martin Nedergaard Andersen | 2020 | Editora Paper Games | 6+ anos | 1-4 jogadores | 15 min. | Classificação: GR, JC, PC, PP, PT)

Link Ludopédia: www.ludopedia.com.br/jogo/bandido-covid-19

Link PnP: https://jogos.papergames.com.br/bandido-covid-19

Baseado nas regras do jogo "Bandido", esse é um jogo cooperativo que exige comunicação entre os jogadores. Como objetivo, os jogadores devem fechar os caminhos para cercar o vírus e impedir sua propagação. A temática do jogo permite abordar questões relacionadas aos vírus e a suas viroses, saúde pública, pandemia e prevenção de doenças.

Carcassonne: Amazonas (Klaus-Jürgen Wrede | 2016 | Editora DEVIR Brasil | 8+ anos | 2-5 jogadores | 35 min. | Classificação: JC, PT)

Link Ludopédia: www.ludopedia.com.br/jogo/carcassonne-amazonas

Esse jogo é derivado do bem-sucedido "Carcassonne", lançado em 2000 pelo mesmo autor. Por meio da colocação de peças, os jogadores montam uma floresta com o caudaloso rio Amazonas e seus afluentes. Assim, pode-se discutir assuntos como biodiversidade da Floresta Amazônica, a importância dos rios, ocupação da floresta e povos originários.

Célula Adentro (Carolina Spiegel, Gutemberg Alves, Maurício Luz e Leandra Melin | 4-12 integrantes | 60 min. | Classificação: GR, PE, PP, PT)

Link PnP: http://celulaadentro.ioc.fiocruz.br/

Inspirado no competitivo "Scotland Yard" (1983), mas com forte influência da estrutura dos jogos cooperativos. Nesse jogo investigativo, os jogadores devem resolver um Caso sobre temas de Biologia Celular. No primeiro momento, os jogadores se dividem em equipes (duplas-trios) que precisam viajar pela célula com seus peões, obtendo cartas de Pistas nas estruturas celulares. Nenhuma Pista fornece a solução e, como o desafio é o tempo, nenhuma equipe consegue pegar todas as 10 pistas. Ao final do tempo de coleta, as equipes precisam explicar as Pistas que pegaram e, por meio do diálogo, argumentação e consenso, deduzir a solução do Caso. O jogo apresenta bons resultados no ensino médio e superior, conforme observado por Melim (2009), Spiegel *et al.* (2008) e Alves *et al.* (2009).

Cytosis (John Coveyou | 2017 | Editora Genius Games | 10+ anos | 2-5 jogadores | 60 a 90 min. | Classificação: GR (PnP), IN, JC, PC, PE, PP)

Link Ludopédia: www.ludopedia.com.br/jogo/cytosis-a-cell-biology-board-game

Link PnP: Pode ser solicitada em contato com a editora (team@geniusgames.org)

Link Tabletopia: https://tabletopia.com/games/cytosis-a-cell-biology-game

Com tema em Citologia, os jogadores competem ao utilizar as estruturas celulares para alcançar objetivos como produzir hormônios e enzimas. Ao final do jogo, vence aquele que conquistar mais pontos de vitória. Ribeiro, Santos e Spiegel (2021) analisaram o jogo, percebendo que o jogo aborda temas relacionados a conteúdos escolares como metabolismo da glicose, respiração celular, expressão gênica e secreção de substâncias. Ao longo do jogo, o aluno interage com as estruturas celulares: ribossomos, núcleo, complexo golgiense, retículo endoplasmático etc. De maneira intuitiva, o jogador consegue perceber as relações entre essas estruturas celulares enquanto joga. Gonzalo-Iglesia *et al.* (2018b) também fizeram uso desse jogo para refletir sobre comunicação e socialização de conhecimento científico.

Esse jogo foi utilizado no ensino em turmas da 1.ª série do ensino médio técnico no IFAM. O professor produziu versões PnP por meio de arquivos obtidos em solicitação à editora e efetuou a tradução do jogo. Utilizou-se PowerPoint para fazer edições nos arquivos PnP, sendo os textos em inglês sobrepostos com sua tradução em português. Também foram providenciados componentes físicos, em substituição aos originais (fichas e peões). Os alunos disputavam partidas durante o contraturno, interagindo com os elementos do jogo e sua narrativa. Posteriormente, nas aulas, o professor efetuou referências ao jogo, inclusive exibindo imagens dos componentes e do tabuleiro durante a abordagem do conteúdo – promovendo reflexões sobre o funcionamento da célula.

Evolution (Dominic Crapuchettes, Dmitry Knorre e Sergey Machin | 2014 | Editora North Star Games | 12+ | 2 a 6 jogadores | 60 min. | Classificação: IN, JC, PP)

Link Ludopédia: www.ludopedia.com.br/jogo/evolution

Link PnP: www.northstargames.com (à venda)

Nesse jogo competitivo, os jogadores conduzem um grupo de espécies com características adaptativas que irão favorecer ou não sua sobrevivência em um ambiente de competição por alimentos. O jogo permite abordar temáticas evolutivas, como seleção natural e surgimento de adaptações (WEST, 2015). Também é apropriado para tópicos de ecologia, como interações ecológicas (predação, competição e outras) e cadeia alimentar. O jogo não possui versão em português, mas a versão PnP pode ser traduzida.

Fome de Q? (Carolina N. Spiegel, Maurício R. M. P. Luz, Cássio G. Rosse, Leandra M. C. Melim, Amanda S. Valle, Nilson Passos Jr. | 4 a 8 jogadores | 50 min. | Classificação: GR, PE, PP, PT)

Link PnP: http://www.colaborabio.com.br/?page_id=698

Esse jogo foi inspirado em "Célula Adentro", adaptado para uso em ensino fundamental para abordar o tema extremamente atual que é a questão da obesidade. Nele, a estrutura cooperativa é utilizada e a partida é dividida em dois momentos: primeiramente os jogadores passeiam em um tabuleiro de piquenique, obtendo Pistas. Posteriormente, devem debater, a partir do conhecimento obtido com as Pistas, qual a solução daquele caso. O jogo apresenta bons resultados no ensino fundamental, conforme exposto por Rosse *et al.* (2021).

Fotossíntese (Hjalmar Hach | 2017 | Editora Mandala Jogos | 10+ anos | 2-4 jogadores | 60 min. | Classificação: JC, PT)
Link Ludopédia: www.ludopedia.com.br/jogo/photosynthesis

Esse é um jogo competitivo sobre o estabelecimento de árvores em uma floresta. Cada jogador representa uma espécie que precisa crescer, dispersar suas sementes e germinar novos indivíduos. Isso ocorre em diferentes condições de luminosidade a cada rodada, representada pelas estações do ano. Apesar do título, os processos bioquímicos da fotossíntese não são tratados. No entanto, proporciona discussão sobre conteúdos relacionados a competição por luz, sucessão ecológica e ecologia florestal. Pode-se abordar a importância energética da fotossíntese para o crescimento das plantas.

Kariba (Reiner Knizia | 2010 | Editora Papergames | 6+ anos | 2-4 jogadores | 15 min. | Classificação: JC, PC, PT)
Link Ludopédia: www.ludopedia.com.br/jogo/kariba

Os jogadores disputam espaço e água para seus animais no lago Kariba, que se situa no Continente Africano. O jogo é composto por 64 cartas, divididas em seis diferentes espécies de animais. Cada jogador começa com cinco cartas e as demais devem estar viradas para baixo, formando uma pilha de compras. O jogador baixa cartas de animais ao redor de uma poça em que estão matando a sede. Assim que três animais idênticos são colocados juntos, eles afugentam os animais imediatamente menores que eles – gerando pontos de vitória. Além da matemática envolvida, pode-se abordar relações ecológicas entre os animais, ciclo da água e sua escassez, biomas e cadeia alimentar. Esse jogo também é financeiramente acessível e apresenta partidas rápidas.

Pandemic (Matt Leacock | 2008 | Editora Galápagos | 14+ anos | 2 a 4 jogadores | 45 min. | Classificação: JC, PT)
Link Ludopédia: www.ludopedia.com.br/jogo/pandemic

O cenário é de um mundo que passa por uma pandemia com quatro agentes patogênicos extremamente contagiosos e resistentes se espalhando de forma incontrolável pelo globo. Cabe aos jogadores desempenhar o papel de cientistas, médicos e demais profissionais para descobrir a cura das doenças antes do fim do jogo. Nesse jogo cooperativo, o trabalho em equipe é fundamental.

Esse jogo foi avaliado no contexto do ensino de ciências por Prado (2018) em que foram destacados elementos como raciocínio estratégico, resolução de problemas e gestão de equipe. Uma vez que os jogadores a todo tempo espreitam a derrota, faz-se necessário o diálogo e a realização de ações coordenadas. As mecânicas do jogo são ajustadas de maneira a simular o funcionamento de uma pandemia real. A exemplo, os cientistas são mais habilidosos em descobrir a cura de doenças, os médicos conseguem tratar cidades infectadas com mais facilidade e a especialista em quarentena previne a ocorrência de surtos. É uma excelente alternativa para uso em sala de aula. Há possibilidades de discutir sobre conceitos no ensino de Ciências e Biologia, tais como: diferenças entre epidemia, pandemia e endemia, tipos de agentes patogênicos, formas de transmissão, a importância das funções de diferentes profissionais da área da saúde.

Semeando o Cuidado (Camila F. Borges, Cynthia M. Dias, Daiana C. Chagas, Grasiele Nespoli, João V. S. Dias, Simone Ribeiro | 2021 | EPSJV Fiocruz | 7+ anos | 50 min. | Classificação: GR, PE, PP, PT)

Link PnP: www.epsjv.fiocruz.br/semeandoocuidado

É um jogo cooperativo em que os jogadores são agentes de saúde que precisam dialogar com a população local para catalogar e sistematizar saberes sobre plantas medicinais. Para isso, devem se atentar às demandas da população, cultivar e coletar plantas e preparar remédios caseiros. Criado com ênfase na educação em saúde, apresenta textos para completar o seu uso em aula. Aborda temáticas relacionadas a saúde pública, conhecimentos tradicionais, plantas medicinais, botânica, diversidade de flora e história das plantas.

Wingspan (Elizabeth Hargrave | 2019 | Editora Ludofy | 14+ anos | 1-5 jogadores | 60 min. | Classificação: JC, PT)

Link Ludopédia: www.ludopedia.com.br/jogo/wingspan

Os jogadores são entusiastas de aves – pesquisadores, observadores de aves, ornitólogos – buscando descobrir e atrair diferentes aves para seu terreno, que possui três habitats: floresta, campo e pântano. Esse terreno é representado por um tabuleiro individual e, à medida que os pássaros entram no seu habitat, enriquecem o ambiente, tornando-o mais atrativo para a reprodução e entrada de novas espécies. O jogo apresenta várias cartas de diferentes espécies de aves, muitas delas presentes no território brasileiro. As cartas apresentam informações como: nome científico, ilustração das aves, habitat em que vivem e curiosidades biológicas. Em 2019, foi eleito jogo do ano no prêmio alemão *Spiel des Jahres* – a principal premiação de jogos de tabuleiro do mundo.

Como sugestão de atividades para esse jogo, pode ser solicitado aos alunos que criem cartas com espécies nativas do Brasil. Além disso, os alunos podem ser estimulados a pesquisar sobre o som das vocalizações das aves por meio de aplicativos ou base de dados específicas.

Referências

ALVES, G. G.; MELIM, L. M.; SPIEGEL, C. N.; ARAÚJO-JORGE, T. C.; LUZ, M. R. M. P. "Surfing in the cell" – an investigative game for teaching cytoskeleton concepts for undergraduate students. *Enseñanza de las Ciencias*, v. Extra VIII Congreso Internacional sobre Investigación en Didáctica de las Ciencias, p. 3257-3264, 2009.

CARVALHO, A. V. Os jogos de tabuleiro e seu universo. *In:* PICCOLO, P.; CARVALHO, A. V. (org.). *Jogos de tabuleiro na educação*. São Paulo: Devir, 2022. p. 18-48.

DONOVAN, T. *Tudo é um jogo:* a história dos jogos de mesa do Monopoly até Catan. São Paulo: Devir, 2022. 305 p.

EISENACK, K. A Climate Change Board Game for Interdisciplinary Communication and Education. *Simulation & Gaming*, v. 44, n. 2-3, p. 328-348, 2013.

ENGELSTEIN, G.; SHALEV, I. *Building Blocks of Tabletop Game Design*: An Encyclopedia of Mechanisms. Boca Raton: Taylor & Francis, 2019. 491 p.

GONZALO-IGLESIA, J. L.; LOZANO-MONERRUBIO, N.; PRADES-TENA, J. Evaluando el uso de juegos de mesa no educativos en las aulas: Una propuesta de modelo. *Communication papers*, v. 7, n. 14, p. 37-48, 2018a.

GONZALO-IGLESIA, J. L.; LOZANO-MONTERRUBIO, N.; PRADES-TENA, J. Noneducational board games in University Education. Perceptions of students experiencing Game-Based Learning methodologies. *Revista Lusófona de Educação*, v. 41, p. 45-62, 2018b.

HUIZINGA, J. *Homo ludens*: o jogo como elemento da cultura. São Paulo: Perspectiva, 2019. 285 p.

KISHIMOTO, T. M. O jogo e a educação infantil. *In:* KISHIMOTO, T. M. (org.). *Jogo, brinquedo, brincadeira e a educação*. 14. ed. São Paulo: Cortez, 2011. p. 15-48.

LUCKESI, C. Ludicidade e formação do educador. *Revista Entreideias:* Educação, Cultura e Sociedade, v. 3, n. 2, p. 13-23, 2014.

MELIM, L. M. *Cooperação ou competição?* Avaliação de uma estratégia lúdica de ensino de Biologia para o Ensino Médio e o Ensino Superior. 2009. Dissertação (Mestrado em Ensino em Biociências e Saúde) – Instituto Oswaldo Cruz, FIOCRUZ, Rio de Janeiro, 2009.

NICHOLSON, S. Modern Board Games: It's Not a Monopoly Anymore. *Library Technology Reports*, v. 44, n. 3, p. 8-10, 2008.

PINTO, C. G. C. A força dos jogos de tabuleiro na rede federal de educação no Brasil. *In:* SPIEL. Digital, 2020. YouTube. Disponível em: https://youtu.be/qz4nULggaH4&-t=120s. Acesso em: 20 jun. 2022.

PRADO, L. L. Educação lúdica: os jogos de tabuleiro modernos como ferramenta pedagógica. *Revista Eletrônica Ludus Scientiae*, v. 2, n. 2, p. 26-38, 2018.

QUAST, K. O que está em jogo quando jogamos? *In:* PICCOLO, P.; CARVALHO, A. V. (org.). *Jogos de tabuleiro na educação*. São Paulo: Devir, 2022. p. 54-65.

RIBEIRO, M. S. A. S.; SANTOS, T. S.; SPIEGEL, C. N. Jogos de tabuleiro modernos e a divulgação científica: as potencialidades do jogo Cytosis para alinhar diversão e conhecimento. *In: Anais [...]* XX Simpósio Brasileiro de Jogos e Entretenimento Digital 2021, Gramado, RS. Gramado, RS.

ROSSE, C. G.; MELIM, L. C. M.; SPIEGEL, C. N.; LUZ, M. R. M. P. Avaliação de estratégias cooperativas de ensino: afinal, competir é fundamental? *In:* MORAIS, A.; BARBOSA, L. M.; BATAGLIA, P. U. R.; MORAIS, M. L. (org.). *Aprendizagem Cooperativa:* fundamentos, pesquisas e experiências educacionais brasileiras. São Paulo: Cultura Acadêmica, 2021. p. 191-213.

SOUSA, M.; BERNARDO, E. Back in the Game: Modern Board Games. *In:* ZAGALO, N.; VELOSO, A. I.; COSTA, L.; MEALHA, Ó. (ed.). *Videogame Sciences and Arts:* 11th International Conference, VJ 2019, Aveiro, Portugal, November 27-29, 2019, Proceedings. Cham: Springer, 2019. p. 72-85.

SPIEGEL, C. N.; ALVES, G. G.; CARDONA, T. S.; MELIM, L. M. C.; LUZ, M. R. M. P.; ARAÚJO-JORGE, T. C.; HENRIQUES-PONS, A. Discovering the cell: an educational game about cell and molecular biology. *Journal of Biological Education*, v. 43, n. 1, p. 27-36, 2008.

WEST, S. Education: How to win at evolution. *Nature*, v. 528, p. 192, 2015.

WOODS, S. *Eurogames*: the design, culture and play of modern European board games. Jefferson: McFarland & Company, 2012. 262 p.

Desafios e Potencialidades do RPG em Sala de Aula

*Andreia Guerra Pimentel, Marcos Felipe Vital da Silva,
Pedro Nogueira de Marins, Carolina Nascimento Spiegel*

Introdução

Os jogos pedagógicos têm auxiliado muitos professores a construírem pontes de ensino/aprendizagem com seus alunos, pois permitem explorar e refletir sobre um conteúdo de forma que desperte o interesse. Nessa perspectiva o jogo de RPG (Role-Playing Game) representa uma ótima alternativa devido à sua capacidade de conectar o conteúdo escolar a narrativas envolventes e atrativas. O RPG é um jogo de representação de papéis, em que os participantes se dividem em dois grupos: o mestre (ou narrador) é aquele que tem o papel de conduzir a história, decidindo os desafios e as situações em que os outros jogadores irão encontrar, também é função dele mediar os conflitos internos que possam acontecer ao longo do jogo; o outro grupo de jogadores são aqueles que vão, a partir das situações apresentadas pelo "mestre/narrador", interagir construindo em conjunto a história (RODRIGUES, 2004).

Assim, os participantes escolhem, criam e representam um personagem dentro de um mundo imaginário, seguindo algumas regras. O RPG pode ser subdividido em três categorias: o Larp (Live Action Role Play), o RPG de Mesa e o RPG Aventura Solo (Livro-jogo) (SCHMIT, 2008). Este tipo de jogo tem sido utilizado por diversos professores de diferentes áreas e para alunos desde o ensino fundamental II até o ensino superior (CARNEIRO, 2021; MACHADO et al., 2017; RANDI; CARVALHO, 2013; ROSA et al., 2017; SILVA et al., 2019; SCHMIT, 2008; GRANDO; TAROUCO, 2008).

Este capítulo tem por objetivo abordar duas experiências de professores da educação básica, na criação e utilização de livros-jogos e RPGs de mesa destinados a diferentes públicos escolares no Ensino de Ciências, Biologia e Matemática.

O primeiro relato apresenta uma experiência de uma disciplina de RPG sem uma série regular, que aconteceu na educação básica de uma escola particular de Niterói, no estado do Rio de Janeiro. Essa disciplina foi dividida em três momentos, um deles para apresentar aos alunos conceitos considerados básicos para o jogo: o significado de verossimilhança; a probabilidade em diversos casos: cartas, moedas e dados diversos; e as diferenças entre cenários e sistemas de RPG, compreendendo brevemente que o cenário é o pano de fundo no qual a história vai acontecer, em todos os seus elementos, e o sistema é o conjunto de regras. Outro momento de criação de personagens e o terceiro para o ato de jogar.

O segundo relato é sobre a trajetória acadêmica, de uma professora de Biologia, na qual foram desenvolvidos livros-jogos para níveis de ensino fundamental e superior. Na graduação o desafio maior foi trabalhar o livro-jogo de aventura solo RPG "Conhecendo os Estuários", com alunos organizados em grupos. No mestrado foi produzido o livro-jogo RPG "Contaminação de Águas Subterrâneas" em diferentes versões, para videntes e deficientes visuais (pessoas com baixa visão e cegos). No doutorado foi produzido e avaliado o RPG "Karapanã: Participação Popular no Controle do *Aedes aegypti*". Nesse material, além de buscar promover interações e motivar leituras, foi desenvolvido um RPG pensando em estimular os jogadores a interpretarem os personagens. Para incentivar o debate entre os participantes são apresentadas questões abertas cujas respostas envolvem conhecimentos teóricos, questões éticas e diferentes pontos de vista.

Por fim, é interessante pontuar que este texto pretende discutir alguns dos principais desafios e potencialidades na utilização do RPG em sala de aula.

A Importância dos Cenários de RPG

Um bom RPG precisa possuir um cenário relevante, diverso e imersivo. Os cenários correspondem aos "mundos" em que os personagens estão inseridos. Esses mundos fictícios podem possuir diversos estilos e modelos inspirados em filmes de ficção científica, eventos históricos, folclore e cultura popular, apocalipses zumbis etc. Todavia, dentre os tipos de cenário existentes, os mais populares fazem parte do gênero fantasia medieval, inspirado em elementos medievais históricos (como cavaleiros, castelos e afins), criaturas fantásticas e magia. A popularidade desse gênero está relacionada – dentre outros fatores – ao RPG Dungeons & Dragons (D&D), que se disseminou no início dos anos 80 e segue entre os mais populares atualmente. Existem vários mundos fictícios conhecidos no multiverso de D&D (Forgotten Realms, Greyhawk, Dragonlance, Eberron) e recentemente a Netflix utilizou diversos elementos desses cenários na série *Stranger Things* (2016 – continua), fazendo com que novas gerações passassem a se interessar pelo RPG de Mesa. Um dos primeiros RPGs a abordar temas brasileiros foi desenvolvido pelo pesquisador Carlos Klimick em 1992, chamado de "O desafio dos Bandeirantes". Esse RPG de fantasia histórica se passa numa versão mítica do Brasil colonial (chamado Terra de Santa Cruz), por volta do ano de 1650. Os jogadores podem atuar como pajés, jesuítas, babalorixás e bandeirantes, além de interagir com personagens do folclore brasileiro como o Saci e a Mula-Sem-Cabeça.

"As Crônicas de AWA" é outro cenário brasileiro de RPG que teve seu primeiro livro publicado no ano de 2020 pela editora Pluralidades. Esse RPG foi criado para o ensino de ciências nas escolas e pode ser descrito como um mundo fictício típico de fantasia medieval inspirado em tradições indígenas e nas lendas clássicas do folclore brasileiro. Um dos diferenciais nesse cenário de AWA são as construções das ilustrações dos personagens que foram inspiradas em alunos reais com deficiência, transtornos e síndromes raras. Dessa forma, o jogo trabalha interação social, representatividade e inclusão escolar.

Ao falar sobre a importância dos mundos fictícios na educação, o pesquisador Abramovich declara:

> É através de uma história que se pode descobrir outros lugares, outros tempos, outros jeitos de agir e de ser, outras regras, outra ética, outra ótica...É ficar sabendo história, filosofia, direito, política, sociologia, antropologia, etc. sem precisar saber o nome disso tudo e muito menos achar que tem cara de aula (ABRAMOVICH, 1994, p. 17).

Nesse sentido, a escolha de um bom cenário para o RPG corresponde a um dos pontos fundamentais para a ludicidade e imersão dos alunos durante o jogo. É necessário que o cenário se adapte à realidade social e cultural dos jogadores para facilitar a interação dos alunos. No nosso caso em particular, considerando que estamos adotando o professor como o mestre da aventura, ele deve evitar cenários abstratos que dificultem a compreensão do jogo, pois isso pode acabar gerando desinteresse dos alunos e – consequentemente – a perda do principal objetivo do jogo, que é proporcionar diversão. O ideal é que os próprios alunos escolham o cenário que queiram jogar, e a partir disso o professor começará a construir a aventura que será narrada e construída por todos.

Um dos objetivos principais das narrativas é representar a realidade para tornar mais claras as aplicações de um conceito ou técnica para o aluno, respondendo assim a uma pergunta persistente que angustia muitos alunos e professores: por que estou aprendendo isso? Considerando os benefícios do aspecto narrativo para a educação, Roland Barthes argumenta que as narrativas permitem o encontro lúdico de diversas formas de conhecimento em sua produção e recepção, legitimando o trabalho multidisciplinar ou interdisciplinar (BARTHES, 1977).

Nessa perspectiva, a "ludonarrativa didática" proposta por Klimick, Bettocchi e Rezende (2016) foi uma importante ferramenta para relacionar as narrativas do jogo de RPG de Mesa com a educação. Ao analisarem a ludonarrativa, os autores afirmam:

> A ludonarrativa didática é um método para criar um jogo narrativo no qual um jogador vivenciará uma história e criará um personagem, um enredo, um cenário ou até mesmo uma

> história totalmente nova. Essa experiência criativa mobiliza competências e conhecimentos existentes do participante por meio de jogos narrativos, desejo e fantasia, e permite que essa pessoa construa novas competências e conhecimentos (KLIMICK; BETTOCCHI; REZENDE, 2016, p. 3).

Com isso, os alunos vivenciam/encenam uma história participativa que acontece em um cenário fictício para atingir objetivos de aprendizagem por meio da expressão e/ou solução de problemas. Janet Murray (1999) ressalta que esses tipos de narrativas engajam de forma diferente porque se tornam "nossas" – essa história se desenrolou da forma como aconteceu devido às nossas decisões como leitores ou participantes. As pesquisadoras Grando e Tauroco (2008) afirmam que uma sessão de RPG se transforma em uma atividade cooperativa em que todos os participantes colaboram na criação de uma narrativa oral com características relativas a uma época ou momento específico.

Um cenário de RPG relevante é aquele que motiva os jogadores a trabalharem a sua imaginação. Na escola, esses tipos de atividades lúdicas são importantíssimos para os alunos:

> O que acontece é que nem sempre o aluno se apropria da lógica subjacente ao discurso, permanecendo no aparente, decorando e repetindo informações. O imaginário do aluno, por outro lado, não é suficientemente explorado para que se possa a partir dele estabelecer eixos conceituais que possibilitem trocas dialéticas entre aluno, sujeito do conhecimento, e o objeto a ser conhecido, e entre as suas distintas instâncias de pensamento (ROCHA, 2001, p. 62).

Logo, a partir do pensamento de Rocha, pode-se perceber a importância do desenvolvimento do imaginário do aluno no processo pedagógico, transportando os alunos para narrativas que explorem ao máximo as suas criatividades e possam proporcionar momentos de diversão.

É importante ressaltar que nem sempre os cenários de RPG são desenvolvidos em mundos fictícios. É possível desenvolver cenários a partir de recortes históricos (revolução francesa, segunda guerra mundial, guerra dos farrapos etc.), conforme demonstra o pesquisador Matheus Silveira (2021) em sua dissertação intitulada *Dados & devaneios: RPG como metodologia de Ensino de História*.

Uma Experiência de Aula de RPG na Escola Básica

Este relato é baseado em uma experiência que aconteceu em uma escola de horário integral, a qual na época permitia que os alunos pudessem escolher algumas disciplinas no trimestre. Elas eram propostas pelos professores, podendo ser, em alguns casos, multidisciplinares, com dois ou três professores participando em todo o processo ou em parte dele. É interessante ressaltar que, nessa disciplina, os alunos eram de séries e anos de escolaridades diferentes.

Nesse ínterim, foi criada uma disciplina de RPG na educação, tendo um professor de matemática, que esteve à frente durante todo o processo, e outros dois professores colaboradores, um de história e outro de ciências biológicas. Com 11 alunos, dois de oitavo ano, quatro de nono ano e cinco alunos de segundo ano, a disciplina durou um trimestre, 11 encontros de cem minutos (dois tempos de aula), sendo dividida em três momentos: apresentação do que é um RPG e seu significado; criação de personagens; e ato de jogar. Tendo essas etapas como objetivos principais do projeto.

O primeiro terço foi intitulado "RPG e seu significado" durou dois encontros. Nesse período foi possível apresentar o que é o RPG, as diferenças entre cenário e sistema; a importância do par probabilidade/aleatoriedade para o jogo; e o significado de verossimilhança.

Nesse contexto, ficou claro para os alunos que o sistema é um conjunto de regras, ou de mecânicas, para o funcionamento equilibrado do jogo. É a partir dele que as capacidades dos personagens são descritas e como os desafios impostos pelo mestre podem ser superados, a exemplo do que pode acontecer, serão jogados dados, sorteio de cartas ou par ou ímpar. Ainda seguindo na linha da explicação do que é um sistema, também se percebeu a necessidade de apresentar os dados de RPG e para que eles servem.

Foi interessante pontuar com os discentes que esses múltiplos dados permitem melhor controle da probabilidade, pois a partir deles o narrador tem a possibilidade de escolher qual a porcentagem desejada para uma determinada ação. No dado com 20 faces, cada uma delas tem 5% de chance de sair, enquanto no dado mais tradicional, de seis faces, cada uma delas possui 17%.

Como esse tipo de jogo é um exercício mental e de constante imaginação, então, em um primeiro momento, os jogadores não vão, literalmente, fazer as ações solicitadas pelo narrador. Portanto, é preciso que o mestre/professor se pergunte: será que a ação solicitada é fácil? Abrir uma porta trancada ou emperrada, qual a dificuldade dessa ação? Esses pensamentos contribuem para compreender qual a chance de um sucesso em determinado movimento.

Outro ponto que foi debatido com os alunos é a função do narrador em criar uma boa história, e para isso sentimos que era importante compreender o que é cenário. Dessa forma, foi explicado que o cenário é um pouco mais do que o pano de fundo da história, ele auxilia na parte da imaginação e criatividade, além da compreensão do que se pode fazer no jogo. Por exemplo, se o jogo de RPG tem como cenário o espaço e a ficção científica, alguns jogadores podem imaginar algo como Star Trek, outros irão pensar em Guardiões da Galáxia ou Interestelar, e aqui pode haver um problema, pois é preciso deixar claro para todos os participantes como é o universo a ser jogado, para não haver uma quebra de expectativa.

É necessário destacar aqui três pontos: o primeiro é que essa carga criativa pode auxiliar na imersão da história e com isso facilitar na construção da narrativa do próprio jogo. Outro aspecto importante é que se o narrador e os jogadores quiserem que o cenário seja uma miscelânea de tudo, é possível, no RPG a imaginação é o limite, além do bom senso. E nesse sentido, é importante falar sobre as possibilidades de o jogo ser imaginativo e criativo, com suas limitações, referindo-nos à verossimilhança e à relação entre o real, ou seja, o possível dentro daquele cenário e daquela história, e a imaginação.

Depois da escolha do cenário para o jogo, os jogadores puderam criar seus personagens, escolhendo a atribuição para a equipe – médico, engenheiro, hacker, cientista forense, entre outros arquétipos –; suas habilidades principais; uma imagem que representasse sua vestimenta e principais características físicas que contribuíssem no auxílio da imaginação; e a criação de um pequeno histórico do personagem, com suas motivações, medos e sonhos.

A terceira parte foi o ato de jogar. Selecionado um cenário mais contemporâneo, a história se passou em uma pequena cidade do interior do Brasil, que de tão distante dos centros urbanos os sinais de celulares não funcionavam direito. Tendo somente um telefone em toda a região, que poderia ser utilizado para pistas e dicas, mas seu uso era limitado a poucas vezes por dia. O passar do tempo tinha relevância para a história, os jogadores, que nesse caso eram agentes federais, estavam com problemas de gasolina. O posto local havia quebrado e eles não teriam combustível para se deslocar facilmente. Assim, só poderiam deixar a pequena cidade quando acabassem a missão.

O objetivo dos jogadores era simples, a população de um vilarejo estava ficando doente sem muitas explicações, então era preciso confirmar se uma determinada região estava contaminada, e em caso positivo, como estava acontecendo a disseminação do veneno. Porém, com a chegada dos agentes/jogadores na cidade, pessoas importantes que tinham informações úteis, como o prefeito, o delegado e o farmacêutico da cidade, começaram a ser assassinadas.

Com isso, a trama se intensificava, fazendo o tempo correr mais rápido, pois, além de precisarem dar o laudo sobre a veracidade da contaminação e sua disseminação, precisariam descobrir quem era o culpado e o assassino, o mais rápido possível.

Não houve uma conclusão para a história, pois como a escola permitia que os alunos trocassem de disciplina a cada novo trimestre não houve tempo para a conclusão desse jogo. Contudo, ficou nítido que a maioria dos alunos gostou, pois muitos repetiram a escolha, e se inscreveram nos trimestres seguintes. Com a entrada de novos alunos não houve interesse deles em continuar essa história, por isso, no novo trimestre elaboramos um novo jogo com um sistema diferente. Que fica para um outro momento.

Relatos de Experiência, na Produção de RPG, de uma Professora de Biologia

Um filho, com Transtorno de Déficit de Atenção e Hiperatividade (TDAH), que não se concentrava na escola e não copiava os conteúdos nos cadernos, despertou a inquietação materna. Muitos livros foram disponibilizados em casa, mas ele não lia espontaneamente. Na adolescência, ele começou a jogar RPG de mesa com os amigos, em jornadas que duravam horas, dias e até meses. Depois de alguns anos, ele se tornou Mestre de RPG, passou a ler muitos livros e já escreveu centenas de páginas. Rodrigues (2004) discute que a preparação para participar de campanhas de RPG estimula a leitura e a pesquisa voluntária. A experiência familiar estimulou a reflexão do potencial motivador de jogos de RPG para a aprendizagem de conteúdos escolares. Na graduação no curso de Licenciatura em Ciências Biológicas (Uerj/Cederj), foi produzido um livro-jogo para abordar a importância ecológica dos estuários, características físico-químicas dos seres que lá habitam e as ameaças antrópicas a esses ambientes. O ponto de partida foi a análise do livro-jogo *A floresta da Destruição*, de Ian Livingstone, uma aventura solo, ou seja, um jogo individual. No entanto, o objetivo era estimular discussões e reflexões em grupos. Então, foi desenvolvido o *RPG Conhecendo os Estuários* (PIMENTEL; ARAGON, 2017) e nas instruções são apresentadas sugestões de serem formadas equipes de três a cinco participantes, de ser selecionado um leitor/mediador para ser o Mestre do Jogo e de que as decisões sejam tomadas em conjunto, com cenários contemporâneos e realistas. A aventura se passa nas salas de tutoria presenciais do Centro de Educação Superior a Distância do Estado do Rio de Janeiro (Cederj) e no estuário de Atafona (Campos dos Goytacazes). O livro-jogo é composto por 50 pistas numeradas sequencialmente. No entanto, a leitura não deve ser sequencial e sim de acordo com as indicações ao final de cada pista. Em algumas delas existem duas opções de escolha e de acordo com a escolhida diferentes trajetórias de leitura são percorridas. Independentemente das alternativas selecionadas serem certas ou erradas o jogador não será eliminado, pois dessa forma a aprendizagem poderá ser estimulada a partir de possíveis erros.

O *RPG Conhecendo os Estuários* foi testado inicialmente com tutores do Cederj, da disciplina Dinâmica da Terra, durante duas reuniões de capacitação, realizadas em julho de 2009. A primeira foi realizada na Uenf, em Campos dos Goytacazes, e a segunda na Universidade Estadual do Rio de Janeiro (Uerj), na cidade do Rio de Janeiro. Os tutores jogaram o RPG e em seguida apresentaram sugestões e críticas. Após ajustes no material, foi feita nova avaliação com 27 alunos do curso de licenciatura em Ciências Biológicas, do Cederj, polo Nova Friburgo. Após a análise dos resultados, foi concluído que o livro-jogo oportunizou reflexões sobre os temas abordados, encorajou perspectivas multidisciplinares, podia ser jogado independente de outros materiais, estimulou a interação e a cooperação entre os participantes. De acordo com Marcatto (1996), jogadores de RPG cooperam entre si espontaneamente, pois precisam interagir, trocando informações que se complementam para solucionar os desafios apresentados ao longo do jogo.

Durante o Curso Mestrado Profissional em Diversidade e Inclusão (CMPDI), da Universidade Federal Fluminense (UFF), foi elaborado o *RPG Contaminação de Águas Subterrâneas* (PIMENTEL; ARAGON, 2016), que apresenta organização e regras iguais ao livro-jogo anteriormente desenvolvido. Esse livro-jogo, desenvolvido no mestrado, tem como tema central a contaminação do meio ambiente por agrotóxicos e os cenários são salas de aula e fazendas de soja no estado do Mato Grosso do Sul (MS). O maior desafio dessa produção foi adaptar o material para alunos com deficiência visual. Em duas versões, ampliada para pessoas com baixa visão e em Braille, foi mantida a estrutura de pistas cuja ordem de leitura não é sequencial e sim determinada por escolhas feitas pelos jogadores. Tais escolhas eram apresentadas na forma de frases que direcionavam para pistas identificadas por números diferentes. Já na versão digital, desenvolvida em um aplicativo do programa Dosvox, chamado Jogavox, foi necessário alterar o texto original. Nessa versão as pistas não foram numeradas, pois o programa não identifica os números com um caminho a seguir. O jogador passou a ter duas opções de escolha em apenas uma frase: clique s para sim ou clique n para não. No formato digital foram elaboradas audiodescrições das figuras e elas foram submetidas a revisões por membros da Comissão de Audiodescrição do Instituto Benjamin Constant (IBC).

A avaliação do *RPG Contaminação de Águas Subterrâneas* ocorreu em turmas do 8.º e 9.º anos, da Escola Municipal Paulo Freire, em Niterói-RJ, e no IBC, no Rio de Janeiro, com um total de 45 estudantes, incluindo videntes, pessoas com baixa visão e cegos. As avaliações mostraram que a maioria dos participantes gostou do livro-jogo, não teve dificuldade para entendê-lo e interagiu durante as leituras. As adaptações para as pessoas com deficiência visual foram adequadas. Além disso, o material contribuiu para a construção dos conceitos de agrotóxicos e de lençol freático. Alguns alunos sugeriram que o livro-jogo deveria ter mais figuras e menos texto, corroborando as observações de professoras das turmas participantes, que foram entrevistadas, de que a leitura que não era apreciada pelos alunos e que eles possuíam dificuldades de ler e interpretar. Diante da importância do hábito de leitura para o desenvolvimento de raciocínio crítico e do fato de os livros-jogos estimularem leituras pelo caráter lúdico, concluímos que o desenvolvimento de jogos do tipo RPG pode contribuir para motivar estudantes a lerem e aprenderem de forma lúdica (PIMENTEL; ARAGON, 2019).

No doutorado em Ciências e Biotecnologia, em curso na UFF, foi produzido e avaliado o *RPG Karapanã: Participação Popular no Controle do Aedes aegypti*, que engloba aspectos éticos, saúde humana e qualidade ambiental. A história é sobre os gestores da cidade fictícia, Karapanã, que enfrentam um grave problema, uma epidemia de dengue. Os cenários são locais da cidade como escola, posto de saúde, barbearia, padaria, câmara dos vereadores e prefeitura. Moradores da localidade precisam pensar em soluções, por isso decidem reunir diferentes segmentos da sociedade para refletir sobre formas de controlar o *Aedes aegypti*. No material pretendeu-se trabalhar conteúdos como: as vantagens e as limitações de métodos de controle químicos e mecânicos; o uso da biotecnologia no controle do mosquito; a definição de Organismos Geneticamente Modificados (OGM), usando como exemplos mosquitos geneticamente modificados; a técnica de transfecção de *Wolbachia* para ovos de *Aedes aegypti*; as formas de transmissão viral; as particularidades do vetor como: ciclo de vida, hábitos alimentares e comportamento.

Ao longo da história foram elaboradas questões a fim de estimular a problematização e a reflexão crítica dos assuntos abordados, contextualizados com aspectos relacionados à abordagem de Educação Popular em Saúde. De acordo com Nespoli (2016) na concepção de Educação Popular em Saúde a busca pela promoção da saúde não se limita aos aspectos biológicos, mas abrange também aspectos socioeconômicos, culturais e ambientais. *O RPG Karapanã: Participação Popular no Controle do Aedes aegypti* é organizado nas seguintes partes: Regras do Jogo, Instruções para o Mestre, Aventura com questões a serem solucionadas e Apêndices (Mapa da cidade, textos de apoio para cada um dos personagens e fichas dos personagens).

Nos trabalhos desenvolvidos na graduação e no mestrado foram avaliados livros-jogos que poderiam ser lidos de forma individual, mas que quando lidos em equipe estimularam interações para a tomada de decisões. No entanto, as questões formuladas de forma objetiva não estimulavam a interpretação de papéis, que é uma estratégia valiosa tanto pelo caráter lúdico quanto pelo potencial de se colocar no lugar de outras pessoas e entender um pouco melhor sobre diferentes realidades. De acordo com Vervoort (2019) jogos de RPG têm o potencial de despertar a empatia dos jogadores por meio de situações hipotéticas vivenciadas ao longo das aventuras.

Por isso, no doutorado, além de promover interações e motivar leituras, foi desenvolvido um RPG pensando em formas de incorporar elementos do RPG de mesa para estimular a interpretação dos personagens. No *RPG*

Karapanã: Participação Popular no Controle do Aedes as questões são abertas e a ordem de leitura é sequencial. A aventura deve ser lida pelo Mestre do Jogo que tem acesso a orientações sobre quais personagens devem atuar em cada uma das cenas e a ordem de fala é decidida a partir da rolagem de dados. O Mestre do jogo atribui notas aos jogadores, considerando critérios como capacidade de argumentação e participação. Os protagonistas da história são seis personagens que representam gestores públicos, cientistas, professores e líderes comunitários. Personagens negacionistas, Non-Player Characters (NPCs), e, portanto, não pontuados, também foram incluídos para estimular discussões sobre temas polêmicos como desmatamento, uso de agrotóxicos e ocultação de informações à população.

Nas avaliações, os jogadores se empenharam para interpretar seus respectivos papéis. A participação no RPG estimulou a aprendizagem sobre diversas formas de controle do vetor e também a empatia dos jogadores, como, por exemplo, em relação às pessoas que acumulam água para consumo por não contarem com adequados serviços de saneamento básico e, por isso, são julgadas como culpadas pela formação de criadouros e, em consequência, pelo aumento do número de casos de arboviroses, como a dengue.

Em todas as avaliações dos três RPGs foi observado que, de forma geral, os alunos se divertiram e aprenderam durante as partidas, demonstrando que representam um material lúdico e educativo. Como perspectiva futura, o *RPG Karapanã: Participação Popular no Controle do Aedes*, desenvolvido no doutorado, será disponibilizado para outros alunos de licenciatura em Ciências Biológicas.

Breves Considerações Finais

Os jogos de RPG podem ser usados para o desenvolvimento de conteúdos escolares de forma lúdica, desde que tenham narrativas envolventes e atrativas. Por isso, têm sido utilizados por diversos professores de diferentes áreas e para alunos desde o ensino fundamental até o ensino superior.

Com as experiências aqui demonstradas, foi possível perceber duas maneiras de se utilizar esse tipo de jogo, seja para estimular interações interpessoais, motivar leituras ou a compreensão do conceito da probabilidade na prática. Os autores, nesse sentido, mostraram iniciativas de ensinar sobre jogos de RPG, englobando o entendimento do significado de verossimilhança e das diferenças entre cenários e sistemas de RPG (conjunto de regras), a criação de personagens por alunos e o ato de jogar. Também revelaram que professores podem criar cenários de RPG para ensinar. E, por fim, que livros-jogos podem ser adaptados para pessoas com deficiências.

É sempre interessante pontuar que os professores que aqui apresentaram seus relatos têm alguns objetivos comuns: buscar tornar as aulas mais atrativas, por meio desse recurso, e apresentar seus conteúdos de forma lúdica e divertida, em que o erro é parte da construção do conhecimento, e o aluno é parte central desse processo.

Referências

ABRAMOVICH, Fanny. *Literatura infantil:* gostosuras e bobices. São Paulo: Scipione, 1991.

BARTHES, Roland. *Imagem – Música – Texto*. Trans. Stephen Heath. Nova York: Hill e Wang, 1977.

CARNEIRO, Eva Felix. O uso do RPG no ensino de História: um relato de experiência sobre o Maranhão republicano explicado por meio de um jogo. *Revista História Hoje*, v. 10, n. 19, p. 214-234, 2021. Disponível em: https://rhhj.anpuh.org/RHHJ/article/viewFile/600/397. Acesso em: 18 out. 2022.

KLIMICK, Carlos; BETTOCCHI, Eliani; REZENDE, Rian. Jogo de RPG de Mesa. *O projeto incorpóreo. Ensino através de RPGs de Mesa no Brasil*. Disponível em: https://analoggamestudies.org/2016/11/the-incorporeal-project-teaching-through-tabletop-rpgs-in-brazil/. Acesso em: 18 out. 2022.

MACHADO, Pedro André Pires *et al*. Utilizando RPG (Role-Playing Game) no Ensino de Matemática para alunos do Ensino Médio. *Compartilhando Saberes*, p. 1-12, 2017. Disponível em: http://coral.ufsm.br/compartilhandosaberes/wp-content/uploads/2018/12/Pedro-Andre-Pires-Machado-Utilizando-RPG....pdf. Acesso em: 18 out. 2022

MARCATTO, A. *Saindo do Quadro:* Uma Metodologia Educacional Lúdica e Participativa baseada no Role Playing Game. São Paulo: Exata Comunicação e Serviços, 1996.

MURRAY, Janete. *Hamlet no Holodeck*. Nova York: Free Press, 1999.

NESPOLI, G. Da educação sanitária à educação popular em saúde. *In*: BORNSTEIN, V. J. (org.). *Curso de Aperfeiçoamento em Educação Popular em Saúde:* textos de apoio, p. 47-51. Rio de Janeiro: EPSJV, 2016. Disponível em: http://www.epsjv.fiocruz.br/sites/default/files/cad_texto_edpopsus.pdf. Acesso em: 18 out. 2022.

PIMENTEL, Andréia Guerra; ARAGON, Glauca Torres. *RPG Contaminação de Águas Subterrâneas*. Niterói: Associação Brasileira de Diversidade e Inclusão, 2016. 64p.

PIMENTEL, Andréia Guerra; ARAGON, Glauca Torres. *RPG Conhecendo os Estuários*. São Paulo: Perse, 2017. 69p.

PIMENTEL, Andréia Guerra; ARAGON, Glauca Torres. Jogo educacional e meio ambiente: adaptação de um livro-jogo para alunos com deficiência visual. *Revista Areté*, Manaus, v. 12, n. 25, 2019.

RANDI, M. A. F.; CARVALHO, H. F. Aprendizagem através de Role-Playing Games: uma Abordagem para a Educação Ativa. *Revista Brasileira de Educação Médica*, v. 37, n. 1, p. 80-88, 2013. Disponível em: http://www.scielo.br/scielo.php?script=sci_abstract&pid=S0100-55022013000100012&lng=es&nrm=iso. Acesso em: 18 out. 2022.

ROCHA, Ubiratan. Reconstruindo a História a partir do imaginário do aluno. *In*: NIKITIUK, Sônia L. (org.). *Repensando o ensino de história*. 4. ed. São Paulo: Cortez, 2001.

RODRIGUES, S. *Roleplaying Game e a Pedagogia da Imaginação no Brasil*. Rio de Janeiro: Bertrand Brasil, 2004. 210 p.

ROSA, L. Z.; ALMEIDA, C. G. M.; DEZORDI, F. Z. RPGBio Drogadição: o jogo Role Playing Game (RPG) como prática no processo de ensino e aprendizagem. *REnCiMa*, v. 8, n. 1, p. 166-181, 2017.

SILVA, A. P.; KUWAHARA, H.; OLIVEIRA JÚNIOR, M. A. A potencialidade do uso de jogos educacionais tipo RPG no desenvolvimento da educação escolar. *Estudos Interdisciplinares em Educação*, São Paulo, UNIFATEA, v. 1, n. 6, p. 16-23, 2019. Disponível em: http://unifatea.com.br/seer3/index.php/EIE/article/view/1237. Acesso em: 19 set. 2022.

SILVEIRA, Matheus. *Dados & Devaneios*: RPG como metodologia de Ensino de História. Dissertação (Mestrado em Educação) – Universidade Federal de Santa Catarina, Centro de Ciências da Educação, Programa de Pós-Graduação em Ensino de História, Florianópolis, 2021.

SCHMIT, W. L. *RPG e educação*: alguns apontamentos teóricos. 267 p. Dissertação (Mestrado em Educação) – Universidade Estadual de Londrina. Londrina, 2008. Disponível em: http://www.uel.br/pos/ppedu/images/stories/downloads/dissertacoes/2008/2008%20-%20SCHMIT,%20Wagner%20Luiz.pdf. Acesso em: 25 ago. 2022.

GRANDO, A.; TAROUCO, L. M. R. O uso de jogos educacionais do tipo RPG na educação. *Renote*, v. 6, n. 1, 2008.

LIVRO do Jogador. Dungeons & Dragons. 5. ed. 2019.

VERVOORT, J. M. New frontiers in futures games: leveraging game sector developments. *Futures*. Elsevier, v. 105, p. 174-186, 2019. Disponível em: https://www.sciencedirect.com/science/article/abs/pii/S0016328717302768. Acesso em: 18 out. 2022.

Pedagogia da Re-Existência: O Lugar do Lúdico na Cultura dos Povos Indígenas como Prática Orgânica para a Formação Profissional em Educação Física

Elaine de Brito Carneiro, Márcia Regina da Silva Ramos Carneiro

Introdução

Existe um aspecto orgânico no Pensamento brasileiro que lhe foi invisibilizado por violentas repressões traduzidas como catequéticas que colonizaram o modo de ser da composição da sociedade brasileira em torno de projetos civilizatórios, submetendo os povos nativos e aqueles advindos do movimento diaspórico africano sob a condição de escravizados, aos moldes culturais/econômicos/sociais/políticos europeus.

Os modelos eugênicos, com seus olhares para a Europa e com sua ciência cujo aporte fundamenta-se na razão dualista homem X natureza, julgam a intervenção tecnológica industrial a medida de grandeza superior da Humanidade. Os aspectos duais da Ciência *cartesius*-newtoniana não encontram qualquer aproximação com a complexidade orgânica da relação homem-natureza que está presente na epistemologia indígena que considera a natureza como uma multiplicidade das formas (Ser↔Essência e Matéria) que incluem os seres humanos com sua composição orgânica também natural (KRENAK, 2020a). Essa perspectiva não dual, mas integral em termos de totalidade cognoscível humana, não se restringe ao cogito existencial cartesiano, mas, segundo Krenak, refere-se sempre ao "nós".

Embora invisibilizada e sufocada por uma morte prenunciada desde o primeiro encontro entre culturas tão diversas, a europeia e as indígenas, no século XVI, os povos originários mantêm-se na luta por Re-existir. O Re-existir não significa Re-nascer ou apenas "resistir". Re-existir é a luta pelo respeito ao conhecimento ancestral, tradicional, xamânico, enquanto epistemologia, como definição, ou categorização do Ser natural que é o Ser humano (nós).

Quando, no século XVII, as diversidades étnicas indígenas foram tratadas como selvagens, os gentios (os outros) escapavam aos observadores estrangeiros, de variadas origens europeias. E essa assimilação das diferenças reduzia a distinção entre Tapuias e Tupis, como a distinguir, por oposição, litoral *versus* interior. Com o avanço da Ciência, essa "denominadora" das certezas, no século XIX, Von Martius, o naturalista bávaro que veio ao Brasil pelo convite da imperatriz Leopoldina, considerou oito grupos indígenas diversos. Como naturalista, entendendo as diferenças culturais enquanto características biológicas hierarquizadas a partir de uma gradação evolutiva, Von Martius (1956) considerou os povos indígenas como incivilizados. Diante do parâmetro ocidental, os povos indígenas do século XIX não dispunham da cultura da divisão social do trabalho de modelo ocidental, muito menos de uma concepção contratualista de organização do Estado, sendo importante ressaltar que a adequação dos povos indígenas ao processo civilizatório não foi escolha destes, mas algo imposto.

As concepções de organização social indígena têm em comum uma outra perspectiva de divisão do trabalho que é ensinada, absorvida e reproduzida pela Educação coletiva por meio da tradição desses povos, não sendo individual e tampouco individualista. Na concepção da Educação indígena é o nós o pronome de referência e o "lúdico" permeia esse processo de aprendizagem de caráter coletivo.

Longe de criar conexões artificiais universalistas plausíveis ao Pensamento iluminista, o nós, o humano-natureza da Epistemologia indigenista, não significa união de indivíduos que se associam funcionalmente em relação às dependências do mercado corporativo. A humanidade da qual trata a Epistemologia da Re-existência requer-se orgânica e diversa de uma imposição cultural descolada da terra e vivendo uma abstração civilizatória (KRENAK, 2020b).

Esse ensaio pretende acompanhar a crítica de Ailton Krenak a uma abordagem palatável aos brancos. Krenak considera que os brancos estariam fadados a viver num mundo que dizima a inocência e a confiança no seu próprio existir, posto que o mercado impõe a perda da liberdade de ser natural, pois dependem da indústria e das suas tecnologias da saúde e da doença. Davi Kopenawa, líder indígena e xamã yanomami, e Bruce Albert, na obra intitulada *A queda do céu: palavras de um xamã yanomami*, tratam do avanço do pensamento neoliberal nas terras yanomamis e o desrespeito dos brancos com os povos indígenas, com as Florestas, com os rios, com a cosmologia indígena, além de seu cortejo de epidemias e violência contra os yanomami (KOPENAWA; ALBERT, 2015).

Isso posto, trabalhamos com a hipótese de que a figura do "índio", retratada nos documentos oficiais portugueses, à época da invasão, assim como nos livros didáticos, permanece congelada no imaginário de grande parte dos brasileiros, e o que nos chama muita atenção é verificar que poucos são os cursos de licenciatura e programas de pós-graduação *stricto sensu* que apresentam em seus currículos possibilidades de tematização e problematização dessa pauta em pleno século XXI.

A Política Genocida e Empreitada Etnocida Contra os Povos da Floresta

O romantismo, o naturalismo, o positivismo e o liberalismo mantêm-se hegemonicamente posicionados ante a luta pela Re-existência indígena. Tão diversa da Ciência europeia, na concepção indígena, a humanidade precisa constituir-se como órgão da Terra que inclui, enquanto humanidade, todos os Seres viventes da Terra. A humanidade que está ausente dos protocolos das instituições ocidentais é considerada sub-humanidade:

> Ao longo da história, os humanos, aliás, esse clube exclusivo da humanidade – que está na declaração universal dos direitos humanos e nos protocolos das instituições – foram devastando tudo ao seu redor. É como se tivessem elegido uma casta, a humanidade. Não são só as caiçaras, quilombolas e povos indígenas, mas toda vida que deliberadamente largamos à margem do caminho. E o caminho é o progresso: essa ideia prospectiva de que estamos indo para lá, e vamos largando no percurso tudo que não interessa, o que sobra, a sub-humanidade – alguns de nós fazemos parte dela (KRENAK, 2020c, p. 6).

Numa perspectiva ambiental de Educação, considerando as pesquisas em biociências como produto do conhecimento sobre a natureza que atua sobre o organismo humano, encontramos o lúdico que se apresenta em ambientes naturais, longe das parafernálias construída pela indústria do brinquedo. As próprias atividades de aventuras, defendidas por alguns estudiosos da área, preveem as práticas indígenas como pertencentes a essa categoria emergente no campo da Educação Física:

> Assim, o conceito atividades de aventura parece resguardar a reconhecida e problemática generalidade de experiências que podem estar ocorrendo no ambiente natural (turismo, educação ambiental, esportes, rituais indígenas) e no citadino (esportes, jogos, entre outros) (PIMENTEL, 2013, p. 696).

Pensando por esse viés, especificamente, as atividades que ocorrem entre os povos indígenas, nas suas diferentes etnias, podem contribuir como fundamento de uma prática educativa à pedagogia da Re-existência. Da mesma forma que acontece com a conservação da língua nativa e a luta pela demarcação de seus territórios.

Não há como desprezar o fato de que, nos primeiros encontros com os europeus, aos indígenas caberia a dizimação. E essa "civilização ocidental" é apontada como "salvadora", inicialmente, pelos missionários católicos. Nos séculos XIX e XX, o processo civilizatório acelerou o projeto de dizimação com o argumento da impossibilidade de coexistência entre "civilizados" e "selvagens". Não seria a "selvageria" uma ameaça violenta, mas uma ameaça por existir. E existir significaria deter o progresso em todos os sentidos: por demonstrarem outro modo de viver; outras possibilidades de organização social, e por ocuparem os territórios passíveis de uso mercadológico.

Edson Kayapó, intelectual indígena de grande expressão, faz a seguinte proposição:

> Simultaneamente ao romantismo e às teorias exterminacionistas, a primeira Constituição Brasileira, outorgada em 1824, e a Constituição Republicana de 1891 não fazem qualquer referência aos povos indígenas, tornando-os invisíveis perante o Estado e à sociedade brasileira (SANTOS, 2004, p. 94). Portanto, a invisibilidade desses povos se consumava à medida que a unidade nacional era construída, deixando evidente que a pluralidade étnica e a diversidade cultural não faziam parte do projeto da nação brasileira, ao qual interessava a unidade homogeneizada da sociedade (KAYAPÓ; BRITO, 2015, p. 62).

Nesse raciocínio, a educação indígena, em sua diversidade, nas unidades formadoras de educandos, é concebida como um agente não civilizatório, e que deveria ser exterminado.

Esse mesmo autor complementa:

> Entender e ensinar sobre a racionalidade da organização dos povos indígenas em seus territórios e em seus cotidianos é importante para que os alunos percebam que o próprio processo de desestruturação social dos povos indígenas está relacionado a um projeto maior de desenvolvimento que tem posto em risco não apenas a vida dos povos indígenas, mas da humanidade e de todas as formas de vida. Ao mesmo tempo, o debate nesta perspectiva pode contribuir efetivamente para a constatação de que, apesar de organizarem suas existências em outras lógicas, trata-se de povos de carne e osso, não mais idealizados como personagens de ficção romântica do passado (KAYAPÓ; BRITO, 2015, p. 75).

Essa visão eurocêntrica está muito presente na educação brasileira, materializada nos currículos escolares, em que fica nítida a relação de poder que envolve a construção desses documentos, principalmente, quando entendemos o currículo para além das escolhas dos conteúdos trabalhados nas escolas e universidades (SILVA, 2007).

Analisando os livros didáticos da educação básica brasileira, especialmente os de História, essa relação de poder nos salta aos olhos quando identificamos o "apagamento" da história dos negros e dos povos indígenas na sociedade e no próprio sistema educacional. Mesmo com a promulgação da lei n.º 11.645/2008, que altera a lei n.º 9.394/1996, modificada pela lei n.º 10.639/2003, que estabelece as diretrizes e bases da educação nacional, para incluir no currículo oficial das redes de ensino a obrigatoriedade da temática "História e Cultura

Afro-Brasileira e Indígena", encontramo-nos muito distante do almejado. Os conteúdos trabalhados em sala são superficiais e não levam em consideração as narrativas dos representantes legítimos desses povos. De maneira semelhante, os conteúdos da Educação Física ainda apresentam um forte apelo à cultura euro-estadunidense, negligenciando as culturas afro-brasileira e indígenas.

Observando a Base Nacional Comum Curricular (BNCC, 2017), o componente curricular da Educação Física, identifica-se três unidades temáticas que contemplam atividades de matriz indígena e africana: Brincadeiras e Jogos, Dança e Lutas. Entretanto, quando isso acontece, essas propostas pedagógicas ocorrem em forma de efemérides nos meses de abril, agosto e novembro de cada ano. No restante do período letivo, tudo volta a uma "normalidade" no sentido de seguir uma rotina de currículo engessada, que não permite ao aluno desenvolver um olhar holístico de mundo. É como se os indígenas não existissem em nossa sociedade, sendo toda forma de produção cultural, literária, linguística e intelectual negligenciada.

Fica claro que o eurocentrismo, idealizado na época das grandes navegações e "descobrimentos", para não dizer invasões, pressupõe que a cultura europeia é a mais importante do mundo. Essa percepção equivocada e hegemônica da cultura europeia como sendo a representação de toda uma coletividade condenou os povos não europeus a uma concepção emblemática que vê a Europa como sendo o centro do mundo e, de certa forma, desqualificando os demais povos (SHOHAT; STAM, 2006).

Jogos e Atividades Lúdicas em Ambientes Naturais: Vivenciando a Pedagogia da Re-Existência

Inspirados na perspectiva da "cultura corporal de movimento", fazendo uso de uma categorização cunhada por um grupo de professores precursores do movimento crítico na área da Educação Física, na década de 1980, sendo essa abordagem de ensino conhecida por "Crítico-superadora", a perspectiva da aptidão física passa a ser questionada no ensino das aulas da Educação física na escola. A categoria "Cultura" surge como principal paradigma para se pensar nesse campo de conhecimento, e conteúdos que até então não eram valorizados dentro das escolas, passando a reivindicar um espaço nos currículos das escolas brasileiras, como, por exemplo, a capoeira e as danças regionais. Contudo, os jogos e as brincadeiras que reportam à cultura indígena ainda aparecem de forma muito tímida nos projetos pedagógicos e planejamentos de ensino desse componente curricular.

A abordagem da cultura indígena passa longe dos cursos de licenciatura e programas de pós-graduação *Stricto-sensu* que apresentam em seus currículos possibilidades de tematização e problematização dessa pauta em pleno século XXI.

Entretanto, como forma de insurgência do modelo eurocêntrico de currículo, o curso de bacharelado em Educação Física da Universidade de Vassouras-RJ convidou 12 indígenas, em que estiveram presentes representantes de seis diferentes etnias. Ocorrido no mês de setembro do ano de 2021, o evento contou com discussões sobre a demarcação dos territórios indígenas e a preservação da língua nativa, por meio de uma educação diferenciada indígena, para o processo de Re-existência desses povos no Brasil. O tema do evento científico abordou as contribuições da ancestralidade e das ciências na formação do campo acadêmico da Educação Física. Durante o evento, o lúdico esteve presente em forma de brincadeiras envolvendo músicas e danças da etnia Guarani, em que os alunos puderam vivenciar a cultura e o conhecimento ancestral. Foi possível identificar que poucos discentes apresentavam algum conhecimento sobre as etnias e troncos linguísticos dos povos originários que habitavam e ainda Re-existem em nosso país. Da mesma forma, parecem naturalizar dados que evidenciam o projeto genocida e etnocida que esses povos vêm sofrendo desde que os invasores europeus aqui chegaram.

Os dados do Censo Demográfico do Instituto de Geografia e Estatística (IBGE, 2010) revelou que 817 mil pessoas se autodeclararam indígenas e que o crescimento no período 2000/2010 foi de 84 mil indígenas, representando 11,4%. Se comparado ao período anterior, 1991/2000, 440 mil indígenas, aproximadamente 150%, não foi tão expressivo. As Regiões Norte, Nordeste e Centro-Oeste apresentaram crescimento no volume populacional dos autodeclarados indígenas, enquanto as Regiões Sudeste e Sul, perda de 39,2% e 11,6%, respectivamente. Passados 12 anos, o Censo de 2022 do IBGE identificou 1,7 milhão de indígenas, um aumento exponencial de 89% em comparação ao Censo de 2010. Observa-se com isso que, mesmo a política brasileira fazendo "vista grossa" quanto à proteção das terras indígenas, exploradas por mineradoras, pelo agronegócio, grileiros, garimpeiros, entre outras atrocidades, os povos indígenas Re-existem desde o século XVI.

Carneiro, Carneiro e Costa (2021) ao citarem os setores das comunidades indígenas, algumas com apoio do Conselho Indigenista Missionário (CIMI), órgão vinculado à Conferência Nacional dos Bispos do Brasil (CNBB), identificam um posicionamento em contraposição a uma formação evangelizadora e colonial. O Cimi, paradoxalmente católico/colonial, contribuiu para a organização de assembleias indígenas e estimulou o respeito ao pluralismo cultural e de valorização das identidades étnicas.

Ao se debruçarem sobre o papel da educação indígena e sobre as características específicas que as escolas deveriam apresentar para uma Práxis Libertadora, identificaram que a Educação Escolar Indígena, como objeto de projetos de Estado do tipo Ocidental, desde a década de 1970, romperia o paradigma de uma Antropologia Cultural que apreendia a concepção de comunidade indígena sob uma perspectiva de tutela (CARNEIRO; CARNEIRO; COSTA, 2021). No entanto, foi somente com a promulgação da Carta Magna em 1988, protagonizada pelo movimento indígena brasileiro, que o modelo integracionista representado na figura da Funai, criada em 1967, possibilitou uma nova perspectiva ideológica aos povos indígenas (MUNDURUKU, 2012).

Nessa lógica, o pensamento recorrente que embasa as matrizes curriculares dos cursos de graduação e das produções científicas que abordam o lúdico permanece arraigado aos paradigmas ocidentais. Essas abordagens curriculares desconsideram estudos realizados por indigenistas que vêm se debruçando sobre as vivências corpóreas construídas pelos povos indígenas.

Os corpos das crianças e adolescentes indígenas parecem não ter fronteiras, misturam-se com a atmosfera das suas aldeias por meio das atividades próprias do dia a dia. O brincar e o lúdico se manifestam numa relação dialógica com os adultos e idosos no enfrentamento pela sobrevivência e pela Re-existência.

Ao nos reportarmos ao Plano Nacional de Educação (PNE), a lei n.º 13.005/2014 tenciona garantir conteúdos sobre a história e as culturas afro-brasileira e indígenas nos currículos escolares, implementando ações educacionais em conformidade com as leis n.º 10.639/2003 e 11.645/2008. Nessa sequência, um dos objetivos do PNE é garantir a implementação das Diretrizes Curriculares Nacionais (DCN), em que o multiculturalismo seja verdadeiramente uma realidade dentro das escolas.

Quanto ao multiculturalismo:

> A educação multicultural teve sua gênese nos anos 1960 como produto de movimentos reivindicatórios aos direitos civis como a liberdade, a participação política e igualdade econômica por parte de professores e pais que se alinharam às lutas sociais de grupos étnicos sitiados e combatidos durante o conflituoso processo de integração social ocorrido nos Estados Unidos. A educação multicultural é um dos produtos do movimento ativista afro-americano e do seu envolvimento nos problemas educacionais, especialmente com relação ao currículo (NEIRA, 2017, p. 42).

As normativas que garantem conteúdos sobre a história e as culturas afro-brasileira e indígenas em instituições de ensino brasileiras parecem não estar em consonância com os Projetos Políticos Pedagógicos (PPP) das escolas, assim como os Projetos Pedagógicos dos Cursos (PPC) de licenciatura. As ementas dos cursos de graduação em Educação Física não parecem cumprir a lei, e, quando o fazem, caracterizam-se por ações isoladas dentro das Universidades e sem aportes bibliográficos de autoria dos intelectuais indígenas.

Ao pensar no legado dos saberes indígenas e de suas culturas para a sociedade brasileira, damo-nos conta de que as brincadeiras, os jogos, a dança, o canto e o artesanato são algo construído com a participação de uma coletividade. Na forma de organização dos grupos indígenas, que difere de etnia para etnia, é possível observar uma relação muito próxima dos homens das aldeias com os seus filhos. Essa interação entre pais e filhos nos remete a um modo de vida que é próprio e abundante:

> Numa concepção da Ecologia Política, deve-se atentar para a percepção de que nas aldeias indígenas, o tempo corre diferente e as crianças são educadas através do exemplo, daquilo que veem. São ensinadas que a vida é composta de fartura e escassez e assim podem atravessar adversidades. São ensinadas que a mata, assim como todos os seres do mundo, precisa ser respeitada porque a vida também depende desse equilíbrio. Os mais velhos são os livros desses povos, e suas experiências e conhecimentos são o que sustentam os jovens no relacionamento com o mundo. As crianças vivem o tempo do presente sem a preocupação de serem o que não são ou de antecipar o tempo de ser adulto (CARNEIRO; CARNEIRO; COSTA, 2021, p. 165).

Outrossim, o conhecimento sobre as culturas indígenas apresentadas à população brasileira ainda é aquele da "folclorização", do "índio" travestido com indumentárias estereotipadas, de penacho na cabeça, de arco e flecha, de corpos nus, embora seja possível encontrar grupos indígenas isolados na Floresta Amazônica. E mesmo os povos que não se encontram isolados apresentam suas práticas ancestrais próprias na atualidade. O que estamos discutindo é que foi construído um arquétipo de "índio" brasileiro que está cristalizado no nosso imaginário e se reflete nos currículos escolares.

Atualmente, os indígenas estão por toda parte, seja nas universidades proferindo conferências; nas mídias sociais, dividindo sua sabedoria ancestral; na política, discutindo temas caros como o clima, a sustentabilidade, o meio ambiente, a necessidade de políticas públicas de uma educação diferenciada indígena, entre outros espaços invisibilizados pelo não indígena.

Nesse contexto, a partir de pesquisas realizadas pelo Observatório da Educação Escolar Indígena, da Universidade Estadual do Paraná (UEM-PR), etnógrafos e etnólogos que atuaram com os povos indígenas do Sul do Brasil, em meados do século XIX e início do século XX, Faustino e Motta (2016) registraram práticas de crianças indígenas das etnias Kaingang, Guarani e Xetá. Nesses registros, os autores identificaram relatos de brincadeiras indígenas, como: a Peteca, a Corrida, o Balanço, o Pião, o Mundé, o Tangará, o Esconde-Esconde, o Jogo do Guerreiro, o Jogo da Máscara, entre tantos outros jogos.

Os relatos mostraram que muitas dessas brincadeiras são representações que as crianças indígenas aprendem por meio da convivência com os seus pais, como o manejo do arco e da flecha, entre outras atividades tidas como masculinas e femininas dentro de uma organização coletiva; além das brincadeiras livres pelas aldeias, nos rios, com os animais de estimação e animais confeccionados com cera de abelha e pedaços de madeira.

Frequentemente, os intelectuais não indígenas ao pensarem no lúdico, nas brincadeiras e nos jogos se utilizam das obras de Roger Caillois e Johan Huizinga. O primeiro, um intelectual francês, que desenvolveu uma abordagem particular sobre as múltiplas relações do homem com o jogo, o sagrado, o profano, o mito, o ritual, a festa e as diferentes culturas, chegando a estabelecer uma tipologia para essas práticas (LARA; PIMENTEL, 2006).

Lara e Pimentel (2006, p. 180) apontam que "as atitudes psicológicas discutidas por Caillois são pensadas a partir das formas culturais que apresentam relativa autonomia em relação ao sistema e aquelas que já foram incorporadas pela sociedade como valores institucionais". Nesse sentido, na cultura indígena é possível identificar muito desse olhar, descrito por Caillois, quando descreve o lúdico como atrelado às múltiplas relações do homem numa abordagem que lhe é particular.

Na concepção do holandês Huizinga, antecessor de Caillois, foram os sofistas gregos que revelaram o lúdico na filosofia a partir de duas funções profissionais praticadas por eles: o exibicionismo e a aspiração agonística (SILVA, 2018).

O exibicionismo (epideixis) é demarcado pelo rico repertório de ensinamentos e altos ganhos financeiros/bens por essa atividade. Com relação à aspiração agonística, ela está ligada a jogos argumentativos em que se valia a defesa de uma opinião. A agonística é caracterizada como uma ciência da antiguidade greco-romana (SILVA, 2018). De forma similar, quando relacionamos a experiência do indígena com o lúdico, identificamos parte dessa aspiração agonística, descrita por Huizinga, à medida que ocorre uma dimensão argumentativa na forma como as crianças indígenas interagem com os seus mais velhos nas suas aldeias.

Santos (2021), ao discorrer sobre a performance do corpo como reprodução de memória analisando os cantos e os ritos corporais do Povo indígena Gavião, Parkatejê na aldeia Kãpeitijê, localizada na Terra Indígena Mãe Maria, em Bom Jesus do Tocantins-PA, observou que o grupo Parkatejê, ao se utilizar do corpo para realizar os seus ritos e crenças, expressava valores simbólicos, entre os quais, a cultura e a identidade. Ao realizar suas manifestações culturais, o corpo apresentava uma forte ligação cosmológica.

> Ademais, as diversas performances praticadas numa festividade ou jogos reproduzem e transmitem conhecimentos, assim como os ritos performam memórias, narrativas identitárias, bem como a relação com o sagrado. A figura e a participação do cantor, como especialista, em diferentes práticas é exemplo de como esses elementos se manifestam nos ritos coletivos (geralmente envolvendo canto, dança com uso de instrumentos, como o maracá e o chocalho) ou em ocorrências ordinárias, podendo cumprir funções sagradas, memoriais, educativas e lúdicas (SANTOS, 2021, p. 5).

A partir desse entendimento, o brincar e o lúdico na cosmovisão indígena ocorrem como forma de representação social sobre a construção da coletividade primordialmente a partir do papel social exercido pelos indígenas em suas aldeias. Contudo, mantendo contato com indígenas de duas aldeias, sendo uma do estado do Rio de Janeiro e a outra do Tocantins, identificamos a entrada da indústria dos jogos dos não indígenas. E isso ocorre devido às precárias condições a que os povos indígenas estão sendo submetidos.

A privação que os indígenas vêm sofrendo na ocupação de seus territórios impacta diretamente na sua forma de viver, pensar o mundo e a vida, ficando esses à mercê de doações dos não indígenas que, infalivelmente, interferem na organização cultural e na forma do brincar do indígena.

Considerações Finais

O debate sobre a pedagogia da Re-existência, como prática educativa orgânica, em que o lúdico na forma da brincadeira e dos jogos indígenas deva estar presente nos currículos das escolas, perpassa pelos projetos pedagógicos dos cursos de formação de professores, especialmente, dos cursos de graduação de Educação Física e de História. Nesse sentido, o contato com a natureza e o sentir-se parte dela é uma condição insurgente para que os alunos entendam e coloquem em prática a pedagogia da Re-existência. Os aspectos duais da Ciência cartesiana não encontram qualquer aproximação com a complexidade orgânica da relação homem-natureza, que é própria da epistemologia indígena, que leva em consideração a natureza. Posto isso, embora os jogos e brincadeiras sejam excelentes oportunidades para nos inteirarmos das culturas indígenas, esses jogos não podem estar descolados do modo como os povos indígenas concebem o mundo e a vida. Finalizando, uma reflexão possível no contexto da ecologia política contra-hegemônica da pedagogia da Re-existência pode e deve incorporar a importância da apreensão da epistemologia cosmogônica indígena como leitura de mundo. Com isso, ainda que as culturas indígenas contenham na leitura multialética do mundo a percepção animista e um conhecimento "científico" construído pela experiência e observação da natureza, a luta pela Re-existência necessita da apreensão do mundo como um todo. Nessa linha de raciocínio, fomentar discussões nos espaços acadêmicos e escolares que levem os futuros professores, crianças, adolescentes, jovens e adultos a conhecerem a História dos povos indígenas, suas culturas, seus jogos e brincadeiras, entre outras formas de expressão corporal, artística, cultural e ancestral, sendo esses mediadores os próprios indígenas, é permitir a existência da pedagogia da Re-existência.

Referências

CARNEIRO, E. B.; CARNEIRO, M. R. S.; COSTA, L. M. A pedagogia de Paulo Freire como suporte libertador de uma educação indígena decolonial. *In:* SANTOS, T. T.; MEIRELLES, R. M. S. (org.). *Os inéditos-viáveis na educação ambiental e em saúde:* diálogos com Paulo Freire. Curitiba: Brazil Publishing p. 154-168, 2021.

FAUSTINO. R. C; MOTA, L. T. Crianças indígenas: o papel dos jogos, das brincadeiras e da imitação na aprendizagem e no desenvolvimento. Acta Scientiarum. *Education*, Maringá, v. 38, n. 4, p. 395-404, oct.-dec., 2016.

IBGE – Instituto Brasileiro de Geografia e Estatística. *Censo Brasileiro de 2010.* Rio de Janeiro: IBGE, 2012.

KAYAPÓ, Edson; BRITO, Tamires. A pluralidade étnico-cultural indígena no Brasil: o que a escola tem a ver com isso? *Mneme-Revista de Humanidades*, v. 15, n. 35, p. 38-68, 2014.

KOPENAWA, D.; ALBERT, B. *A queda do céu:* palavras de um xamã yanomami. Tradução Beatriz Perrone-Moisés. São Paulo: Companhia das Letras, 2015.

KRENAK, Ailton. *Caminhos para a cultura do Bem Viver.* São Paulo: Cultura do Bem-Viver/SCHWARCZ, 2020a.

KRENAK, Ailton. *Ideias para adiar o fim do mundo* (Nova edição). São Paulo: Companhia das Letras, 2020b.

KRENAK, Ailton. *A Vida não é útil.* São Paulo: Companhia das Letras, 2020c.

LARA, L. M.; PIMENTEL, G. G. A. Resenha do livro os jogos e os homens: a máscara e a vertigem, de Roger Caillois. *Revista brasileira de ciências do esporte*, v. 27, n. 2, 2006.

MUNDURUKU, Daniel. *O caráter educativo do movimento indígena brasileiro (1970-1990).* São Paulo: Paulinas, 2012.

NEIRA, M. G. Possíveis relações entre multiculturalismo e teorias curriculares da Educação Física. *Utopía y Praxis Latinoamericana*, v. 22, n. 79, oct./dec. 2017.

PIMENTEL, G. G. A. Esportes na natureza e atividades de aventura: uma terminologia aporética. *Revista brasileira de ciências do esporte*, v. 35, p. 687-700, 2013.

SANTOS. C. T. A performance do corpo como reprodução de memória a partir dos cantos e ritos corporais do povo Parkatejê na aldeia Krãpeitijê. *Ensino em Perspectivas*, v. 2, n. 3, p. 1-6, 2021.

SHOHAT, Ella; STAM, Robert. *Crítica da imagem eurocêntrica*: multiculturalismo e representação. Tradução de *Mário Soares*. São Paulo: Cosac e Naify, 2006.

SILVA, C. R. S. Johan Huizinga e o conceito de lúdico: contribuição da filosofia para a literatura infantil matemática. *Educación*, v. XXVII, n. 52, p. 140-159, 2018.

SILVA, T. T. *Documentos de identidade:* uma introdução às teorias do currículo. Belo Horizonte: Autêntica, 2007.

VON MARTIUS, Karl Friedrich; RODRIGUES, José Honório. Como se deve escrever a História do Brasil. *Revista de História de América*, n. 42, p. 433-458, dec. 1956. Publicada pelo Pan American Institute of Geography and History. Disponível em: http://www.jstor.org/stable/20137096. Acesso em: 15 out. 2022.

Jogos "Imprima e Jogue" (*Print And Play*) para Divulgação Científica em Arboviroses

Ralph Ferraz Gomes, Rafaela Vieira Bruno, Arnaldo Vianna,
Vilhena de Carvalho, Renata Monteiro Maia

Introdução

Arboviroses, viroses transmitidas por artrópodes, são importantes causas de morbidade, mortalidade e de perdas econômicas, especialmente nos países em desenvolvimento (YOUNG, 2018; ADHIKARI, 2018). Essas doenças, que incluem a dengue, Zika e Chikungunya, são causadas por diferentes arbovírus que têm como principal vetor o mosquito *Aedes aegypti*. Em função dos impactos ambientais, sociais e econômicos provocados pelo homem, mosquitos e vírus têm se disseminado por todo o mundo, aumentando os riscos de epidemias (KURKI; MERI, 2016; RAMALHO-ORTIGÃO; GUBLER, 2020; ROBERT; STEWART-IBARRA; ESTALLO, 2020).

O mosquito da espécie *Aedes aegypti* é um dos mais difíceis de controlar (VASILAKIS; WEAVER, 2017) devido ao seu comportamento antropofílico; as evidências o apontam como o principal vetor urbano nas regiões tropicais e um dos principais vetores transmissores de arbovírus.

Existem três maneiras de controlar a disseminação do mosquito *A. aegypti*: controles químico, biológico e mecânico. Destes, o controle mecânico tem se mostrado o mais eficaz e possível de ser realizado pela sociedade. Esse tipo de controle consiste basicamente na remoção de possíveis criadouros do mosquito, mas para que esse tipo de controle tenha resultado efetivo, é necessário engajar a população, que precisa ser esclarecida sobre a importância, necessidade e frequência dessas ações, e ainda contextualizar essas ações relacionadas ao ciclo biológico do *A. aegypti* (VALLE et al., 2015).

Diante da possibilidade de novos surtos, corroborada pela ausência de vacinas para a maioria das arboviroses e por campanhas publicitárias pouco eficazes, que não repercutem na população como deveriam, pois os casos de arboviroses não diminuem como esperado após uma campanha, e pelo aumento da veiculação de notícias falsas (SESA, 2022), ampliar o diálogo científico sobre arboviroses com a população pode contribuir para a compreensão dos métodos de controle dessas doenças. Essa aproximação pode romper com o modelo de transmissão vertical de conhecimento, muito comum nas campanhas e que não necessariamente estimula atitudes concretas. O objetivo, assim, é colocar a sociedade no protagonismo das ações, junto ao conjunto de políticas públicas, que impactam direta ou indiretamente no acesso à cidadania, ao direito à saúde e à qualidade de vida da sociedade.

A educação para a saúde deve refletir na construção de conhecimentos que possibilitem o exercício pleno da cidadania (SCHALL, 1994), principalmente para as crianças, gerando nelas a responsabilidade pelo bem-estar individual e coletivo, na prática de hábitos saudáveis e contribuindo para a manutenção de um ambiente saudável. Esse tipo de educação não deve culpabilizar o cidadão por agravos, mas levar em consideração as condições socioambientais nas quais as pessoas estão inseridas. Além disso, deve incluir o Estado em questões relacionadas à infraestrutura e, no caso específico do controle de *A. aegypti*, a outras formas de controle (químico e biológico), que atuam de forma complementar ao controle mecânico (remoção dos possíveis criadouros).

A importância da educação para a saúde reside em sua capacidade de impulsionar mudança de hábitos e disseminar os conhecimentos adquiridos. Visto que quanto maior o nível de informação, maiores serão as condições de proteção contra doenças e o acesso ao direito à saúde, a educação para a saúde ainda favorece o fortalecimento do Sistema Único de Saúde (SUS).

Por conta de todos esses fatores, ações de educação para a saúde e de divulgação científica se tornam urgentes na mobilização da população em torno do tema.

Segundo Silva *et al.* (2021), os Parâmetros Curriculares Nacionais (PCN) e a Base Nacional Comum Curricular (BNCC) recomendam a inserção de temas de saúde no currículo escolar; já o Ministério da Saúde destaca a intersetorialidade entre saúde, educação e meio ambiente para o controle de *A. aegypti*.

Ações de divulgação científica e os projetos de educação para a saúde têm se apoiado mutuamente, por meio da aproximação entre academia e população, sensibilizando, informando e, inclusive, favorecendo o enfrentamento de notícias falsas. Dentre as estratégias de divulgação científica que apoiam a educação em saúde encontram-se aquelas que se utilizam de atividades lúdicas, a exemplo dos jogos de tabuleiro, tema a ser explorado na próxima sessão deste capítulo.

Piaget (1998) afirma que a atividade lúdica é o berço obrigatório da atividade intelectual, sendo essencial para a prática educativa. Como o ato de jogar estimula habilidades como raciocínio lógico, concentração, curiosidade, criatividade, iniciativa, autoconfiança, entre outras, não é difícil imaginar como essa ferramenta é capaz de criar um ambiente propício à aprendizagem. A utilização de jogos de tabuleiro, portanto, representa a possibilidade de os alunos desenvolverem a criatividade e auxiliarem na aprendizagem de conteúdos didáticos (BENDER, 2014).

Também por isso os jogos são reconhecidos como modalidade didática pelo Ministério da Educação desde 1990 (KRASILCHIK, 2000), e têm sua prática incentivada pelos PCN (MELLO; SILVA-PIRES; TRAJANO, 2015). Os jogos de tabuleiro podem ainda estar alinhados com a BNCC para alunos do ensino fundamental e médio.

Por meio dos jogos, as ações de divulgação científica podem contribuir e complementar informações sobre aspectos da biologia do mosquito, seu ciclo de vida e de como ações simples de controle da disseminação do vetor podem colaborar para a redução do número de casos das doenças, permitindo que, para além das ações diretas dos agentes públicos na prevenção das doenças, os cidadãos se somem aos esforços no controle de *A. aegypti* e, consequentemente, das doenças a ele associadas.

Levando em conta o potencial dos jogos de tabuleiro nesse tipo de ação, foram por nós desenvolvidos quatro jogos focados na temática das arboviroses: *Cadê o Aedes?*; *12 Criadouros*; *Um tempo contra o Aedes*; e *Quebre o Ciclo!*. Cada um deles realça um aspecto particular no reconhecimento do principal vetor das arboviroses e os métodos de combate mecânico à sua proliferação.

No desenvolvimento dos jogos, foram utilizados critérios relacionados ao *design* dos chamados "jogos de tabuleiro modernos" e à modalidade conhecida como *PnP*, ou *print and play* (imprimir e jogar). A seguir, apresentamos a natureza dos jogos modernos e dos *PnP*, para então ser possível a descrição e a análise de possibilidades de utilização dos quatro jogos desenvolvidos na divulgação científica.

Jogos de Tabuleiro Modernos, *Print and Play* e Direcionamento da Construção dos Jogos sobre Arboviroses Apresentados

Os jogos de tabuleiro, enquanto artefatos culturais a acompanhar a humanidade ao longo dos séculos, nunca deixaram de se diversificar e atender às demandas sociais diversas (CARVALHO, 2022). Nas últimas décadas, no entanto, destacou-se o surgimento de uma nova forma de se projetar, fabricar e fazer circular jogos de tabuleiro. Denominados "jogos de tabuleiro modernos", os jogos construídos sob esse conjunto de renovações, em especial, sob premissas de *design* profissional (CARVALHO, 2019; PICCOLO *et al.*, 2022), difundiram-se. A década de 1990 enquanto data, a Alemanha enquanto território de origem, e o jogo "Catan" como exemplo de jogo constituem o marco simbólico de uma renovação da cultura dos jogos de tabuleiro. As premissas de *design* dos jogos de tabuleiro moderno procuram dar conta das transformações sociais e ao mesmo tempo explorar inovações tecnológicas dos processos de produção, e desse modo passam a enfatizar, para além do aspecto temático, a importância de sua estética, mecanismos e regras (CARVALHO, 2019). Segundo Piccolo *et al.* (2022), os jogos de tabuleiro modernos apresentam como características básicas:

1. Mecânicas diversificadas;
2. Ênfase nas decisões cognitivas, privilegiando a estratégia e o controle de risco em relação à pura sorte;
3. O jogador tem muitas opções de ação e a tomada de decisões pode envolver um certo nível de tensão por trás de cada jogada;
4. A possibilidade de vitória é mantida para todos os jogadores durante boa parte da partida;
5. O tempo total de uma partida é mais preciso do que a média das gerações anteriores de jogos de tabuleiro.

Tais aspectos ampliam as possibilidades de uso educacional dos jogos de tabuleiro, tornando-os aliados de incrível adesão às estratégias de divulgação científica. No entanto, o acesso ao material físico dos jogos de tabuleiro por vezes enfrenta obstáculos, como a ausência de políticas de fomento à sua aquisição por escolas e bibliotecas; número insuficiente de ludotecas abertas e/ou destinadas sobretudo a educação fundamental, média e/ou superior; indisponibilidade de equipamentos, material e treinamento para o favorecimento da construção dos jogos no âmbito das relações de ensino-aprendizado (em que professores e/ou alunos constroem integralmente seus próprios jogos). Em reação aos problemas de acesso aos jogos mencionados, há uma série de iniciativas de profissionais da educação e do *design* na disponibilização gratuita de títulos, incluindo aqueles em formato *Print and Play* (PnP). Trata-se de jogos de tabuleiro ou cartas em formato de arquivo digital, que podem ser impressos em impressoras caseiras e/ou montados com materiais simples, opcionalmente com o uso de componentes emprestados de outros jogos (pinos e dados, por exemplo).

Devido ao seu baixo custo e à facilidade de disseminação, os *PnP* podem ser amplamente utilizados em escolas das redes pública e privada. Essa estratégia pode ser usada, inclusive, no ensino remoto e híbrido, como uma ferramenta lúdica que associa entretenimento, socialização e aprendizagem, inclusive em períodos de distanciamento social, como o vivenciado em função da pandemia por COVID-19.

Os quatro jogos de tabuleiro: *Cadê o Aedes?*; *12 Criadouros*; *Um tempo contra o Aedes*; e *Quebre o Ciclo!*, aqui apresentados, constituem mais uma iniciativa de divulgação científica, e foram construídos a partir dos critérios de design modernos relacionados aos jogos de tabuleiro, dentro da modalidade *(PnP)*.

Foram utilizados princípios notabilizados em trabalhos como: i. Jesse Schell (2010); ii. Leandro Costa (2010); iii. Katie Salen e Eric Zimmerman (2003); iv. Geoffrey Engelstein e Isaac Shalev (2019); e v. Piccolo *et al.* (2022), em conjugação com a tipologia de conteúdos de Antoni Zabala (ZABALA, 1998).

A expectativa é favorecer sua difusão e utilização, aproveitando-se em especial os seguintes aspectos lúdicos e materiais constante nesse tipo de jogo: i) trata-se de um material didático e ao mesmo tempo entretenimento, o que estimula seu uso; ii) apresentação em versão *PnP*, que permite fácil distribuição mediante meios físicos e eletrônicos; iii) constituídos por apenas duas páginas, são de produção rápida e barata, podendo ainda servir de modelo para uma confecção inteiramente caseira; iv) disponibilidade gratuita; v) destinam-se tanto ao ambiente escolar como familiar; vi) contemplam múltiplas faixas etárias.

A perspectiva é que se contribua para a disseminação do conhecimento sobre as arboviroses, principalmente no que se refere ao controle mecânico da proliferação de *A. aegypti*, e se estimule de forma lúdica, para além da obtenção de informação, o engajamento popular na busca pelo controle dos arbovírus.

Cadê o *Aedes*?; 12 Criadouros; Um Tempo Contra o *Aedes*; E Quebre o Ciclo! – Aspectos Gerais

Os quatro jogos de tabuleiro e cartas desenvolvidos pelos autores abordam, de modo integrado, aspectos biológicos e os principais criadouros (convencionais e não convencionais) de *A. aegypti*. Os jogos são acompanhados de informações relacionadas a biologia do mosquito, aspectos interessantes e curiosidades sobre o ciclo de vida e formas simples de atuar no controle da proliferação desses insetos e, consequentemente, na tentativa de contribuir com a redução do número de casos de doenças como dengue, Zika e chikungunya.

Esse conjunto de informações pode ser utilizado pelo professor como material complementar aos conteúdos abordados em sala de aula e pelos alunos/jogadores como fonte de conhecimento. Dessa forma, esses jogos atendem aos aspectos lúdicos e educativos, além de ser um importante agente disseminador do conhecimento.

Cada um dos jogos tem seus componentes e regras ocupando até duas páginas A4, sendo concebidos para serem impressos em papel normal e sem necessidade de impressão a cores, mantendo assim o baixo custo e facilidade na sua produção.

O conjunto de jogos foi elaborado considerando-se a idade cognitiva aproximada de 8 anos como idade inicial para se começar a jogar. As partidas duram entre 10 e 30 minutos e podem ser disputadas por 2 ou mais jogadores. Para jogar, além das regras do tabuleiro e do jogo, alguns dos jogos requerem recursos adicionais mínimos e de baixo custo, como lápis, borracha e dados de 6 faces.

Saindo de seus aspectos comuns (tema e características físicas), os jogos desenvolvidos pelos autores aplicam mecânicas diferentes e vão ao encontro de diferentes aspectos da temática arboviroses:

Cadê o *Aedes*? – Descrição e Mecânicas

No primeiro deles, *Cadê o Aedes?* (Figura 1), os jogadores devem descobrir em qual dos criadouros está o foco do mosquito *A. aegypti* em suas casas a partir da dedução. Por meio de cartas, os jogadores se revezam na resolução de enigmas, cuja resposta (onde está o foco do mosquito) é sabida apenas por um dos jogadores por rodada. Para descobrir o local exato, cada jogador pode fazer apenas uma única pergunta ao jogador que sabe onde está o foco. Essa pergunta não pode ser direta, mas elaborada de forma genérica. Por exemplo, *"o local onde o foco está bate sol?"*. Após todos os jogadores terem feito as suas perguntas, abre-se uma votação e todos tentam descobrir a localização do foco do mosquito da dengue.

Assim, *Cadê o Aedes?* tem como principal característica a memorização dos locais de foco e o reforço da necessidade de alerta constante, pois "onde eu não procuro é lá que pode estar". Trata-se de um jogo rápido e personalizável. Seu tempo permite a utilização em sala de aula, sua rejogabilidade, a verificação de múltiplas hipóteses. *Cadê o Aedes?* favorece uma diversidade de metodologias de aprendizado, incluindo a confecção de "baralhos pessoais", que reflitam os locais onde os alunos vivem e seus possíveis pontos de foco, ou ainda rodas de conversa sobre o assunto, que debata, a partir da experiência dos jogos, sobre as ações necessárias diante da localização de um foco, individuais, comunitárias e políticas; a tridimensionalização dos locais trabalhados no jogo, por meio da confecção de mapas e maquetes. Cada método expande os conteúdos factuais presentes no jogo, e permite a assimilação de conteúdos conceituais, procedimentais e atitudinais (ZABALA, 1998) relacionados ao tema.

Figura 1 – Exemplo das cartas usadas no jogo *Cadê o Aedes?*

Fonte: os autores

12 Criadouros – Descrição e Mecânicas

Em outro jogo, *12 Criadouros* (Figura 2), os jogadores devem verificar todos os possíveis focos de disseminação do mosquito *A. aegypti* dentro das suas casas; para isso, eles devem cercar a área na qual o foco está localizado. Esse jogo utiliza a mecânica "Rolar e escrever" (*Roll & Write*), em que a rolagem dos dados determina que tipos de desenhos podem ser feitos no mapa de jogo para cercar os locais onde os mosquitos podem se desenvolver. Outra mecânica associada é o "cerco de área". O jogador precisa cercar completamente a área que pode ser usada para deposição de ovos do mosquito e assim eliminar os focos de crescimento do mosquito. No entanto, o desafio fica por conta do tempo (calculado em rodadas): quanto mais o jogo avança, mais os mosquitos se desenvolvem. Os mecanismos aqui favorecem a ideia de identificação e reação aos focos, e participam das estruturas cognitivas que podem favorecer a construção de uma mentalidade atitudinal diante do problema.

Diferente de *Cadê o Aedes?*, cuja situação temática gira em torno de "quais são os possíveis focos do mosquito", em *12 Criadouros* os jogadores já os têm mapeado no que seria a planta de uma casa. Assim, o jogo introduz duas ideias centrais, relacionadas a uma rotina eficiente de visitação e conferência dos locais com potencial para disseminação do mosquito: 1) os mosquitos apresentam fases de desenvolvimento relativamente rápidas; 2) uma boa rotina é aquela que consegue cobrir todos os pontos, no menor tempo possível, impedindo o desenvolvimento de focos e mesmo não se constituindo uma tarefa dispendiosa para os habitantes. Por meio desse mecanismo, estão presentes os conteúdos procedimentais (como fazer para a eliminação dos focos), e também conceituais (acerca do ciclo do mosquito).

Figura 2 – Imagem do tabuleiro do jogo *12 criadouros*

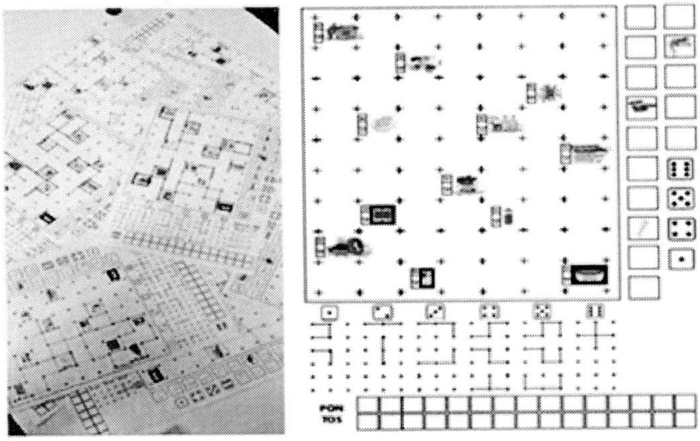

Fonte: os autores

Um Tempo Contra o *Aedes* – Descrição e Mecânicas

A realidade dos cuidados cotidianos para evitar que o mosquito *A. aegypti* se prolifere dentro e no entorno das residências mais uma vez é o cenário do terceiro jogo, *Um tempo contra o Aedes* (Figura 3). Nele, cada jogador deve cuidar de cada um dos cômodos da casa; para isso utiliza-se novamente a mecânica de "rolar e escrever", em que o lançamento de dados determina de que forma as verificações podem ser feitas, acrescentando-se a isso uma bonificação de pontos de acordo com os locais de possíveis focos que foram verificados. Embora o aspecto temático se pareça com *12 Criadouros*, o jogo *Um tempo contra o Aedes* demonstra uma sofisticação mecânica que poderá atrair jogadores com outros perfis, tornando-se uma alternativa a mais na busca por apresentar a questão das arboviroses a partir do controle urbano de seu vetor.

Figura 3 – Imagem do tabuleiro do jogo *Um tempo contra o Aedes*

Fonte: os autores

Quebre o Ciclo! – Descrição e Mecânicas

Quebre o Ciclo! (Figura 4) é o quarto jogo desenvolvido por nós, e se concentra em reforçar um conteúdo conceitual: a natureza dos mosquitos e seus aspectos de desenvolvimento. Ele o faz a partir da utilização, pelos jogadores, de fichas que representam as diferentes fases de desenvolvimento do mosquito, e devem conseguir fazer uma sequência de três figuras correspondentes (tal qual o conhecido *jogo da velha*); no entanto, cada movimento do jogador pode fazer com que seus adversários completem seu objetivo. Em *Quebre o Ciclo!*, as fases de desenvolvimento do mosquito (ovo, larva, pupa e mosquito) se sucedem no tabuleiro, gerando assim diversas possibilidades de vitória para ambos os lados.

Figura 4 – Imagem do tabuleiro do jogo *Quebre o ciclo!*

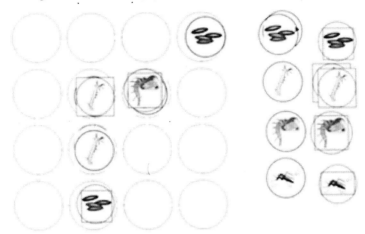

Fonte: os autores

Discussão

Silva-Pires, Trajano e Araújo-Jorge (2020) afirmam que a diversão se relaciona diretamente com as sensações de prazer e bem-estar; portanto, os jogos não devem ser demasiado complexos a ponto de se estragar a diversão. Em acordo, Rogers (2016) afirma que os jogos devem ser desafiadores, mas não excessivamente difíceis, e que tal fato se relaciona com a teoria do fluxo (*Flow Theory*) de Mihaly Csikszentmihalyi, que diz que o engajamento total permite realizar tarefas com prazer e eficiência, e essa teoria vem sendo utilizada na construção dos jogos modernos no sentido de favorecer o envolvimento e despertar concentração e motivação.

Assim, se o *design* profissional de jogos de tabuleiro vem propiciando um avanço sem precedentes na criação de novos títulos (CARVALHO, 2019), interrompendo a "fronteira" entre aqueles construídos com finalidade educacional e os que têm como destino apenas entreter (COSTA, 2010), educadores e divulgadores científicos precisam estar atentos a tais processos de construção.

Os teóricos dos jogos de tabuleiro também levam em conta o campo das sensorialidades como uma das preocupações fundamentais. Uma contribuição importante nesse sentido é a tétrade constitucional de jogos, elaborada por Schell (2010). Schell aponta que, na elaboração de jogos, é preciso levar em conta sua estética (isto é, a arte, a decoração, o efeito dos materiais utilizados nos sentidos etc.); sua narrativa (as diferentes fases do desenvolvimento do jogo, atreladas ou não a uma temática); sua mecânica (as regras, como funcionam); e sua tecnologia (a programação por trás do jogo), que nos jogos de tabuleiro engloba as possibilidades planejadas pelo *designer* (os jogos PnP têm como uma das tecnologias pensadas a própria impressora doméstica, por exemplo).

Levando-se em conta a miríade de abordagens às quais os educadores podem recorrer na utilização pedagógica de jogos de tabuleiro, duas estratégias principais se destacam: a escolha de materiais prontos; ou construir/adaptar jogos. A segunda opção, no entanto, é uma escolha que incorre em mais risco quanto menor for a *expertise* do educador no tocante aos fundamentos de *design* de jogos e, segundo Bruno, Carvalho e Monteiro-Maia (2022), remete à necessidade do letramento lúdico-pedagógico pelos educadores para que a utilização de jogos seja capaz de elevar seu potencial educacional.

Nesse sentido, a construção dos jogos aqui apresentados foi pensada de modo a não requerer do educador qualquer tipo de expertise no campo dos jogos de tabuleiro na educação. A expectativa é que tais premissas ofereçam opções atrativas e diferentes de modelos que vêm se repetindo, como os jogos de trilha (corrida) e de perguntas e respostas.

Essas fórmulas repetitivas do modo de jogar foram observadas em análise de uma amostra de artigos descritivos sobre os jogos de tabuleiro, construídos para uma abordagem educacional acerca das arboviroses (BRUNO; CARVALHO; MONTEIRO-MAIA, 2022; SILVA *et al.*, 2021). Foi observado que os autores não recorreram às premissas de *design* aqui assinaladas, e seus jogos e metodologias de uso não se preocuparam em atingir diferentes tipos de conteúdo, focando-se essencialmente em factuais e procedimentais. Mesmo assim, é notável que as experiências lúdicas, em todos os casos, foram relatadas como positivas, o que sugere que é na relação de ensino-aprendizagem que se estabelece – que passa pelo jogo e seus autores, e pela figura mediadora entre jogo e realidade (professor, um adulto, cientista em ato de divulgação de seu saber etc.) – que a abordagem lúdica alcança seus maiores resultados em educação para a saúde. A qualidade do jogo e seu *design*, em alinhamento com a metodologia, e, ainda, a qualidade relacional entre professores e alunos e conhecimento constituem-se, afinal, em fatores indissociáveis no sucesso do aprendizado com/pelo jogar.

Portanto, a construção de um jogo "criado para ser divertido" com temáticas de interesse da divulgação científica e da educação para a saúde não se basta na garantia de que, a partir de sua experiência, haverá a produção de reflexões e atitudes que indiquem uma transposição entre as mensagens do jogo de tabuleiro (objetivamente contidas e/ou interpretáveis) e a vida real.

Coscrato, Pina e Mello (2010) destacam que o jogo contempla os critérios para a aprendizagem efetiva, porque dali surgem assuntos a serem discutidos entre os participantes transportando o conhecimento do lúdico para a realidade e englobando aspectos comportamentais individuais e coletivos. Além disso, os jogos de tabuleiro e cartas estimulam a compreensão de forma prazerosa, a reflexão sobre o conhecimento adquirido e a formação de relações entre o conhecimento proporcionado pelo brincar e a realidade.

Em suma, uma abordagem eficiente de divulgação científica por meio de jogos de tabuleiro também requer metodologias adequadas para os diferentes objetivos a serem atingidos. Se os jogos são para divertir, as metodologias buscam garantir a conexão entre o objeto divertido e os assuntos que se deseja abordar. Para tanto, metodologias eficientes na utilização educacional dos jogos precisam levar em conta o perfil individual e de grupo dos estudantes. Nesse sentido, a expertise metodológica em relação ao uso de jogos de tabuleiro em educação, nesse exemplo ou em qualquer outro, passa pelo conhecimento do *design* de jogos de tabuleiro, incluindo seus critérios, um variado repertório de possibilidades (conhecimento de jogos já prontos), suas possibilidades de criação e modificação, e, ainda, pela criação e domínio de uma estratégia de uso dos jogos ofertados aos estudantes, adequando-os aos contextos que se fizerem presentes.

Considere-se, por exemplo, os sujeitos inseridos em uma sociedade "acelerada" e que despreza a conexão entre corpo, emoções, cognição e socialização: metodologias com jogos de tabuleiro devem prever a criação, seleção ou modificações de jogos, de modo a tornar a experiência *lúdico-pedagógica* uma ferramenta de apoio ao equilíbrio de todas essas dimensões humanas. Essa experiência deve ser, inclusive, distinta daquela imposta pela virtualização da sociedade, suas automatizações e exigências em relação aos fatores humanos individuais, seus comportamentos e ações. Não está no escopo deste capítulo desenvolvermos em torno de tais complexidades, mas é importante lembrar que, nas entrelinhas de qualquer metodologia educacional que empregue jogos de tabuleiro, há detalhes que precedem a aprendizagem específica de conteúdos. O mais importante deles é o vínculo positivo entre o sujeito, o objeto de estudo e o estabelecimento de relações entre uma coisa e outra.

Sob esse prisma, podemos resgatar da obra *Homo Ludens* (HUIZINGA, 2004) que os jogos não funcionam como atividade obrigatória, mas sim voluntária. Assim, no aplacar das necessidades humanas (sociais e individuais), a opção pelo jogo de tabuleiro constrói adesão do jogador em relação não apenas ao jogar em si, mas aos seus temas. Quando isso acontece, o jogo assume suas características potenciais: torna-se terreno de invocação da criatividade, provocador de discussão, e favorece a aquisição equilibrada de conteúdos factuais, procedimentais, conceituais e atitudinais. Ou seja: em tese, jogos de tabuleiro podem ser potenciais propagadores não apenas de conhecimentos para a prevenção de arboviroses, mas de reflexões pertinentes e tomada concreta de atitudes a partir da experiência de jogo. Por isso mesmo, é preciso que uma educação com jogos – seja que metodologia utilizar – seja uma proposta, não uma imposição dos educadores. Essa é uma possível razão pela qual a quantidade de jogos aplicados na área da saúde, com o objetivo de aliar as características formais e estéticas dos jogos, está crescendo (LIEBERMAN, 2001).

Diante da ausência de vacinas e de políticas públicas eficazes, destinadas à erradicação das arboviroses, a educação em saúde que emerge como elemento no envolvimento da população no controle da proliferação de seu vetor é fundamental. De outro lado, o lúdico vem ganhando espaço enquanto estratégia e se tornando alvo de discussões (PRADO, 2018) e, ainda, mostrando-se uma alternativa viável para aprofundar e disseminar os conhecimentos científicos, reforçando debates e promovendo atitudes positivas. A perspectiva nessa aliança entre esse campo social-educacional preventivo e os conhecimentos pedagógicos e de design de jogos de tabuleiro, por tanto, favorece o modelo de engajamento público (BROSSARD; LEWENSTEIN, 2021) e potencializa sua importância e efetividade.

Referências

ADHIKARI, S. Arthropods Vector in Disease Transmission. *Acta Scientific Agriculture*, v. 2, n. 10, p. 166-168, 2018.

BENDER, W. N. Estratégias de ensino na aprendizagem baseada em projetos. *Aprendizagem baseada em projetos:* Educação diferenciada para o século XXI. Porto Alegre: Editora Penso, 2014.

BRASIL. Ministério da Educação. *Parâmetros Curriculares Nacionais*: terceiro e quarto ciclos do Ensino Fundamental: introdução. Brasília, MEC/SEF, 1998.

BRASIL. Secretaria de Vigilância em Saúde. Ministério da Saúde. *Diretrizes Nacionais para a prevenção e controle de epidemias de dengue.* Brasília, 2009.

BRASIL. Ministério da Educação. Secretaria de Educação Básica. *Base Nacional Comum Curricular: educação é a base.* Brasília, 2017.

BROSSARD, D.; LEWENSTEIN, B. V. Uma avaliação crítica dos modelos de compreensão pública da ciência: usando a prática para informar a teoria. *In:* MASSARANI, L.; MOREIRA, I. C. *Pesquisa em divulgação científica:* textos escolhidos. Rio de Janeiro: Fiocruz/COC, 2021.

BRUNO, R. V.; CARVALHO, A. V.; MONTEIRO-MAIA, R. Análise ludopedagógica de estudos com jogos de tabuleiro em Arboviroses. *Educação & Realidade*, Porto Alegre, v. 47, e110239, 2022.

CARVALHO, A. V. *Rever e Renovar para Inovar:* A expansão cultural dos jogos de tabuleiro modernos em compasso com as novas ideias para a educação. Brasília: Dashboard Livre, 2019.

CARVALHO, A. V. *Ludus Magisterium:* uma rede de aprendizagem em torno dos jogos de tabuleiro na educação. Dissertação (Mestrado em Educação) – Universidade do Estado do Rio de Janeiro, Rio de Janeiro, 2022.

COSCRATO, G.; PINA, J. C.; MELLO, D. F. Utilização de atividades lúdicas na educação em saúde: uma revisão integrativa da literatura. *Acta Paulista de Enfermagem*, v. 23, p. 257-263, 2010.

COSTA, L. D. *O que os jogos de entretenimento têm que os educativos não têm:* 7 princípios para projetar jogos educativos eficientes. Rio de Janeiro: PUC-Rio, 2010.

ENGELSTEIN, G.; SHALEV, I. *Building Blocks of Tabletop Game Design:* An Encyclopedia of Mechanisms. Boca Raton: CRC PRESS, 2019.

HUIZINGA, J. *Homo ludens:* o jogo como elemento da cultura. São Paulo: Perspectiva, 2004.

KRASILCHIK, M. *Reformas e realidades:* o caso do ensino e ciências. São Paulo: Perspectiva, 2000. v. 14, n. 1, p. 85-93.

KURKI, L.; MERI, S. Mosquito-borne diseases spreading along with globalization. There is a great need for research and new vacines. *Lakartidningen*, v. 23, n. 113, may 2016.

LIEBERMAN, D. A. Management of chronic pediatric diseases with interactive health games: theory and research findings. *Journal of ambulatory care management*, v. 24, n. 1, p. 26-38, 2001.

MELLO, E. S.; SILVA-PIRES, F. E. S.; TRAJANO, V. S. Identificação e análise de publicações sobre jogos como modalidade didática na educação e na saúde. *Revista Ciências & Ideias*, v. 6, n. 2, p. 83-99, jul./dez. 2015.

PIAGET J. *A psicologia da criança.* Rio de Janeiro: Bertrand Brasil, 1998.

PICCOLO et al. *Jogos de Tabuleiro na Educação.* São Paulo: Devir, 2022.

PRADO, L. L. Jogos de tabuleiro modernos como ferramenta pedagógica: Pandemic e o ensino de ciências. *Revista eletrônica Ludus Scientiae*, Foz do Iguaçu, v. 2, n. 2, p. 26-38, jul./dez. 2018.

RAMALHO-ORTIGÃO, M.; GUBLER, D. J. Human diseases associated with vectors (Arthropods in Disease Transmission). *Hunter's tropical medicine and emerging infectious diseases*. São Paulo: Elsevier, 2020. p. 1063-1069.

ROBERT, M. A.; STEWART-IBARRA, A. M.; ESTALLO, E. L. Climate change and viral emergence: evidence from Aedes-borne arboviruses. *Current opinion in virology*, v. 40, p. 41-47, 2020.

ROGERS, S. *Level up:* um guia para o design de grandes jogos. São Paulo: Blucher, 2016.

SALEN, K.; ZIMMERMAN, E. *Regras do jogo*: fundamentos do design de jogos. São Paulo: Blucher, 2012.

SCHALL, V. T. Educação ambiental e em saúde para escolares de primeiro grau: uma abordagem transdiciplinar. *Cadernos de Saúde Pública*, v. 10, p. 259-263, 1994.

SCHELL, J. *A arte de Game Design*. Rio de Janeiro: Campus Editorial, 2010.

SESA – Secretaria de Estado da Saúde do Espírito Santo. *Informações falsas sobre o Aedes aegypti são prejudiciais para o combate*. Disponível em: https://saude.es.gov.br/Not%C3%ADcia/informacoes-falsas-sobre-o-aedes-aegypti-sao-prejudiciais-para-o-combate. Acesso em: 14 out. 2022.

SILVA, I. R.; MAIA, R. M.; CARVALHO, A. V. V.; BRUNO, R. V. "Um jogo zika": análise multidisciplinar de um jogo educativo. *Revista Eletrônica Ludus Scientiae*, Foz do Iguaçu, v. 5, n. 1, p. 118-131, 2021.

SILVA-PIRES, F. E. S.; TRAJANO, V. S.; ARAÚJO-JORGE, T. C. A Teoria da Aprendizagem Significativa e o jogo. *Revista Educação em Questão*, Natal, v. 58, n. 57, p. 1-21, e-21088, jul./set. 2020.

VALLE, D.; BELINATO, T. A.; MARTINS, A. J. Controle Químico de *Aedes aegypti*, Resistência a Inseticidas e Alternativas. *In:* VALLE, D.; PIMENTA, D. N.; CUNHA, R. V. (ed.). *Dengue:* teorias e práticas (DGO-Digital original). SciELO: FIOCRUZ, 2015. p. 93-126.

VASILAKIS, N.; WEAVER, S. C. Flavivirus transmission focusing on Zika. *Current opinion in virology*, v. 22, p. 30-35, 2017.

YOUNG, P. R. *Arboviruses:* a family on the move. Dengue and Zika: control and antiviral treatment strategies, 2018. p. 1-10.

ZABALA, A. *A prática educativa:* como ensinar. Porto Alegre: ArtMed, 1998.

Intervenção Escolar para a Promoção da Saúde por Meio da Prevenção às Hepatites Virais Utilizando Ferramentas Digitais

Gabriela Louzada Ramos, Paulo Roberto Soares Stephens,
Renata Monteiro Maia, Clélia Christina Mello-Silva

Introdução

A saúde constitui um pilar fundamental para o desenvolvimento humano e possui diferentes concepções de acordo com as narrativas históricas dos sujeitos. É um conceito complexo e polissêmico, variando desde ausência de doença (visão simplista, eurocêntrica) até sinônimo de qualidade de vida (ALMEIDA-FILHO, 2011; BUSS et al., 2020). Promover saúde não é algo linear, e sim bastante complexo. De acordo com Moraes (2008), a promoção da saúde tem um foco mais abrangente do que prevenção, pois faz referência a medidas que não são específicas para uma determinada doença, mas medidas enérgicas que englobam saúde e bem-estar.

Promoção da saúde se refere às ações sobre os condicionantes e determinantes sociais da saúde, dirigidas a impactar favoravelmente a qualidade de vida. Por isso, caracterizam-se fundamentalmente por composições inter e intrasetorial, pelas ações de ampliação da consciência sanitária, direitos e deveres da cidadania, educação para a saúde, estilos de vida e aspectos comportamentais (BUSS, 2010; BUSS et al., 2020).

De acordo com Carvalho (2015), a abordagem sobre saúde na escola recebe a atenção de importantes organismos internacionais, como, por exemplo, da Organização Mundial da Saúde (OMS) e da Organização das Nações Unidas para Educação, Ciência e Cultura (Unesco), confirmando a relevância do tema no mundo e no Brasil, a promoção da saúde, desde 1996, enquadra-se nos Parâmetros Curriculares Nacionais (PCN).

As hepatites virais são doenças com relevância na área da saúde pública e que deveriam fazer parte dos espaços de ensino (FONSECA, 2010), uma vez que os dados do cenário epidemiológico justificam a importância de ações de prevenção e controle (BRASIL, 2021).

De acordo com o Sistema de Informação de Agravos de Notificação (Sinan), entre 1999 e 2020, houve 689.933 casos confirmados de hepatites virais no Brasil (BRASIL, 2021). Brito (2020) revela que em 2018 houve 42.383 casos de hepatites virais no país, e o Ministério da Saúde calcula que atualmente em média 1,1 milhão de pessoas vivam com a infecção crônica da doença, e que a hepatite B é a segunda maior causadora de óbitos entre as hepatites virais, porém dados confirmam que a partir de 2015 houve queda nos casos, alcançando 6,6 casos para cada 100 mil habitantes no país em 2019 (BRASIL, 2020).

Segundo o Instituto Brasileiro de Estudos do Fígado (Ibrafig) no Brasil houve uma redução entre 40% e 50% no quantitativo de testes e tratamentos realizados contra a hepatite C durante a pandemia da COVID-19, o que leva à reflexão sobre o risco do aumento das complicações associadas às hepatites virais nos próximos anos (SANTOS, 2021).

As hepatites virais estão divididas em dois grupos de acordo com suas formas de transmissão, sendo 1- fecal-oral (hepatites A e E) e 2- parenteral ou sanguínea (hepatites B, C e D). Pela forma diversificada de transmissão e levando em consideração os principais grupos acometidos por essas doenças, ressalta-se a importância de trabalhar de forma multidisciplinar esse tema a fim de se ter um menor número de infecções e morbimortalidade (BRASIL, 2021).

As questões socioeconômicas, higiênicas, ambientais, acesso à informação, tratamento adequado do sangue para transfusão e órgãos para transplante, imigrantes de zonas endêmicas, uso de preservativos nas relações sexuais, uso de material estéril, entre outros, são algumas das principais formas de evitar a propagação das hepatites virais (MS, 2009; FERREIRA; SILVEIRA, 2004; ROCHA, 2017; GONÇALVES *et al.*, 2019; PARDEE, 2019).

Sobre os esforços para a mitigação ou erradicação dessas doenças, no Brasil há a atualização dos programas e tratamentos para portadores das hepatites virais via Sistema único de Saúde (SUS), de forma gratuita e universal, e a disponibilidade do Programa Nacional para a Prevenção e o Controle das Hepatites Virais, que visa facilitar o acesso aos tratamentos para portadores dando continuidade às orientações e aos tratamentos devidos, além da inclusão dos medicamentos desse Programa no Componente Estratégico da Assistência Farmacêutica (BRASIL, 2021).

Além disso, a aquisição, distribuição e monitoramento de qualidade dos testes rápidos para a identificação das hepatites virais desde o ano de 2011 (BRASIL, 2018), o aprimoramento e a investigação nos bancos de sangue, e o Programa Nacional de Imunizações (PNI), que disponibiliza vacinas contra as hepatites A e B de forma gratuita para a população, são medidas que contribuem para a erradicação das hepatites virais (BRASIL, 2016).

Os jogos são reconhecidos como modalidade didática pelo Ministério da Educação, desde a década de 1990, sendo incentivados pelos Parâmetros Curriculares Nacionais (PCN) e em acordo com as Orientações Curriculares para o Ensino Médio (BRASIL 2006b).

Os temas transversais, como aqueles relacionados à saúde, geram uma rede de conhecimento e conscientização sobre as temáticas abordadas, assumindo na escola um local de conhecimentos múltiplos e estímulo ao desenvolvimento de capacidades, habilidades, transformação e a procura de soluções possíveis para a questão trabalhada exercendo a cidadania (RANGEL; REIS, 2021).

Porto, Oliveira e Chagas (2017) colocam os jogos on-line, as redes sociais e os *sites* para compartilhamento de vídeos como *"acessórios de cultura"* e como potenciais ferramentas no processo ensino-aprendizagem. Assim, a cultura digital se mostra uma área ampla, que se articula com vários campos do saber dentro e fora da escola, trazendo novas formas de aprendizagem (BOLL; KREUTZ, 2009).

Para Cunha *et al.* (2013), os jogos didáticos/educacionais podem ser em formato eletrônico. Nesse processo podemos fazer uso da gamificação, *"que consiste na maneira de trabalhar elementos de jogos eletrônicos com estudantes"*, e que segundo Kapp (2012) é definida como *"a utilização de mecânica, estética e pensamento baseados em jogos para engajar pessoas, motivar a ação, promover a aprendizagem e resolver problemas"*.

A aprendizagem significativa exige do aprendiz autonomia, capacidade de observação, compreensão e integração de novos conhecimentos. A aprendizagem significativa gerada pela recepção (aquela em que há a apresentação do conteúdo em sua forma final) pode acontecer também por meio dos jogos, trabalhando os conteúdos de forma lúdica e facilitando o processo de ensino-aprendizagem (NOVAK, 2000).

A Aprendizagem Baseada em Problemas e a Metodologia da Problematização possuem similaridades trabalhadas nesta pesquisa, pois tratam de temas espelhados na realidade da vida em sociedade, para que sob orientação se use a contextualização, os conhecimentos prévios dos indivíduos, o compartilhamento de ideias e a observação a fim de identificar a situação problema do estudo. A partir da identificação do problema, surge a discussão sobre as possíveis causas e a teorização do problema, que é quando os sujeitos se organizam para buscar informações que permitirão ao grupo elencar soluções que serão concretizadas aplicando-as à realidade, por meio de um ambiente crítico e trabalhando a multidisciplinaridade (BERBEL, 1998; LOPES; SILVA FILHO; ALVES, 2019).

Nesta pesquisa, o termo "educar" alinha-se à definição de Loureiro (2004), que se refere à singularidade dos processos que problematizam fatores culturais, ambientais, valores sociais, comportamentos e ações políticas. Nesse contexto trabalha-se a aprendizagem significativa, definida como a aquisição de novos significados, (AUSUBEL, 2012), no processo educativo.

Para Cunha (2012) os jogos didáticos/educacionais podem ser em formato eletrônico. Nesse processo podemos fazer uso da gamificação, como uma forma de trabalhar os jogos eletrônicos com os estudantes.

Segundo Moran (2018), é necessário trabalhar metodologias que envolvam os alunos e que requeiram tomadas de decisões e avaliação dos resultados, trabalhando assim novas práticas e maior dinamismo dos envolvidos.

Metodologia

A pesquisa, aprovada pelo Comitê de Ética em Pesquisa (CEP) da Fiocruz – Instituto Oswaldo Cruz (IOC) (CAAE: 31702420.3.0000.5248, sob parecer número 4.295.374) –, foi realizada com professores de uma escola da rede pública de ensino localizada no município de Niterói. Nosso trabalho contou com a participação do corpo docente e da direção em encontros on-line, em função do enfrentamento da pandemia de COVID-19.

Para a confecção dos jogos on-line foi escolhido o *site Wordwall* (https://wordwall.net/), que permite que os usuários criem jogos interativos e materiais impressos inserindo o conteúdo desejado em estruturas pré-programadas. O plano gratuito foi o escolhido para a confecção dos três modelos elaborados, por serem jogos que têm apelo em todas as faixas etárias e fáceis de jogar. Os temas foram escolhidos de acordo com a pesquisa, trabalhando com perguntas e imagens que favorecessem o raciocínio lógico, agilidade e contextualização.

Os jogos elaborados foram: "Labirinto – Prevenção das hepatites virais" (disponível em: https://wordwall.net/play/12176/605/551), abordando questões relativas à prevenção das hepatites virais; "Questionário – Promoção da Saúde na Escola" (disponível em: https://wordwall.net/play/12184/891/950), abordando a promoção da saúde na escola, e um "Jogo da memória – Transmissão das hepatites virais" (disponível em: https://wordwall.net/play/12180/403/731), trabalhando a transmissão das hepatites virais.

Após os encontros remotos com os professores, os jogos foram sugeridos como instrumentos de construção de novos saberes, e não apenas como ferramenta de fixação ou avaliação do conteúdo. Para isso, utilizamos plataformas e mecânicas de jogos já bastante conhecidas pelo público, como labirinto, quis e jogo da memória.

O Jogo Labirinto foi adaptado utilizando o formato do jogo *"PacMan"*. O jogo contém seis perguntas e a cada jogada o boneco deve seguir o labirinto fugindo dos "monstros" até a resposta correta. Esse tipo de jogo contribui para os sentidos de: lógica, direcional ou lateralidade, de organização, planejamento e motricidade (MACEDO; CARVALHO; PETTY, 2009; DA SILVA, 2015).

O jogo da memória contém seis pares de cartas com informações e ilustrações sobre o tema. As figuras ficam viradas para trás e o jogador pode escolher aleatoriamente duas cartas, até que se encontre o par que associe corretamente imagem e informação. Esse jogo trabalha a associação de imagens, memória de curto e longo prazo, propicia a participação coletiva e individual, e trabalha os recursos físicos e virtuais (CUNHA; SOUZA, 2021).

O Jogo Questionário, um jogo de perguntas e respostas, contém sete perguntas com opções de respostas, sendo apenas uma correta. É composto com descrição dos temas, informações e imagens. O jogo estimula o raciocínio lógico, contribui com aprendizagem significativa (OLIVEIRA; GHEDIN; SOUZA, 2013), aumenta a autoestima e contribui para a aprendizagem de conteúdos (SANTOS, 2018).

Resultados

A partir das falas dos professores que participaram das atividades pudemos perceber o interesse pelos jogos como uma ferramenta metodológica divertida e com potencial aplicação em suas disciplinas. Apesar disso, algumas das críticas foram feitas com relação ao tempo para jogar, ao tamanho das fontes utilizadas e às "pegadinhas".

Proporcionar para além do conhecimento sobre determinados temas o raciocínio e a memória por meio dos jogos trouxe como um dado relevante a afetividade, a preocupação dos profissionais de que os jogos estivessem adequados ao público infanto-juvenil (maior parte dos alunos desses profissionais).

Jogar proporciona que novos conceitos sejam definidos, estratégias, padrões e princípios, estimula a pesquisa, educa quanto à necessidade de se seguir regras dessa forma correlacionando a atividade ao cotidiano dos indivíduos, e o desenvolvimento dessas habilidades mentais se mostra mais eficaz quando envolve as emoções. Atividades que exigem exercício mental como os jogos colaboram para o desenvolvimento do raciocínio lógico, impactando nas associações neurais necessárias para o aprendizado, estimulando a capacidade dos indivíduos em aprender conteúdos novos com maior facilidade.

Transcrevemos a seguir alguns dos comentários feitos pelos professores (identificados como P seguido de um número que nos ajudava a organizar as falas e comentários)

Tabela 1 – Avaliação sobre todos os jogos

P9	Normalmente se produzem muitas atividades para a Educação infantil e o Ensino Fundamental 1; para o Ensino Fundamental 2, que está na fase da pré-adolescência e adolescência, quase não tem material. Para o Ensino Médio também existe material que dá para ser trabalhado por esse grupo porque já dá para usar textos que qualquer adulto pode ler.
P18	Boa tarde! Achei interessantes os jogos. O tema é bem complexo qdo estudado a fundo e confunde um pouco... Mas os jogos deixam o conteúdo mais leve. Uma boa forma de aprender realmente, um assunto tão importante. Parabéns pelo projeto!

Fonte: os autores

Tabela 2 – Avaliação sobre o Jogo Labirinto – Prevenção das hepatites virais

P3	Muito legal. É objetivo na forma de passar as informações. Divertido e prende atenção do jogador
P9	Esse está ótimo, além de trabalhar o conteúdo trabalha as habilidades motoras, está bem dinâmico e desafiador
P17	Bem dinâmico. O mais lúdico. É possível desacelerar um pouquinho o nosso personagem quando buscamos levá-lo para a opção correta. Ele escapole da gente fácil, fácil. Rs

Fonte: os autores

Tabela 3 – Avaliação sobre o Jogo da memória – Transmissão das hepatites virais

P9	Sobre esse jogo ficou ótimo. Só tenho uma consideração a fazer. Quando a gente vira a primeira carta e essa corresponde ao texto dá tempo de ler, porém quando essa carta é a segunda que a gente vira não dá tempo de ler, dessa forma não dá para associar a informação. Não sei se seria possível alterar esse tempo no jogo fazendo com que a segunda carta fique visível por mais tempo. Normalmente, em um jogo da memória a gente procura encontrar uma carta igual aquela que a gente virou primeiro, como é só uma imagem fica fácil. Um jogo que é adaptado para fins pedagógicos geralmente tem uma palavra, ou imagem e na carta correspondente um conceito. Penso que em um jogo desse tipo na forma presencial daria para o aluno ler a informação, mas nessa forma virtual teria que alterar o tempo em que essa carta fica visível, pois não dá tempo de ler, então fica só o jogo pelo jogo sem o objetivo pedagógico
P17	Os cartões poderiam ficar um tempo maior virados para o jogador e com letras maiores mesmo antes do encontro do par, para compreendermos e memorizarmos o enunciado e a localização de cada cartão
P19	Muito interessante. Gostei mesmo. Só achei as letras muito pequenas de algumas fichas, não sendo possível ampliar, o que dificulta um pouco a leitura

Fonte: os autores

Tabela 4 – Avaliação sobre o Jogo Questionário – Promoção da saúde na escola

P9	Sobre esse jogo, acredito que teríamos que trabalhar bem sobre esses documentos antes de jogar, pq tem informações bem específicas. No primeiro slide, a opção A está bem parecida com a opção B, são detalhes que fazem a opção B ser a resposta correta. É muito provável que nessa pergunta muitos alunos ao lerem rápido marquem a opção A. Eu particularmente faria algumas alterações na opção A para não ficar tão parecida com a opção B, mas é apenas uma sugestão. Fique à vontade para manter desse jeito se julgarem melhor
P9	*Só descobre porque o jogo diz que é o par errado. Só tem uma carta relacionada a esse tipo de transmissão que diz: "Assim como a hepatite B se transmite de tal forma" Nesse caso a gente exclui como carta correspondente a Hepatite B. Se a forma de transmissão das hepatites C, B e D forem iguais acredito que a Carta correspondente deveria ter os três tipos de hepatites e não uma delas porque não tem como a gente saber qual é o tipo de hepatite que foi considerada por quem criou o jogo. Acredito que as informações das cartas que passam transmissão poderiam ser menores porque fica difícil para ler. Eu joguei pelo computador e ainda assim ficou pequeno

P9	*Acredito que as informações que são da carta que passa a transmissão poderia ser menor (escolher apenas uma ou duas).
P11	Muito interessante. Dá a oportunidade de o aluno pensar na resposta avaliando a melhor opção. Só observações no tamanho das letras das opções, no celular fica pequeno. Talvez, na tela do computador fique melhor.

Fonte: os autores

Discussão

A promoção da saúde na escola leva em consideração fatores determinantes e estruturantes da sociedade, por meio de ações continuadas e intersetoriais (BRASIL, 2011). O despertar do senso crítico dos estudantes está contemplado nos Parâmetros Curriculares Nacionais (PCNs) e essa função recai por vezes exclusivamente sobre os professores; dessa forma, o uso de metodologias ativas colabora para que o foco esteja no aprendiz, colocando-o como o protagonista da sua aprendizagem e assumindo assim um compromisso com a sua formação, sem dispensar o papel fundamental do professor nesse processo, no auxílio na resolução das tarefas e na troca de saberes, dando significado à aprendizagem (BLASZKO; CLARO; UJIIE, 2021).

Dentro das metodologias ativas podemos usar como uma ferramenta eficaz os jogos. De acordo com Meirelles *et al.* (2017), o uso de jogos se evidencia como um recurso pedagógico facilitador na área da educação, sobretudo na educação em saúde, colaborando para o despertar do senso crítico, construção participativa, diálogos, desenvolvimento de habilidades e investigação, entre outros fatores. O uso dos jogos on-line para a realização do processo de ensino-aprendizagem vivenciado durante esse processo se mostrou capaz de estimular mudanças nas práticas pedagógicas e de favorecer a autonomia dos educandos.

A inserção de jogos como metodologia de ensino tem se mostrado eficaz e com embasamento neurocientífico (FRIEDRICH; PREISS, 2006), implicando também no trabalho dos docentes, exigindo desses profissionais, no processo de elaboração dos jogos, que haja a construção de regras, formas de aplicar, avaliar, conceituar, contextualizar e entender os processos cognitivos que envolvem a retenção e o desenvolvimento da aprendizagem.

De forma geral, professores e equipe pedagógica se mostraram participativos, motivados e satisfeitos. Os jogos como uma possível ferramenta metodológica foram bem aceitos como recurso a ser usado de forma interdisciplinar pelos professores, exercitando e favorecendo aspectos cognitivos, emocionais e físicos, entre outras competências e habilidades dos indivíduos.

Referências

ALMEIDA FILHO, N. *O que é saúde?* Rio de Janeiro: Editora Fiocruz, 2011.

AUSUBEL, D. P. *The acquisition and retention of knowledge:* A cognitive view. Springer: Science & Business Media, 2012.

BERBEL, N. A. N. A problematização e a aprendizagem baseada em problemas: diferentes termos ou diferentes caminhos? *Interface – Comunicação, Saúde, Educação,* v. 2, n. 2, p. 139-154, 1998.

BLASZKO, C.; CLARO, A. L. de A.; UJIIE, N. T. A contribuição das metodologias ativas para a prática pedagógica dos professores universitários. *Educação & Formação, [S. l.],* v. 6, n. 2, p. e3908, 2021. Disponível em: https://revistas.uece.br/index.php/redufor/article/view/3908. Acesso em: ago. 2021.

BRASIL. *Linguagens, códigos e suas tecnologias.* Secretaria de Educação Básica. Brasília: Ministério da Educação, Secretaria de Educação Básica, 2006.

BRASIL. Ministério da Educação. *Passo a Passo – Programa Saúde na Escola Tecendo caminhos da intersetorialidade.* Brasília: Ministério da Saúde, 2011.

BRASIL. Ministério da Saúde. *Portaria n.º 1.533, de 18 de agosto de 2016.* Disponível em: https://bvsms.saude.gov.br/bvs/saudelegis/gm/2016/prt1533_18_08_2016.html. Acesso em: 18 out. 2022.

BRASIL. Ministério da Saúde. *Manual Técnico para o Diagnóstico das Hepatites Virais.* Ministério da Saúde, Secretaria de Vigilância em Saúde, Departamento de Vigilância, Prevenção e Controle das Infecções Sexualmente Transmissíveis, do HIV/Aids e das Hepatites Virais. Brasília: Ministério da Saúde, 2018.

BRASIL. Boletim Epidemiológico Especial, Secretaria de Vigilância em Saúde, Ministério da Saúde. *Boletim Epidemiológico Hepatites virais 2020.* Boletim Epidemiológico de Hepatites Virais 2020. Disponível em: file:///C:/Users/boletim_hepatites_internet.pdf. Acesso em: ago. 2020.

BRASIL. Ministério da Saúde. *Boletim Epidemiológico de Hepatites Virais.* Secretaria de Vigilância em Saúde Ministério da Saúde Secretaria de Vigilância em Saúde Departamento de Doenças de Condições Crônicas e Infecções Sexualmente Transmissíveis, 2021.

BRITO, A. *Ministério da Saúde lança painel informativo sobre hepatites B e C.* Saúde, Educação e Tecnologia, 2020. Disponível em: https://www. bio.fiocruz.br/index.php/br/noticias/1750-ministerio-da-saude-lanca-painel-infor mativo=-sobre-hepatites-b-e-?highlight-WyJoZXBhdGl0ZXMiLCJ2aXJhaXMiLCJoZXBhdGl0ZXMgdmlyYWlzIl0=. Acesso em: fev. 2021.

BOLL, C. I.; KREUTZ, J. R. *Caderno Cultura Digital*. Brasília: PDE-MEC, 2009. (Cadernos Pedagógicos – Mais Educação). Disponível em: http://portal.mec.gov.br/index.php?option=comdocman&view=download&alias =12330-%20culturadigital-pdf&Itemid=30192. Acesso em: jul. 2021.

BUSS, P. M. *O conceito de promoção da saúde e os determinantes sociais*. Agência Fiocruz de notícias, 2010. Disponível em: https://agencia.fiocruz.br/o-conceito-de-promo%C3%A7%C3%A3o-da»sa%C 3%BAde-e-os-determinantes-sociais#:~:text=Os%20 cuidados%20integrais% 20com%20a,superposi%C3%A7%C3%A3o%2C%20como%20 seria%20de%20esperar. Acesso em: maio 2022.

BUSS, P. M. *et al*. Promoção da saúde e qualidade de vida: uma perspectiva histórica ao longo dos últimos 40 anos (1980-2020). *Ciência & Saúde Coletiva*, v. 25, p. 4723-4735, 2020.

CARVALHO, F. F. B. D. A saúde vai à escola: a promoção da saúde em práticas pedagógicas. *Physis*: Revista de Saúde Coletiva, v. 25, p. 1207-1227, 2015.

COSTA, G. F. da C. *O afeto que educa:* afetividade na aprendizagem. TCC (Graduação em Pedagogia) – Universidade Federal de Juiz de Fora, 2017.

CUNHA, J. C.; SOUZA, E. O jogo da memória como recurso pedagógico. *Revista Brasileira de Ensino de Ciências e Matemática*, v. 4, n. 2, 2021.

CUNHA, L. F.; GASPARINI, I.; BERKENBROCK, C. D. M. Investigando o uso de gamificação para aumentar o engajamento em sistemas colaborativos. *In: Anais [...]* V Workshop sobre Aspectos da Interação Humano-Computador para a Web Social, p. 28-33. SBC, 2013. Disponível em: https://sol.sbc.org.br/index.php/waihcws/article/view/4792. Acesso em: 18 out. 2022.

CUNHA, M. B. Jogos no ensino de química: considerações teóricas para sua utilização em sala de aula. *Química Nova na Escola*, São Paulo, v. 34, n. 2, 2012.

DA SILVA, J. M. *et al*. Conhecimento de escolares acerca de pessoa com deficiência: jogo de labirinto na promoção da saúde. *Revista Enfermagem UERJ*, v. 23, n. 2, p. 254-9, 2015.

FERREIRA, C. T.; SILVEIRA, T. R. D. Viral Hepatitis: epidemiological and preventive aspects. *Revista Brasileira de Epidemiologia*, v. 7, n. 4, p. 473-487, 2004.

FONSECA, J. C. F. da. Histórico das hepatites virais. *Revista da Sociedade Brasileira de Medicina Tropical*, v. 43, n. 3, 2010.

FRIEDRICH, Gerhard; PREISS, Gerhard. *Educar com a cabeça*. Artigo da revista Mente e Cérebro, ed. esp., n. 8, 2006.

GONÇALES, N. V. *et al*. Hepatitis B and C in the areas of three Regional Health Centers of Pará State, Brazil: a spatial, epidemiological and socioeconomic analysis. *Cadernos Saúde Coletiva*, v. 27, n. 1, p. 1-10, 2019.

KAPP, K. M. *The gamification of learning and instruction:* game-based methods and strategies for training and education. John Wiley & Sons, 2012.

LOPES, R. M.; SILVA FILHO, M. V.; ALVES, N. G. *Aprendizagem Baseada em Problemas:* fundamentos para a aplicação no ensino médio e na formação de professores, 2019. p. 47-74.

LOUREIRO, Carlos Frederico B. Educar, participar e transformar em educação ambiental. *Revista Brasileira de Educação Ambiental*, p. 13-20, 2004.

MACEDO, L.; CARVALHO, G. E.; PETTY, A. L. S. Modos de resolução de labirintos por alunos da escola fundamental. *Psicologia Escolar e Educacional*, v. 13, n. 1, p. 15-20, 2009.

MEIRELLES, R. M. S. de *et al.* Jogos sobre Educação em Saúde: limites e possibilidades. *Enseñanza de las Ciencias*, n. extrad., p. 5079-5084, 2017.

MORAES, A. F. Informação estratégica para as ações de intervenção social na saúde. *Ciência & Saúde Coletiva*, v. 13, p. 2041-2048, 2008.

MORAN, J. Metodologias ativas para uma aprendizagem mais profunda. *In:* BACICH, L; MORAN, J. *Metodologias ativas para uma educação inovadora:* Uma abordagem teórico-prática. Porto Alegre: Penso, 2018.

NOVAK, J. D. *Aprender, criar e utilizar o conhecimento:* mapas conceituais como ferramentas de facilitação nas escolas e empresas. Lisboa: Plátano, 2000.

OLIVEIRA, D. A. de; GHEDIN, E.; SOUZA, J. Marques de. O jogo de perguntas e respostas como recurso didático-pedagógico no desenvolvimento do raciocínio lógico enquanto processo de ensino aprendizagem de conteúdos de ciências do oitavo ano do ensino fundamental. *Encontro Nacional de Pesquisa em Educação em Ciências*, v. 9, n. 2013, p. 1-8, 2013.

PARDEE, M. Diagnosis and Management of Hepatitis B and C. *Nursing Clinics*, v. 54, n. 2, p. 277-284, 2019.

PORTO, C; OLIVEIRA, K. E.; CHAGAS. *Whatsapp e educação:* entre mensagens, imagens e sons. Salvador: EDUFBA, 2017.

RANGEL, F. D.; REIS, H. M. M. de S. A inserção de temas transversais no ensino: saneamento básico e saúde. *Revista Educação Pública*, v. 21, n. 29, 2021.

ROCHA, L. *Hepatites virais:* médica esclarece as características da doença. 2017. Disponível em: https://portal.fiocruz.br/noticia/hepatites-virais-medica-esclarece-caracteristicas-da-doenca#:~:text=Dif%20Hepatites%2C%20 incluem%20cansa%-C3%A7o%2C%20tontura,na%20fase%20aguda%20da% 20infec%C3%A7%C3%A3o. Acesso em: nov. 2020.

SANTOS, G. B. O uso de Jogos de perguntas e debate no processo de aprendizagem. *Revista da FAESF*, v. 2, n. 1, 2018.

SANTOS, M. T. Julho amarelo: diagnóstico de hepatite C cai pela metade na pandemia. *Veja Saúde/Medicina*, 2021. Disponível em: https://saude.abril.com.br/medicina/julho-amarelo-diagnostico-de-hepatite-c-cai-pela-metade-na-pandemia/. Acesso em: nov. 2021.

Sobre os autores

Aline Guilherme Pimentel
Possui licenciatura em Física pela Universidade Federal do Rio de Janeiro. Bolsista da Capes pelo Programa Institucional de Bolsas de Iniciação à Docência (Pibid) de 2014 a 2018. Participante do projeto de extensão universitária Alunos Contadores de Histórias que atua no hospital pediátrico da UFRJ. Professora da rede privada de ensino da cidade do Rio de Janeiro. Colaboradora do grupo de pesquisa em ensino Proenfis, desenvolvendo pesquisas e projetos na área de atividades investigativas e ensino inclusivo. E-mail: al1negp@hotmail.com. Lattes: 5573829189338423. Orcid: 0000-0003-3943-0414.

Ana Caroline Chagas de Almeida
Possui licenciatura em Física pela Universidade Federal do Rio de Janeiro. Bolsista da Capes pelo Programa de Iniciação à Docência (Pibid) entre 2016 e 2018. Atualmente, é mestranda do Programa de Pós-Graduação em Ensino em Biociências e Saúde do Instituto Oswaldo Cruz. Tem experiência na área de Física, com ênfase em metodologias lúdicas para o ensino de Física. E-mail: anacarolinechagas@yahoo.com.br.
Lattes: 6097693931919435. Orcid: 0000-0002-2270-758x.

Ana Márcia Suarez-Fontes
Pós-doutora pelo Instituto Oswaldo Cruz-Fiocruz em Ensino de Biociências e Saúde, bolsista Faperj-Nota10. Doutora e mestre em Biotecnologia e Medicina Investigativa no Instituto Gonçalo Moniz-Fiocruz; especialista em Análises Clínicas, pela Universidade Católica do Salvador; graduada em licenciatura em Ciências Biológicas pela Universidade Católica do Salvador. Atua como docente do Programa de Pós-Graduação Ensino de Biociências e Saúde (EBS) no *lato sensu* e *stricto sensu*. Desenvolve projeto em quimioterapia antiparasitária. Docente em Parasitologia Humana. Orienta estudantes de Iniciação Científica, mestrado e doutorado. Atua, ainda, em Trabalhos de Extensão em Saúde Coletiva, para Promoção à Saúde. Vice-coordenadora do Programa "Ciência na Estrada: Educação e Cidadania", na Fundação Oswaldo Cruz, que tem como objetivo realizar Promoção à Saúde por meio da Popularização de Ciências, de forma inclusiva, integrando a saúde humana, animal e ambiental na profilaxia e controle de doenças, no âmbito da Saúde Única. Integra a Rede Nacional Leopoldo de Meis de Educação e Ciência, na formação de professores e estudantes de ensino médio da Rede Pública. E-mail: anamarcia1@gmail.com.
Lattes: 4977798171404291. Orcid: 0000-0001-8522-3104.

Andréia Guerra Pimentel

Graduada em Ciências Biológicas (Uerj), mestre em Diversidade e Inclusão (UFF). Doutoranda em Ciências e Biotecnologia (UFF). Atua com professora de Biologia no ensino médio e como tutora presencial no curso de licenciatura em Ciências Biológicas do Cederj. Produz RPGs didáticos desde a graduação. E-mail: andreiaguerrapimentel@gmail.com.

Lattes: 0017690811421882. Orcid: 0000-0002-2816-386X.

Arnaldo Vianna e Vilhena Carvalho

Graduado em Pedagogia, com mestrado em Educação pela Universidade Estadual do Rio de Janeiro (Uerj) e doutorando em Educação pela Universidade Federal do Rio de Janeiro (UFRJ). É membro atuante dos grupos de pesquisa Lupea (PPEGE/UFRJ), GPIDOC (Iserj), além da rede *Ludus Magisterium*. Autor de artigos, palestrante e organizador de projetos e eventos nacionais e internacionais na área de jogos de tabuleiro e educação. E-mail: arnie_rj@yahoo.com.br.

Lattes: 0429046131223872. Orcid: 0000-0002-0803-3793.

Brenno Barros

Licenciado em Ciências Biológicas pela Universidade do Grande Rio. Mestrando em Ensino em Biociências e Saúde na Fundação Oswaldo Cruz. Membro fundador e líder no Canal Jovem Cientista, canal do YouTube com a missão de promover o empoderamento para a população por meio do conhecimento científico. Finalista ao título de Melhor Comunicador Científico do Brasil em 2018 pelo Concurso Nacional de Comunicação Científica – Barretos/SP. E-mail: brennogbarros@gmail.com.

Lattes: 3046733357102808. Orcid: 0009-0001-6215-7818.

Carolina Nascimento Spiegel

Doutora e mestre em Biologia Celular e Molecular pelo Instituto Oswaldo Cruz/Fiocruz. Bacharel em Genética e licenciada em Ciências Biológicas pela UFRJ. Atualmente, é pesquisadora, docente na UFF e no IOC/Fiocruz. Atua nas linhas de pesquisa sobre insetos vetores e Ecologia Química e de Jogos Cooperativos e Investigativos no Ensino de Ciências e na formação de professores. E-mail: carolinaspiegel@id.uff.br.

Lattes: 2696208823075136. Orcid: 0000-0003-3291-9903.

Celcino Neves Moura

Cirurgião-dentista (Ufes, 1990). Professor da Faculdade de Odontologia do Centro Universitário do Espírito Santo (Unesc). Professor efetivo (SEE/MG). Doutor em Ensino em Biociências e Saúde pela EBS, Instituto

Oswaldo, Fundação Oswaldo Cruz/RJ (2021). Mestre em Educação de Ciências e Matemática pelo Instituto Federal do Espírito Santos – Ifes (2016). E-mail: celcino67@gmail.com.

Lattes: 3102507472465224. Orcid: 0000-0003-0642-2143.

Clélia Christina Mello Silva Almeida da Costa

Pós-doutora em Educação, doutora e mestre em Ciências. Líder do grupo de pesquisa em Saúde e Educação Ambiental com ênfase nas relações parasitárias. Chefe do Laboratório de Avaliação e Promoção da Saúde Ambiental (Lapsa) e coordenadora da equipe do Projeto Plataforma CHA para Educadores. Atualmente, docente e coordenadora do Programa de Pós-Graduação em Ensino em Biociências e Saúde. E-mail: clelia@ioc.fiocruz.br.

Lattes: 9205412629771883. Orcid: 0000-0002-5575-2272.

Clever Gustavo de Carvalho Pinto

Doutorando no Programa de Pós-Graduação em Ensino em Biociências e Saúde pelo IOC/Fiocruz, mestre em Ecologia Aplicada pela Ufla e biólogo pela UFV. É professor EBTT de Biologia no Instituto Federal do Amazonas (IFAM), campus Tefé. Desenvolve projetos em ensino, pesquisa e extensão voltados aos jogos de tabuleiro, como o Tabuleirando no IFAM. E-mail: clever.pinto@gmail.com.

Lattes: 3302504478774945. Orcid: 0000-0003-0402-8062.

Cynthia Torres Daher

Doutoranda em Ensino em Biociências e Saúde (IOC-Fiocruz/RJ), mestre em Educação (Ufes), especialista em Gestão Educacional (Faculdade Saberes), graduada em Pedagogia (Faesa) e em Farmácia (FaFaBES). Docente e pesquisadora no Ifes nas áreas de Ensino de Ciências e formação de professores, lecionando na educação básica técnica de nível médio, na graduação e na pós-graduação. . E-mail: cynthia.torres.daher@gmail.com.

Lattes: 3526569042328021. Orcid: 0000-0001-6874-7555.

Deise Miranda Vianna

Possui graduação em Física pela Universidade Federal do Rio de Janeiro (1973), mestrado em Física pela Universidade Federal do Rio de Janeiro (1982) e doutorado em Educação pela Universidade de São Paulo (1998). Fez estágio de pós-doutorado na Universidade Santiago de Compostela, Espanha (2002). É professora associada da Universidade Federal do Rio de Janeiro, professora e orientadora do Programa de Pós-Graduação em Ensino de Física do Instituto

de Física da UFRJ, professora e orientadora do Programa de Pós-Graduação em Ensino de Biociências e Saúde da Fundação Oswaldo Cruz. E-mail: deisemv@if.ufrj.br.
Lattes: 9358897306377915. Orcid: 0000-0001-5846-0841.

Deyvison Rhuan Vasco-dos-Santos

Doutorando do Programa de Pós-Graduação em Biologia Parasitária do Instituto Oswaldo Cruz (IOC/Fiocruz). Mestre em Ecologia Humana e Gestão Socioambiental pela Universidade do Estado da Bahia e graduado em licenciatura em Ciências Biológicas pela mesma instituição. Membro dos grupos de pesquisa: Etnobiologia e Conservação dos Recursos Naturais e Opará Centro de Pesquisas em Etnicidades, Movimentos Sociais e Educação. Tem trabalhado nas áreas de Etnobiologia, Etnomedicobotânica, Etnoparasitologia e Educação em Saúde. E-mail: deyvisonrvs@gmail.com.
Lattes: 7301990526558923. Orcid: 0000-0002-9201-7584.

Diana da Silva Thomaz de Oliveira

Mestranda no Programa de Pós-Graduação em Ensino em Biociências e Saúde do Instituto Oswaldo Cruz / Fundação Oswaldo Cruz (IOC/Fiocruz). Licenciada em Ciências Biológicas pelo Centro Universitário Celso Lisboa. Colaboradora do Espaço Ciência Viva. E-mail: prof.dianadeoliveira@gmail.com.
Lattes: 9889228261385557. Orcid: 0000-0001-6573-5647.

Eduardo Oliveira Ribeiro de Souza

Docente da Faculdade de Educação da UFF, do Programa de Pós-Graduação em Ensino de Ciências da Natureza da UFF e pós-doutorando do Programa de Pós-Graduação em Ensino de Biociências e Saúde do IOC/Fiocruz. Tem experiência na área de Educação e Ensino atuando principalmente nos seguintes temas: Ciência, Arte e Cultura, Atividades Investigativas, Uso de Tirinhas, Novas Tecnologias, Ilusões de Ótica, Museus de Ciência, Objetos de Aprendizagem com ênfase no Ensino de Física e Astronomia. E-mail: eduardoors@id.uff.br.
Lattes: 6843568387291705. Orcid: 0000-0002-7913-4890.

Elaine de Brito Carneiro

Professora substituta do IFRJ- Campus Niterói. Doutora em Ensino em Biociências e Saúde (EBS – IOC/Fiocruz). Docente da Secretaria Municipal de Educação de São Gonçalo (1994 – atual). Professora formadora e Pesquisadora

do Centro de Referência em Formação Continuada (Crefcon) do Município de São Gonçalo/RJ (2021 – atual). E-mail: ebritocarneiro@gmail.com.
Lattes: 2782003819237101. Orcid: 0000-0001-9231-8697.

Fernanda Campello Nogueira Ramos

Pesquisadora do Laboratório de Avaliação e Promoção da Saúde Ambiental (Lapsa) do IOC, graduada em Gestão Ambiental (IFRJ), mestra em Biociências e Saúde (IOC-Fiocruz) e doutoranda do Programa de Pós-graduação em Biociências e Saúde (IOC-Fiocruz). Criadora do Mergulho na nuvem: oficinas digitais e membro da equipe da Plataforma CHA para educadores (IOC-Fiocruz). E-mail: fernandacnramos@gmail.com.
Lattes: 2200492817309834. Orcid: 0000-0001-7877-5381.

Flávia Garcia de Carvalho

Doutora e mestre em Ciências pelo Programa de Pós-Graduação *stricto sensu* em Informação e Comunicação em Saúde (PPGICS) do Icict/Fiocruz. Integrante dos grupos de pesquisa "Comunicação e Saúde" e "Jogos e Saúde". Coautora do livro *O jogo como prática de saúde*. Docente do mestrado em Divulgação da Ciência, Tecnologia e Saúde da Casa de Osvaldo Cruz (COC). Chair da Trilha de Saúde no Simpósio Brasileiro de Jogos e Entretenimento Digital (SBGames 2022). Instituto de Comunicação e Informação Científica e Tecnológica em Saúde (Icict/Fiocruz) da Fundação Oswaldo Cruz (Fiocruz). E-mail: flavia.garcia@fiocruz.br.
Lattes: 0520601951236853. Orcid: 0000-0003-1594-6088.

Gabriela Louzada Ramos

Mestre em Ensino em Biociências e Saúde pelo Programa de Pós-Graduação em Ensino em Biociências e Saúde. É graduada em Ciências Biológicas pela Universo. Tem experiência na área da Biologia Geral, atuando nos seguintes temas: promoção da saúde, saúde ocupacional, saúde coletiva, meio ambiente e saúde. E-mail: gabrielalouzada2503@gmail.com.
Lattes: 7414417281728505. Orcid: 0000-0003-0155-5131.

Giselle Teixeira

Psicóloga (Unisuam – Centro Universitário Augusto Motta – 2017), tem especialização em Psicologia Clínica na abordagem Gestalt Terapia (Centro Universitário Celso Lisboa – 2019). É formada como orientadora profissional/vocacional (Mago Psico) e tem experiência na área clínica e hospitalar como

gestalt terapeuta e na área de saúde mental do adolescente, ministrando palestras, rodas de conversa e oficinas. E-mail: gisellesteixeira@gmail.com.
Lattes: 8787312623636589. Orcid: 0000-0002-4287-3243.

Greisieli Duarte Pereira

Graduada em Fonoaudiologia pela Universidade Veiga de Almeida (2013) e tem especialização na área da voz (Clinvoz, 2017). É doutoranda e mestre em Ensino em Biociências e Saúde do IOC – Fiocruz (2020). Integrante do grupo de pesquisa Saúde e Educação Ambiental Crítica do Laboratório de Avaliação e Promoção da Saúde Ambiental. Integrante da equipe do projeto Plataforma CHA para Educadores. E-mail: greisiellid@gmail.com.
Lattes: 6095142880093977. Orcid: 0000-0002-0646-2164.

Guilherme Santos Cunha

Farmacêutico, atua como bolsista em pesquisa experimental, na área de quimioterapia antiparasitária, desenvolvendo atividades com ênfase em estudo farmacocinético de novas terapias para Doenças Negligenciadas, no laboratório de Inovações em Terapias, Ensino e Bioprodutos (Liteb) do Instituto Oswaldo Cruz – Fiocruz. Atua no Programa Ciência na Estrada: educação e cidadania, promovendo a saúde por meio da popularização de ciências, no âmbito da saúde única, realizando experimentos de baixo custo em itinerância nas comunidades escolares. E-mail: guilhermescunha@outlook.com.
Lattes: 636133038221113. Orcid: 0009-0006-1381-5593.

Iza Patrício

Graduada em Ciências Biológicas e mestranda em Ciências pela PGEBS/IOC/Fiocruz. Integrante do grupo de pesquisa em Saúde e Educação Ambiental com ênfase nas Relações Parasitárias do Laboratório de Avaliação e Promoção da Saúde Ambiental (Lapsa) e integrante da equipe do Projeto Plataforma CHA para Educadores. E-mail: izapattricio@gmail.com.
Lattes: 5121391914038508. Orcid: 0000-0001-7439-0353.

Jacenir Reis dos Santos-Mallet

Bióloga, com mestrado em Morfologia pela UFRJ e doutorado em Biologia Parasitária pelo Instituto Oswaldo Cruz. Pesquisadora em Saúde Pública do Instituto Oswaldo Cruz (IOC), coordenadora da Fiocruz-Piauí e professora da Universidade Iguaçu (UNIG). Foi coordenadora do Programa IOC+Escolas, no período 2017-2020. Atua em estudos sobre vetores, patógenos e vigilância epidemiológica de doenças infecciosas e parasitárias em associação com ações de educação em saúde. E-mail: jacenir@ioc.fiocruz.br.

Lattes: 9643185827631520. Orcid: 0000-0003-4728-7638.

Juan Matheus Pereira Fernandes

Doutorando no Programa de Pós-Graduação em Biologia Parasitária (IOC-Fiocruz), mestre no mesmo Programa, com graduação em Ciências Biológicas pela Universidade do Grande Rio. Atualmente, encontra-se desenvolvendo pesquisa na área de Protozoologia humana no estudo de suscetibilidade/resistência de modelos experimentais infectados com *Trypanosoma cruzi*. Atua como membro no Programa de Promoção à Saúde "Ciência na Estrada: educação e cidadania", assim como em eventos de educação inclusiva de promoção à saúde voltada a indivíduos surdos, atuando como monitor e intérprete por meio do uso da Libras. E-mail: juanfernandes222@gmail.com.

Lattes: 2882234712756317. Orcid: 0000-0001-6080-7170.

Juliana Almeida-Silva

Biomédica e mestre em Biologia e Biotecnologia de Micro-organismos. Doutora em Biologia Parasitária pelo Instituto Oswaldo Cruz-Fiocruz, desenvolvendo atividades em quimioterapia antiparasitária. Membro da Rede Nacional Leopoldo de Meis de Educação e Ciência. Integra a equipe do Programa Ciência na Estrada: educação e cidadania, desenvolvendo atividades de promoção à saúde pela popularização de ciências em áreas carentes. Atua como docente do Programa de Pós-Graduação de Ensino em Biociências e Saúde do Instituto Oswaldo Cruz-Fiocruz (*lato sensu* e *stricto sensu*), ministrando disciplinas para formação de professores por meio da metodologia do ciclo da indagação. E-mail: jualmeida@yahoo.com.

Lattes: 2263701481816050. Orcid: 0000-0002-3922-3514.

Júlia Barbosa de Mendonça

Graduanda em Medicina Veterinária na Universidade Federal Fluminense (UFF). Foi bolsista de Iniciação Científica no Laboratório de Inovações em Terapias, Ensino e Bioprodutos (LITEB/IOC) na Fundação Oswaldo Cruz (Fiocruz), atuando no Programa de promoção à saúde "Ciência na Estrada: educação e cidadania". E-mail: juliabm@id.uff.br

Lattes: 3846475585596463. Orcid: 0009-0006-8863-0569

Júlio Vianna Barbosa

Biólogo. Pesquisador titular da Fundação Oswaldo Cruz, RJ. Doutor em Parasitologia Veterinária pela Universidade Federal Rural do Rio de Janeiro (UFRRJ). Ex-chefe do Departamento de Biologia do Instituto Oswaldo Cruz/ Fiocruz (IOC). Ex-coordenador e professor-orientador da pós-graduação *stricto sensu* em Ensino em Biociências e Saúde do IOC/Fiocruz. Coordenador e professor orientador da pós-graduação em Ensino em Biociências e Saúde, modalidades lato sensu do IOC/Fiocruz. Laboratório de Educação, Ambiente e Saúde – Instituto Oswaldo Cruz/Fiocruz. E-mail: jub@ioc.fiocruz.br.
Lattes: 0942456055768667. Orcid: 0000-0003-1039-1036.

Luciana Ribeiro Garzoni

Bióloga, mestre em Biologia Parasitária e doutora em Biologia Celular e Molecular. Pós-doc pelo Kings College London e pelo ICB. É pesquisadora no Liteb (IOC/Fiocruz) e docente no IOC/Fiocruz. Realiza pesquisas sobre a doença de Chagas, COVID-19 em comunidades de alta vulnerabilidade e em escolas. É vice-diretora adjunta de Pesquisa, Desenvolvimento Tecnológico e Inovação do IOC/Fiocruz. E-mail: largarz@gmail.com.
Lattes: 5773292512294082. Orcid: 0000-0002-6527-0664.

Luís Carlos Nascimento Santos

Capoeirista integrante do grupo Função Cultural de Capoeira Berimbau Bahia. E-mail: cmdos79id@hotmail.com.
Lattes: 5354035984122229. Orcid: 0000-0002-3126-2594.

Luiz Felippe Santólia-Oliveira

Mestrando da Pós-Graduação de Farmácia em Farmanguinhos/Fiocruz. Graduado em Farmácia no Centro Universitário Anhanguera de Niterói (Unian). Foi bolsista de Iniciação Científica no Laboratório de Inovações em Terapias, Ensino e Bioprodutos (Liteb) – IOC – na Fundação Oswaldo Cruz (Fiocruz), atuando no programa de promoção à saúde "Ciência na Estrada: educação e cidadania". E-mail: lf.santolia@gmail.com.
Lattes: 9041632381967865. Orcid: 0000-0001-7468-4562.

Marcelo Camacho Silva

Doutor e mestre em Políticas Públicas e Formação Humana. Tem experiência de 25 anos em Gestão de Recursos Humanos em empresas privadas e públicas. Desenvolve trabalhos nos temas de democracia e participação local,

políticas públicas de trabalho e renda, educação, inclusão e direitos humanos. Atualmente, é analista de Gestão em Saúde na Fiocruz e docente do Programa de Pós-Graduação em Ensino em Biociências e Saúde. E-mail: marcelo.camacho@ioc.fiocruz.br.
Lattes: 0428265845180771. Orcid: 0000-0003-0398-946X.

Marcelo Simão de Vasconcellos

Doutor em Ciências pelo Programa de Pós-Graduação de Informação e Comunicação em Saúde (PPGICS) do Icict/Fiocruz, mestre em Artes Visuais e graduado em Desenho Industrial pela Escola de Belas Artes (UFRJ). É um dos autores do livro O Jogo como Prática de Saúde, publicado pela Editora Fiocruz. É servidor na Fundação Oswaldo Cruz, onde atua como professor no Programa de Pós-Graduação em Divulgação da Ciência, Tecnologia e Saúde e conduz pesquisa e desenvolvimento de jogos analógicos e digitais para promoção da saúde, divulgação científica e cidadania, Centro de Desenvolvimento Tecnológico em Saúde (CDTS) da Fundação Oswaldo Cruz (Fiocruz). E-mail: marcelodevasconcellos@gmail.com.
Lattes: 8092360085878459. Orcid: 0000-0002-2915-747X.

Márcia Regina da Silva Ramos Carneiro

Doutora em História Social (UFF). Licenciada em Ciências Sociais (UFRJ) e História (UFF). Professora associada, lotada no Instituto de Ciências da Sociedade e Desenvolvimento Regional da UFF. E-mail: marciarrcarneiro@hotmail.com.
Lattes: 6587947986086238. Orcid: 0000-0001-6400-4199.

Marcos André Vannier-Santos

PhD em Ciências pelo Instituto de Biofísica Carlos Chagas Filho da UFRJ, graduado em Ciências Biológicas (bacharelado em Genética) pela UFRJ. Pesquisador em Saúde Pública do Instituto Oswaldo Cruz, Fiocruz. Cientista do Nosso Estado (Faperj), pesquisador em Produtividade em Pesquisa 1D do CNPq. Atua como hadling editor do Fems Microbiology Letters e executive guest editor do Current Pharmaceutical Design. Atua em linhas de pesquisa em Quimioterapia antiparasitária e antitumoral, empregando reposicionamento e combinação de fármacos e estresse oxidativo, Promoção à Saúde e Ensino de Biociências. Docente dos cursos de pós-graduação: do Instituto Gonçalo Moniz- Patologia Experimental; do Instituto Oswaldo Cruz – Biologia Parasitária e Ensino de Biociências e Saúde (*lato sensu* e *stricto sensu*). Coordenador da disciplina Transversal de Divulgação Científica do Programa de Pós-Graduação em Biologia Parasitária. Membro da Câmara Técnica de Promoção à Saúde do IOC e do Programa IOC + Escolas da Fiocruz. Participa da Rede Nacional Leopoldo de Meis de Educação e Ciência, como coordenador administrativo e financeiro, elaborando e ministrando cursos de aperfeiçoamento para professores e estudantes dos ensinos fundamental e médio de escolas da rede pública. Criou e coordena o Programa "Ciência na Estrada: educação e cidadania", que visa à Promoção à Saúde pela Popularização de Ciência, particularmente enfocando as doenças infecciosas e parasitárias, o papel de alterações ambientais na emergência e reemergência destas, sob o prisma de Saúde Única (One Health). E-mail: marcos.vannier@ioc.fiocruz.br.

Lattes: 4372477270741353. Orcid: 0000-0001-9241-2261.

Marcos Felipe Vital da Silva

Aluno de doutorado no curso de Ensino de Biociências e Saúde na Fiocruz. Possui mestrado em Ciências das Religiões (Unida-ES); pós-graduado em Ciências da Educação (Unives); é graduado em Ciências Biológicas (Uezo). Autor da saga de livros: *As Crônicas de AWA*, publicados pela Editora Pluralidades (2020), e participa do grupo de pesquisa Ciência e Educação Lúdica (CEL), que desenvolve pesquisas nas áreas de jogos educativos. E-mail: vitsilmarcos@gmail.com.

Lattes: 0592657961510558. Orcid: 0000-0002-5457-3766.

Margarete Martins dos Santos Afonso

Bióloga, com mestrado em Entomologia pela UFV, doutorado em Saúde Pública pela ENSP/Fiocruz, PhD pelo INCT-MC. Coordenadora adjunta do Laboratório de Referência em Vigilância Entomológica: Taxonomia e Ecologia de Vetores das Leishmanioses (IOC/Fiocruz). Atua em estudos dos vetores das leishmanioses, biologia, taxonomia, estudos de mudanças climáticas e ambientais, e ainda atividades de educação em saúde e tecnologias sociais. E-mail: mafonso@ioc.fiocruz.br.

Lattes: 9795765713770834. Orcid: 0000-0002-0740-3932.

Mariana Alberti Gonçalves

Licenciada em Ciências Biológicas, mestre em Ciências (IOC/Fiocruz) e doutoranda no Programa Ensino em Biociências e Saúde da Fundação Oswaldo Cruz (IOC/Fiocruz). Faz parte do Laboratório de Inovações em Terapias, Ensino e Bioprodutos (Liteb/IOC/Fiocruz). Suas pesquisas envolvem educação em saúde, capoeira e biociências, ensino de ciências, CienciArte e em divulgação científica. E-mail: marianalberti@hotmail.com.

Lattes: 6531073761279029. Orcid: 0000-0002-7081-7601.

Mariana Torres Vannier

Engenheira ambiental, com ênfase em Recursos Hídricos. Mestranda no Programa de Pós-Graduação de Ensino em Biociências e Saúde do Instituto Oswaldo Cruz – Fiocruz –, desenvolvendo atividades de sistema agroflorestal em comunidades de baixa renda. E-mail: marianavannier2@gmail.com.
Lattes: 7999567069897070. Orcid: 0009-0000-2582-1954.

Mariana Soares da Silva Peixoto Belo

Bióloga e docente na Universidade Federal do Estado do Rio de Janeiro / Departamento de Saúde Coletiva; mestre em Saúde Pública e Meio Ambiente; doutora em Saúde Pública. E-mail: mariana.belo@unirio.br.
Lattes: 2541070899244027. Orcid: 0000-0001-9666-284X.

Michele Waltz Comarú

Doutora em Ensino em Biociências e Saúde (IOC – Fiocruz/RJ), mestre em Química Biológica e graduada em Farmácia pela UFRJ (com Curso de Complementação Pedagógica em Biologia pelo IFES – 2019). Pós-doutora (2019/2020) pelo Instituto de Educação da Universidade de Lisboa (Portugal). Professora e pesquisadora na área de Ensino do Instituto Federal do Rio de Janeiro – IFRJ. E-mail: michele.comaru@ifrj.edu.br.
Lattes: 8367583010905346. Orcid: 0000-0002-3307-4255.

Natanny Tancredo Cunha

Pós-graduada em Biomedicina Estética pelo Núcleo de Estudos e Treinamento Ana Carolina Puga. Graduada em Ciências Biológicas, Modalidade Médica pela Universidade Federal do Rio de Janeiro. E-mail: natannytancredo@gmail.com.
Lattes: 6695727297825966. Orcid: 0000-0002-4050-3492.

Paulo Roberto Soares Stephens

Doutor em Neurociências pela Universidade Federal Fluminense, mestre em Microbiologia e Imunologia e graduado em Ciências Biológicas. Pesquisador do Laboratório de Inovações em Terapias, Ensino e Bioprodutos, Instituto Oswaldo Cruz (IOC)/Fundação Oswaldo Cruz (Fiocruz). Docente permanente do Programa de Pós-Graduação *stricto sensu* de Biociências em Saúde – IOC/Fiocruz. Coordenador do curso técnico em Biotecnologia do IOC e curso de especialização de nível técnico em Biologia Parasitária e Biotecnologia. E-mail: stephens@ioc.fiocruz.br.
Lattes: 1462955561544957. Orcid: 0000-0001-6389-1371.

Pedro Nogueira de Marins

Aluno do doutorado em Educação, mestre em Educação; especialista em Ensino de Matemática; licenciado em Matemática (UFF). Sócio fundador da Gorro do Saci e desenvolvedor de jogos de mesa. Autor do livro-estudo "Metodologias ativas e jogos de mesa" (Devir). Faz parte dos grupos de pesquisa em jogos: Se jogando com Matemática (UFF) e Ciência e Educação Lúdica. E-mail: pmarins@id.uff.br.

Lattes: 3521309922097839. Orcid 0000-0003-4154-2896X.

Rafaela Vieira Bruno

Graduada em Ciências Biológicas pela Universidade Federal do Rio de Janeiro (UFRJ), com mestrado e doutorado em Ciências Biológicas pela mesma instituição. Como pesquisadora titular da Fiocruz e chefe do Laboratório de Biologia Molecular de Insetos (Labimi) do Instituto Oswaldo Cruz (IOC), atua na área de Entomologia Médica e realiza trabalhos de Divulgação Científica sobre o Controle de *Aedes aegypti*. E-mail: rafaelav@ioc.fiocruz.br.

Lattes: 9822964162765115. Orcid: 0000-0002-7082-9768.

Ralph Ferraz Gomes

Licenciado em Ciências Físicas e Biológicas pela Faculdade de Formação de Professores (FFP-Uerj); especialista em Ensino de Ciências (UFF); especialista em Games e tecnologias da inteligência aplicadas à educação pela Capacitar eventos educativos Ltda. Professor da rede pública e privada; coordenador de criação de jogos e atividades lúdicas para sala de aula pela Gorro do Saci – Soluções Lúdicas. Com experiência em Educação em Ciências, com ênfase em novas tecnologias, principalmente jogos analógicos. Membro da rede *Ludus Magisterium*. E-mail: ralphfgomes@gmail.com.

Lattes: 1449890023521697. Orcid: 0000-0001-5138-8648.

Renata Monteiro-Maia

Bióloga, mestre em Imunologia e doutora em Biologia Celular e Molecular, ambos pelo Instituto Oswaldo Cruz/Fiocruz. Especialista em Divulgação e Popularização da Ciência (Casa de Oswaldo Cruz – Fiocruz). Pesquisadora em Saúde Pública do Laboratório de Biologia Molecular de Insetos (Labimi) do Instituto Oswaldo Cruz (IOC). Atualmente, dedicada a pesquisas em divulgação científica e popularização da Ciência, com ênfase em arboviroses. E-mail: renatamaia@ioc.fiocruz.br.

Lattes: 0826620308917406. Orcid: 0000-0003-3345-0801.

Renato Matos Lopes

Doutor em Biologia pela Universidade do Estado do Rio de Janeiro. Pesquisador em Saúde Pública na Fundação Oswaldo Cruz (Fiocruz), desenvolve atividades na Área de Ensino pelo Laboratório de Comunicação Celular do Instituto Oswaldo Cruz (IOC). Docente dos programas de especialização e stricto sensu em Ensino em Biociências e Saúde do Instituto Oswaldo Cruz. Membro da comissão de coordenadores da disciplina de Biologia do Pré-Vestibular Social – Fundação Cecierj. E-mail: renatoml@ioc.fiocruz.br.

Lattes: 5919753308278896. Orcid: 0000-0002-0175-6673.

Roberto Barreto de Moraes

Graduado em Engenharia Eletrônica pela Universidade Federal do Rio de Janeiro (2004), e em licenciatura em Física também pela UFRJ (2019), é especialista em Engenharia de Segurança do Trabalho (2020), e possui mestrado (2007) e doutorado (2015) em Engenharia Mecânica pela Coppe/UFRJ, com período de doutorado-sanduíche na Université Paris-6, na França (2011/2012). Atualmente, realiza estágio de Pós-Doutorado no Programa de Pós-Graduação em Ensino de Biociências e Saúde da Fundação Oswaldo Cruz. Tem experiência na área de Engenharia Acústica, e é colaborador do grupo de pesquisa em ensino Proenfis. E-mail: rbarmoraes@gmail.com.

Lattes: 3565732027580236. Orcid: 0000-0002-8550-2725.

Roberto Rodrigues Ferreira

Biólogo e pesquisador do Liteb (IOC/Fiocruz) e Laboratório de Genômica Funcional e Bioinformática do Instituto Oswaldo Cruz (IOC/Fiocruz). Completou o seu doutorado em Biologia Celular e Molecular no Instituto Oswaldo Cruz – Fiocruz (Brasil) – e Universidade de Leiden (Holanda). Seus interesses de pesquisa incluem área de biologia celular, molecular, genética humana, divulgação científica, CienciArte e ensino. E-mail: robertoferreira.ioc@gmail.com.

Lattes: 2388203718334606. Orcid: 0000-0001-5010-7007.

Robson Coutinho-Silva

Professor titular do Instituto de Biofísica Carlos Chagas Filho (IBCCF) da Universidade Federal do Rio de Janeiro (UFRJ). Doutor em Ciências pela UFRJ. Bolsista de produtividade do CNPq 1B. Cientista do Nosso Estado da Faperj. Diretor do IBCCF. Coordenador científico do museu Espaço Ciência Viva. Docente dos Programas de Pós-Graduação em Ciências Biológicas, Biofísica, Fisiologia do IBCCF e Ensino de Biociências em Saúde do Instituto Oswaldo Cruz / Fundação Oswaldo Cruz (IOC/Fiocruz). E-mail: rcsilva@biof.ufrj.br.

Lattes: 8122711583232739. Orcid: 0000-0002-7318-0204.

Sandro Soares Fernandes

Graduado em licenciatura plena em Física pela Universidade Federal do Rio de Janeiro, mestre em Ensino de Física pelo Instituto de Física da UFRJ. Professor do Colégio Pedro II (campus São Cristóvão III) e também da rede privada de ensino da cidade do Rio de Janeiro. Colaborador do grupo Proenfis, em que desenvolve projetos e pesquisas na área de Ensino de Física. E-mail: sandrorjbr@uol.com.br.

Lattes: 0778899459919483. Orcid: 0000-0001-6703-7527.

Sheila Suarez Fontes

Professora do ensino superior. Doutora em Patologia Humana pela Fundação Oswaldo Cruz (2022). Mestre em Patologia Humana pela Fundação Oswaldo Cruz (2017). Especialista em Citogenética Humana e Biologia Molecular (2010). Licenciada em Ciências Biológicas pela Universidade Católica do Salvador (2007). E-mail: sheila_suarez@yahoo.com.br.

Lattes: 5305604352934302. Orcid: 0000-0003-4925-0660.

Sarah Cristina dos Santos Silva

Graduanda em Biologia, pela UFRJ. Atua como bolsista de Iniciação Tecnológica (CNPq/Fiocruz) no Laboratório de Inovações em Terapias, Ensino e Bioprodutos (Liteb), do Instituto Oswaldo Cruz – Fundação Oswaldo Cruz (IOC/Fiocruz) –, em pesquisa experimental, na área de quimioterapia antiparasitária. Exerce atividades como membro do Programa de Popularização de Ciência "Ciência na Estrada: educação e cidadania", confeccionando materiais didáticos e atuando como expositora, monitora em diferentes atividades de divulgação científica. E-mail: sarah.cris.2011@gmail.com.

Lattes: 9810244589610782. Orcid: 0000-0001-9620-5075.

Sonia Simões Camanho

Técnica de Divulgação Científica da Fundação Centro de Ciências e Educação Superior a Distância do Estado do Rio de Janeiro – Fundação Cecierj. Coordenadora do Projeto Praça da Ciência Itinerante (PCI). Colaboradora do Comitê Organizador da Feira de Ciência, Tecnologia e Inovação do Estado do Rio de Janeiro (Fecti). Coordenadora de Oficinas de Educação em Sexualidade do Espaço Ciência Viva. Graduada em Psicologia pela Universidade Gama Filho. Licenciada em Pedagogia pelo Centro Universitário da Cidade do Rio

de Janeiro. Pós-graduada em Sexualidade pela Universidade Cândido Mendes. E-mail: scamanho@cecierj.edu.br.
Lattes: 9525669451383970. Orcid: 0000-0002-1515-3689.

Suellen de Oliveira

Doutora pelo Programa de Pós-Graduação em Ensino em Biociências e Saúde do Instituto Oswaldo Cruz/Fundação Oswaldo Cruz (IOC/Fiocruz). Mestre em Biologia Parasitária (IOC/Fiocruz). Licenciada em Ciências Biológicas pela Faculdade de Formação de Professores da Universidade do Estado do Rio de Janeiro (FFP/Uerj). Pedagoga, sócia e educadora no Espaço Ciência Viva. Educadora no Centro Universitário Celso Lisboa. Diretora executiva da EducArt: Consultoria e produção de materiais educacionais. E-mail: deoliveira.suellen@gmail.com.
Lattes: 2746069181492508. Orcid: 0000-0002-8429-9366.

Sylvia Lopes Maia Teixeira

Bióloga, mestre e doutora em Biologia Celular e Molecular (IOC/Fiocruz). Atualmente, é pesquisadora em Saúde Pública do Laboratório de Aids & Imunologia Molecular do Instituto Oswaldo Cruz, Fiocruz, onde se dedica ao estudo da incidência da infecção pelo HIV-1 em populações-chave, bem como à divulgação e à comunicação da ciência com foco em temas correlatos ao HIV/Aids. E-mail: sylvia@ioc.fiocruz.br.
Lattes: 3436563604325501. Orcid: 0000-0002-6339-6474.

Tania Cremonini Araújo-Jorge

Médica, pesquisadora titular em Saúde Pública da Fundação Oswaldo Cruz e Pesquisadora do Liteb (IOC/Fiocruz). Seus interesses de pesquisa estão nas áreas de inovações em doenças negligenciadas, farmacologia aplicada e ensino de ciências, com foco em criatividade e no conceito interdisciplinar de CienciArte. E-mail: taniaaraujojorge@gmail.com.
Lattes: 1782386890431709. Orcid: 0000-0002-8233-5845.

Thaís Sanches Santos

Doutoranda no Programa de Pós-Graduação em Ensino em Biociências e Saúde pelo IOC/Fiocruz, bióloga e mestre em Divulgação Científica pela Universidade Estadual de Maringá e Pedagoga pela Unicesumar. É professora de Ciências na educação básica há mais de dez anos. É fundadora do perfil @

thaisplicando.ciencias que produz atividades lúdicas e criativas para o ensino de Ciências. E-mail: thaissanchessantos@gmail.com.
Lattes: 2143110150236650. Orcid: 0000-0002-0207-9045.

Teca Calcagno Galvão

Pesquisadora em Saúde Pública atuando em genética e bioquímica de mecanismos de resistência bacteriana a antimicrobianos. É membro da Comissão de Valorização das Relações Interpessoais e Prevenção do Assédio do IOC. Participa na Plataforma CHA para Educadores entendendo que cuidar da saúde de quem ensina tem desdobramentos muito além das paredes, concretas ou virtuais, das salas de aula. E-mail: teca@ioc.fiocruz.br.
Lattes: 7619664415683961. Orcid: 0000-0002-0031-6537.

Wagner Alexandre Costa

Biólogo com mestrado em Entomologia pela Universidade Federal de Viçosa e doutorado em Biodiversidade e Saúde pela Fundação Oswaldo Cruz. Tem experiência na área de parasitologia, atuando em: leishmanioses, ecologia das leishmanioses, fauna flebotomínica, vigilância integrada de vetores, educação em saúde com uso de manejo ambiental e tecnologias sociais. E-mail: wagnerfiocruz43@gmail.com.
Lattes: 9795765713770834. Orcid: 0000-0002-9014-7430.